한국어로 내려온
New Bible

새로운
성 경

제40권

3부 | 총10부

하얀마음

하나님 말씀 중에서

1. 사랑의 하나님

- 세상을 창조하신 하나님은 모두를 사랑하신다. 인간만 특별히 더 사랑하지 않고, 우주 만물을 다 똑같이 사랑하신다. 그러니 하나님이 창조하신 천지 만물과 화친하고, 미물까지도 소중히 대하라.

- 하나님은 특정 종파나 민족만을 더 사랑하지 않으신다. 자기 자신만 구원받겠다는 욕심을 버리고, 자기 종파만 구원받는다는 편협한 교리에서 벗어나야 한다. 종파를 초월해서, 모두를 사랑하라.

- 원수까지 사랑하라 했으니, 이 세상에 사랑하지 못할 자가 누가 있겠는가? 종파가 다르다고 해서 부모 형제와 원수처럼 지내는 자는 인간의 근본을 모르는 자다. 가장 가까운 가족부터 사랑할 때 남도 진심으로 사랑할 수 있다.

- 한 사람을 원수같이 생각하던 마음에서 사랑하는 마음으로 돌리면, 자기 자신의 마음이 가장 기쁘고 행복하다. 하나님께서는 인간의 마음속에 무거움이 없이 기쁘고 행복한 삶을 살기를 바라신다.

- 이웃을 "내 몸처럼" 사랑하라 했으니, 마지막 한 장 남은 천국의 티켓도 이웃에게 양보하라. 자기 중심적인 신앙에서 벗어나서 남을 위해 살아야 한다.

- 독초도, 약초도, 이단도 사탄도 천사도 다 필요하기에 존재한다. 독초일지라도 극소량을 사용해서 생명을 살릴 수 있고, 약초라 하더라도 남용하면 생명을 잃을 수 있다.

- 세상 모든 것을 명약으로 활용하는 것은 인간의 지혜에 달렸다. 어떤 것이든 어떤 사람이든 적재적소에 꼭 필요한 명약으로 승화시키라.

- 사탄도 이단도 천사도 모두 하나님의 주관하에 존재한다. 진정한 하나님의 백성은 사탄과 마귀까지도 감화시켜서 천사로 거듭나게 한다.

2. 기도

- 하나님은 인간의 생각까지 모두를 다 알고 계신다. 우리의 소원도 이미 알고 계시기에, 소원의 기도를 할 필요가 없다. 우리가 받을 자격이 되면 내려 주신다.

- 죄를 짓고 아무리 회개를 해도 용서받지 못한다. 도둑질한 자는 용서해 달라고 기도하고, 도둑맞은 자는 도둑을 잡게 해 달라고 기도하면, 공의의 하나님은 누구의 편에 서시겠는가?

- 자기가 잘못한 것은 그 사람에게 직접 갚고 용서를 구하라. 그가 용서하면 하나님도 용서하신다. 땅에서 매면 하늘에서도 매이고, 땅에서 풀리면 하늘에서도 풀리는 이치다.

- "회당에서 기도하지 말고 골방에서 기도하라" 했다. 눈에 보이는 골방이 아니라, 골방과 같이 고요한 마음이다. 잡념을 버리고 하나님을 향해 마음을 집중하며, 사랑하고 용서하는 아름다운 생각만 나오도록 하라.

- "두드리면 열릴 것이다." 하는 것은 육의 소원을 위해 두드리라는 것이 아니라, 진리의 깨달음을 얻기 위해 두드리라는 것이다.

- 기도하는 방법: 생활 속에서 수시로 기도하는 삶을 살아야 한다.

- "저의 죄를 용서하여 주옵소서." 하는 회개의 기도를 하라.
- 범사에 "하나님! 감사합니다." 하라. 현재 가진 것에 감사하며, 과욕하지 말라. 자기 노력 이상의 것을 더 갖고자 기도하는 것은 도둑놈심보다. 공의의 하나님은 각자 노력한 만큼 주신다.
- "하나님 뜻대로 살아가겠나이다." 하며 마음의 각오를 다지라.

- 기도는 하나님의 말씀을 받아서 "행하는 것"이다. 하나님이 계심을 굳건히 믿고, 하늘을 향하여 한 점 부끄럼 없이 사는 삶 자체가 가장 위대한 기도이며, 삶이 곧 예배다.

3. 지도자

- 똑같이 사랑한다는 말을 해도, 순수하게 하는 말은 천사의 말이지만, 사기 쳐서 재산을 가로채려고 하는 말은 사탄의 말이다.

- 종교 지도자가 아무리 훌륭한 설교를 해도, 신도의 재물을 거둬서 더 큰 교회를 짓고 자기의 부귀영화를 바라며 설교하면 사탄의 가르침이 된다.

- “저희 교회는 만원사례요, 믿음은 다 같으니 이웃의 개척 교회에 가서 예배를 드리시오.” 하며, 이웃 교회의 부흥을 먼저 생각하여 제 신도를 보내는 종교 지도자가 있다면 그를 따르라. 그가 하나님의 사랑을 실천하는 자다.

- “부자가 천국에 들어가는 것은 낙타가 바늘구멍을 통과하는 것보다 더 힘들다” 하였거늘, 지금의 교회에서는 부자가 되기만을 기도하고 소원하니, 이는 곧 천국을 포기하고 지옥 행 열차의 티켓을 사는 것과 같다.

- 예수는 빈손이었다. 종교 지도자가 예수보다 더 호화롭고 편안하게 살아간다면 잘못된 것이다. 부귀영화와 명예를 바라는 자는 절대로 갈 수 없는 좁고 협착한 길이 종교 지도자의 길이다.

- 종교 지도자는 유리로 비춰 봐 한 점의 부끄러움이 없이 살아야 한다. 의식주도 직접 일해서 해결하고, 예수의 가르침과 행함을 그대로 따라야 한다.

- 종말은 없다. 지금의 잘못 가는 종교 집단에게만 종말이 있다. 보이지 않는 하나님은 보이는 육의 종말은 관여하지 않으신다. 환경 파괴로 인간이 스스로 멸망을 자초하는 것이다. 종파끼리 싸우기 전에, 무너진 인성을 바로잡고 지구의 몸살을 해결하는 데 뜻을 모으는 게 급선무다.

4. 성전이란

- 이 세상 자체가 하나님께서 만드신 성전이다. 자연보다 더 아름다운 성전이 있는가? 보이는 건물이 성전이 아니라, 성스러운 마음가짐이 성전이다.

- 반석 위에 교회를 지으라 했다. 지상의 단단한 돌은 인간이 쪼갤 수 있으나, 마음속의 굳은 결의는 세상 무엇으로도 쪼갤 수 없다. 바르고 굳건한 믿음으로 성경의 가르침을 실천하는 것이 마음의 반석 위에 교회를 짓는 것이다.

- 손으로 지은 건물의 교회에 모여서 복음을 전하는 것이 아니라, 교회를 개인과 가정에 심어 주어야 한다. 무너지고 부서지는 건물을 짓지 말고, 마음속에 영원히 불변하는 참진리의 교회를 지으라.

5. 십계명

- 십계명은 인간이 죽어서 반드시 통과해야만 하는 열 개의 관문이다.

- 부모를 공경하지 아니한 자는 "네 부모를 공경하라." 하는 제5계명의 관문이 열리지 않으니 구원받을 수 없다.
- 살인, 간음, 거짓, 우상 등의 나머지 계명도 마찬가지지다.

- 십계명은 하나님의 친필이다. 모기소리만 한 하나님의 음성이라도 들어 보겠다고 여기저기 찾아 헤매지 말고, 십계명부터 암송하고 지키라.

- 십계명은 영혼을 구원하는 양식이며, 십계명을 지키는 것이 구원을 받는 길이다. 인간이기에 지키고자 노력하고 또 노력한다면 지킬 수 있다.

- 십계명을 지키고 천사처럼 아름답게 살아가는 그 마음 하나면 세상에 이루어지지 않는 것이 없다.

6. 보물

- 하나님은 재물이 아니라 우리의 마음을 받으신다. 사랑을 실천하며 천사처럼 변하는 마음이 하나님께 바치는 보물이다.

- 보이지 않는 하나님께 재물을 바치려 하지 말고, 너희를 길러 준 부모에게 용돈 드리고, 찾아뵙고, 효성을 다하라. 그것이 하나님께 효도하는 것이다.

- 하늘에는 선과 악의 창고가 있다. 자기 창고에 선이 많으면 천국으로 구원을 받고, 악이 많으면 심판받아 지옥으로 간다. 그것이 바로 "선한 일을 행한 자는 생명의 부활로, 악한 일을 행한 자는 심판의 부활로" 나오는 것이다.

- "선악과를 따먹지 말라"는 것은 양심을 지키라는 것이다. 선과 악을 구분할 수 있는 양심을 최초에 인간에게 주셨다. 선한 열매는 취하고, 악한 열매는 버리며, 양심에 비추어 부끄럼 없는 삶을 살아가라.

- 가장 작은 거짓말을 하지 않고, 가장 작은 죄를 짓지 않으며, 가장 작은 선행을 하고, 가장 작은 악행을 멀리하는 것이 율법의 일점 일획도 빠뜨리지 말고 다 지키는 삶을 사는 것이다.

7. 우상

- 박물관에 있는 불상은 하나의 예술품이다. 그 조각품에 대고 제 소원을 빌 때 우상숭배가 된다. 십자가라 하여도 그 앞에서 소원을 빈다면 우상숭배하는 것이며, 하나님께 소원을 빈다면 하나님을 우상으로 전락시키는 것이다.

- 지금 기복신앙에 젖어 있는 모든 사람이 우상 앞에 절을 하고 있다. 조각품을 우상이라며 파괴하지 말고, 네 마음속에 있는 욕심의 우상을 무너트리라.

- 생수를 약초가 먹으면 약을 만들고 독사가 먹으면 독을 만든다. 같은 성경을 봐도 선한 지도자는 신도를 천사로 만드는 데 활용한다. 그러나 욕심이 가득한 지도자는 재물을 거두어들여 제가 부귀영화를 누리는 데 악용한다. 그가 바로 성경을 우상숭배의 도구로 전락시키는 거짓 선지자다.

- 성경을 한 획도 빼거나 더하지 말라는 것은, 그 가르침을 빠트리지 말고 온전히 지키라는 것이다. 성경 속에서 자기에게 유리한 구절만 보는 것은, 자기에게 불리한 구절들을 빼 버리는 것이다. 믿음이 제일이요, 행함은 구원과는 관계없다는 것은 자신에게 유리한 쪽으로 성경을 악용하는 것이다.

- 진정한 종교 지도자는 종파에 관계없이 어떤 종파든 어떤 책이든 접하고 보고 깨우쳐 견문을 넓히도록 인도한다. 참진리를 모르고 자신이 없는 자가 남을 이단이라며 배척하고, 신도들의 눈과 귀를 가린다.

8. 예수

- 예수의 재림은 없다. 예수가 다시 온다 해도, 과연 누가 그를 예수라고 믿겠는가? 예수와 같은 삶의 행함이 곧 예수의 재림이다. 각자 모두가 "재림 예수"가 되는, 차원 높은 믿음으로 가야 한다.

- 예수는 "주여 주여 하지 말고, 아버지의 뜻대로 행하라"고 했다. 예수가 전한 하나님의 뜻이 곧 "길이요, 진리요, 생명"이며, 그 가르침이 예수의 보혈처럼 소중한 것이다. 예수를 믿는 것은, 예수의 가르침을 믿고 따르는 것이다.

- 예수는 낮은 자로서 만백성을 섬기고자 했다. 만나는 모든 사람을 다 하나님이라 생각하라. 돈을 벌수록 겸손하고, 높은 지위를 얻을수록 낮아지라.

- ▪ 예수는 종파를 만들지 않았다. 인간이 만든 종교와 인간의 교리를 따르지 말고, 예수를 통해 전한 하나님의 참진리를 연구하고 따르라.

- ▪ 예수가 2천 년 전에 만백성을 위해 죽었으니, 지금 이 땅에는 예수의 가르침대로 사는 천사만 존재해야 한다. 예수가 죽어 가면서 바란 것은 만백성이 천사가 되어 예수의 자리를 채워 주는 것이지, 지금과 같이 재물을 바치면서 중언부언 제 소원만을 비는 백성들을 바란 것이 아니다.

9. 구원

▪ 천사가 사는 천국에는 천사만 갈 수 있으니, 천사 같은 마음을 길러야 한다.

- "천국 열쇠를 네게 주리니 땅에서 무엇이든지 매면 하늘에서도 매일 것이라" 했다. 땅에서 천사같이 사는 자가 하늘에서도 천사가 되어 천국에 들어간다. 모든 사람에게 천사같다는 말을 듣는 삶을 살아야 한다.

▪ 천사의 곱고 아름다운 마음은 부모를 공경하고 어른을 어른으로 대접하는 데에서 출발한다. 효도하는 자는 형제와 화목하게 지내기에 가정이 화목해지고, 이웃과 화목해지고, 국가가 화목해지고, 온 인류가 화목해진다.

- 그러므로 지상의 아름다운 소왕국은 가정에서부터 이루어야 한다.

▪ 선택된 14만 명만 구원받는 것이 아니라, 천사처럼 변하고자 하는 14만 명을 기초로 온 인류가 천사처럼 거듭나는 영적인 개혁이 시작되는 것이다.

▪ 천 년에 걸쳐서 하늘에서 이루어진 것같이 이 세상을 낙원으로 만들어, 만백성이 지상의 천국에서 살다가 죽어서 그대로 하늘의 천국으로 들어가는, 영원한 지상 낙원을 건설하는 것이 하나님의 계획이다.

- **이것이 구약과 신약에 이어 "새로운 성경"으로 역사하시는 하나님의 창조의 완성이다.**

▪ 지금의 믿음으로 구원받을 수 있다면 그 길을 가라. 그러나 자신이 없다면 하나님께서 직접 내리신 160권의 "새로운 성경"을 읽고 구원의 길을 보라!

하나님 머리말씀

이 새로운 성경을 읽는 너희 모두는
이 율법에 따라 행하면 영원히 구원받을 것이니라.

너희 인간이 수년, 수십 년, 평생
성서를 공부하고 기도하는 것은
하늘나라 나의 곁으로 오고 싶은 소망일진대,

몇천 년 전의 너희 인성과 생각이
지금의 너희와는 판이하게 다르니,

꺾여 가고 병들어 가는 너희를 고칠 수 있는 길은,
오늘 내가 선지자에게 내리는 새로운 성경과 같이
너희가 변화되는 것뿐이니라.

나의 예수가 태어난 것처럼
내가 아들 선지자를 선택하여
나의 새로운 성경을 온 세계에 전하고자 하니,

묵은 것은 버리고 새로운 것은 취하여,
너희 모두는
'여호와 하나님! 저의 죄를 용서하여 주옵소서.'
하는 기도문으로 기도하고, 죄를 뉘우치라.

이 새로운 성경은
수천 년간 내려온 성서를 요약한 것이니,
너희는 이 책을 정독하여 쉽게 깨달음을 얻고,
이대로 실천하여 하늘에 오르라.

대역자 머리말

■ 하나님의 율법을 지키는 선지자로 선택을 받도다.

저는 남들처럼 그저 열심히 살아온 평범한 사람이었습니다. 그러나 50대 중반에 사업에 실패하여 많은 부채에 시달렸으며, 건강도 악화되어 눈이 잘 안 보이고, 걷기도 어렵고, 두통이 심해서 잠을 이룰 수 없는 고통의 나날을 보냈습니다. 그때 제가 선택할 수 있는 것은 육의 삶을 끝내는 길뿐이었습니다.

죽기 직전에 그동안에 죄를 지은 이들에게 용서를 빌고 인생을 끝내기로 작정하였습니다. 어려서부터 지은 죄를 빌고 빌다 보니 끝이 없었고, 죽음으로도 그 많은 죄를 용서받을 길이 없다는 생각에 하염없이 눈물이 흘렀습니다. 그 순간 '재래식 화장실의 구더기는 죄를 짓지 않는데, 나는 인간으로서 구더기만도 못한 삶을 살았구나.' 하는 생각이 들면서 괴로움에 몸부림칠 때, 갑자기 하나님의 음성이 들렸습니다.

"나는 여호와 하나님이니라. 너는 십계명을 암송하고 내가 내려 주는 메시지를 받아 책으로 만들어 만백성을 구하라." 하시며, 제 눈을 손으로 문지르게 하시고, 아픈 머리와 다리를 손으로 두드리게 하셨습니다. 그러고 나니 눈도 잘 보이고 걸을 수 있었으며 머리의 통증도 말끔히 낫게 되었습니다. 그때부터 십계명을 암송하고 나면 들려주시는 말씀을 기록하였고, 1999년 8월부터 2004년 7월까지 권당 288쪽, 총 160권을 받아서 "새로운 성경"이라는 책으로 펴내게 되었습니다.

그러한 저에게 죽기보다도 힘든 길이 시작되었습니다. 모든 교인들이 저에게 사탄이요, 이단이요, 악마요, 마지막 시대에 온 거짓 선지자라 하면서 공격하였고, 저를 짐승을 보듯이 대하는가 하면, 편협한 종교 지도자들의 선동으로 신도들이 이 책을 직접 읽어 보고 평가할 기회마저 막아 버렸습니다. 그래서 하나님의 말씀을 세상에 내는 데 많은 어려움을 겪으며, 피를 토하는 심정으로 책을 전하고 있습니다.

그러나 아무리 인간의 힘으로 막으려 해도, 하나님의 뜻이 세상에 전해지는 위대한 역사는 계속될 것입니다. 책으로 전해지는 "하나님의 말씀"은 세상 끝날까지 항상 우리와 함께하실 것입니다. 사람은 죽어도, 책에 기록된 말씀은 영원히 남으니까요.

■ 따뜻한 실천

하나님께서는 어려운 사람들에게 삶의 터전을 마련해 주고, 미래를 열어 주는 것을 기뻐하십니다. 어려운 이웃이 스스로 자립할 수 있도록 이끌어 주는 것이 진정으로 이웃을 돕는 것이라고 말씀하셨습니다. 그래서 일자리가 없는 제자들에게 작은 사업장을 만들어 주는 "달란트 사업"을 하고 있습니다. 식당, 반찬 가게 등을 차려 주고, 기존의 어려운 사업장이 자립할 수 있도록 돕고 있습니다(커피숍, 미용실, 의상실 등).

하나님께서는 교회에 나와서 모든 시간과 재물을 쏟기를 원하지 않으시고, 그 시간과 재물을 교육에 투자하여 스스로 미래를 열어 가기를 원하십니다. 그래서 제때 공부하지 못한 제자들에게 학업을 이어 가도록 하였습니다. 중화요리 주방장을 하며 초등학교 검정고시부터 공부하여 2012년에 방통대를 졸업한 36세 남성, 만학도들의 2년제 중학교에 입학해서 2007년에 명지대학을 졸업한 38세 여성, 중학교 검정고시를 시작으로 숭의여자대학을 졸업한 47세 여성 등이 있습니다. 그밖에도 많은 제자들에게 나이를 초월하여 배우고 깨우쳐서 사회 속의 당당한 일원이 되도록 인도하고 있습니다.

학자금 대출로 힘겨워하는 젊은이들을 위해 "따뜻한 바람 장학회"를 발족하여(2016년 12월) 대출받은 학자금 전액을 매월 갚아 주고 있습니다. 또한, 다문화 가정을 위해 "다문화 가족 랜드"를 조성하여, 각종 시설을 무료로 활용하도록 하고 있습니다.

이러한 따뜻한 실천이 아직은 미약합니다. 그러나 책의 수입이 늘고, 저와 뜻을 같이하는 분들이 늘어나면 계속 확대할 것입니다. 지도자로서 신도의 재물을 헌금으로 거둬들여 착복하는 것이 아니라, 하나님께서 기뻐하시는 일에 사용하도록 중매 역할만 하며 살아가고자 합니다. 이런 제가 과연 사탄이고 이단인가요? 하나님께서 기뻐하시는 일이라면, 저에게 사탄이라 하든 거짓 선지자라 하든 굽히지 않고 실천해 나갈 것입니다.

끝으로, 일상의 삶 속에서 "지금 내가 하는 행동이 과연 하나님께서 기뻐하실까, 슬퍼하실까?" 생각하고, 매사에 하나님께서 기뻐하시는 길을 택하기 바랍니다. 교회에 모여서 집단적으로 예배 드리는 것이 아니라, 개인이나 가정 단위로 새로운 성경을 읽어 스스로 깨우치고 그대로 행하면 충분합니다. 그것이 마음속에 성전을 짓고, 신령과 진정으로 예배 드리는 길입니다. 그러면 천국의 문에 들어서게 됩니다.

2017. 2. 1.

하나님 말씀 대역자 김용철

차 례

십 계 명

이 책은 십계명을 암송하고 나면 내려 주시는 "하나님의 음성"을 듣고 그대로 받아쓴 기록입니다. 하나님께서 십계명을 모세에게 내려 주셨지만, 그것은 만백성에게 내려 주신 것입니다. 마찬가지로 이 책의 모든 말씀도 저에게 내려 주셨지만, 만백성 각자에게 들려주시는 말씀입니다. 여러분도 이 책을 접할 때마다 십계명을 암송하고 나서 정독해 주시기 바랍니다.

제일은, 너는 나 외에는 다른 신들을 네게 있게 말지니라.

제이는, 너를 위하여 새긴 우상을 만들지 말고, 또 위로 하늘에 있는 것이나, 아래로 땅에 있는 것이나, 땅 아래 물 속에 있는 것의 아무 형상이든지 만들지 말며, 그것들에게 절하지 말며, 그것들을 섬기지 말라.

제삼은, 너는 너의 하나님 여호와의 이름을 망령되이 일컫지 말라.

제사는, 안식일을 기억하여 거룩히 지키라.

제오는, 네 부모를 공경하라.

제육은, 살인하지 말지니라.

제칠은, 간음하지 말지니라.

제팔은, 도적질하지 말지니라.

제구는, 네 이웃에 대하여 거짓 증거하지 말지니라.

제십은, 네 이웃의 집을 탐내지 말지니라.

나 여호와가 존재함을 믿는 그 자체가 구원의 길에 들어서는 기본이요, 근본이며, 나의 새로운 성경을 가슴에 안고 정독하는 자, 반석 위에 서서 하늘에 오르는 찬란한 빛을 보게 되는 영광을 얻게 됨이니라. 진정 나를 따르고 믿는 자는 감히 사탄이나 마귀도 근접하지 못하느니라.

〈하나님 말씀〉

2002년 8월

2,926 번째 하나님 말씀

2002년 8월 12일 0시 14분

1 사랑하는 나의 아들아!
2 "네, 아버님! 말씀하옵소서."
3 너의 제자들과 만백성에게 너는 하늘
의 뜻이요, 나 여호와의 뜻을 전하라.
4 나 여호와가 직접 너희들을 구원함이
아니요, 내가 너희들을 구원해 주고
안 해 줌이 아니라는 그 뜻을 깨우쳐
주라.
5 나 여호와요, 창조주도 직접 나의 피
조물 만백성 너희들을 구원해 주고 구
원해 주지 아니하는 그와 같은 것을
하지 아니하는 것이 나의 뜻이며 하늘
의 뜻이거늘,
6 너희들이 어찌하여 나의 아들 예수의
보혈로써 구원을 받았다 하며, 예수의
이름을 찾는 것으로써 구원을 받았으
며, 너희들이 지은 그 성전에 와서 눈
물의 기도를 하며 나의 아들의 이름을
부름으로 인하여 너희들이 구원받는
다 생각하는가?
7 창조주 나 여호와 자신도 너희들을 직
접 구원하지 아니하며, 너희들을 구원
하고 구원하지 아니함을 내가 하지
아니하거늘,
8 어찌하여 나의 아들의 이름으로써 그
리 구원을 받을 수 있으며, 나의 아들
이 너희들을 그저 무조건 구원해 준다
그리 생각하는가?
9 너희들은 지켜야 할 법도가 있으며 지
켜야 할 도리가 있음이니라.
10 나의 아들이 죽어 가며 너희들에게 원
한 것이 있듯이, 그것을 지키지 아니
하는 자는 하늘에 오르는 그 빛을 볼
수 없다 말하였음이니라.
11 나는 너희들을 직접 구원해 주는 창조
주 여호와 하나님이 아니니라.
12 나는 너희들을 깨우쳐, 너희 스스로
바르게 깨달아 너희들이 노력하여 하
늘의 구원을 받을 수 있는 그 길을 달
려올 수 있도록 너희들을 깨우쳐 주는
것이 나 여호와의 뜻이니,
13 이를 듣고 배워서 깨우치고 구원을 받
고 못 받는 것은 너희들의 소관이며,
너희 자신의 짐임을 알아야 될 것이니
라.
14 너희들은 착각을 하고 있음이니라.
15 지금까지 믿어 오는 모든 나의 피조물
백성들이요, 종교 집단에서는 나 여호
와가 직접 구원해 주며, 너희들을 내
가 구원하고 구원하지 아니한다 그리
생각하나, 이 깨우침에서 너희들이 한
발짝 물러나 다시 한 번 생각해야 될
것이니라.
16 내가 직접 구원해 줌이 아니요, 너희
들이 구원받는 길의 빛과 그 방법과
그와 같은 것을 너희 손에 쥐여 주며
깨우쳐 주는 것이 나 여호와가 너희들
에게 베푸는 사랑이요, 은혜임을 알라.
17 내가 그리하여 너희들에게 내린 것이
구약의 시대에 십계명을 지키고 살면
하늘에 오른다 하였으니, 그를 지키고

못 지킴에 따라서 구원을 받고 못 받
는 것은 너희들의 소관이며 너희들의
책임이니라.
18 내가 너희들을 구원하고 구원하지 아
니하는 그와 같은 것이 아님을 알라.
19 내가 나의 아들을 그와 같이 고통스런
속에서 숨을 거두게 했던 그 신약의
시대를 거치며 또 지금 암흑시대의 세
월이 흘러 너희들이 지옥 불로 가며,
너희들이 깨닫지 못하여 잘못 살아가
는 그것을 더 이상 볼 수 없어,
20 지금 2천 년이라는 암흑의 시대를 거
두며 제3의 나의 법전을 세상에 내려
보내니, 곧 이는 성령이요, 나라 하였
음이니라.
21 이리하여 너희들이 나의 법전을 읽고
깨우치는 것도 너희들이 정독하여 너
희 것으로 만들어서 하나하나 내가 원
하며 나로부터 사랑을 받을 수 있는
그와 같은 삶을 살고 그와 같이 순종
하여 행하면 구원을 받는 길에 오를
수 있으며, 그렇지 않은 자는 구원받
을 수 없음이니라.
22 내가 너희들이 잘 살고 못 사는 자 중
에서 임의로 구원해 주며, 하늘로 올
리고 내리고, 너희들이 하늘에 오르거
나 또는 지옥으로 가도록 그와 같이
내 마음에 의하여 구원해 주고 버리고
하는 나 여호와가 아님을 알라.
23 너희들이 구원을 받는 것도 너희들의
소관이요, 지옥으로 가는 것도 너희들
자신의 소관이니라.
24 다만, 나 여호와가 너희들이 지옥으로
가는 것을 깨우쳐 주는 것이 아니요,
하늘의 천국의 문에 들어서서 내 옆에
올 수 있는 방법론과 그 길과 깨우쳐
얻는 그 모든 것과 너희들이 구원받을
수 있는 그와 같은 것을 너희들에게
내려 깨우쳐 주는 너희들의 아버지임
을 알라.
25 너희들은 내가 무조건 구하고 구하지
않는 그와 같은 나 여호와라 생각하지
말라.
26 나를 너희들의 창조주요, 여호와 하나
님이요, 전지전능한 아버지라 하며 찾
으면 너희들이 무조건 구원을 받는다
고 그리 생각하지 말라.
27 너희들은 너희 삶의 소중함과 중요함
을 알라.
28 지금 종교 지도자들이 얼마나 잘못 가
르치며 사악한 곳으로 가는가?
29 지금 너희들은 나에게 향하며 선하고
착하게 사는 것이 하늘에 오르는 길이
아니요,
30 그저 믿음으로써, 말로만 믿으며 그리
고 구원받은 자요, 나의 아들의 보혈
로써 구원받은 자며, 나의 아들의 이
름을 부르며 나 여호와의 이름을 부르
며 전지전능한 아버지를 찾는 것으로
구원을 받는다 그리 생각하고 지금 믿
음의 길을 가고 있으니, 그 생각을 너
희들이 깨고 고쳐야 됨을 알아야 할
것이니라.
31 그와 같은 방법으로써 너희들이 구원
을 받을 수 없음을 알라.
32 너희들은 믿음으로써 모든 것이 구원
받는 것이 아니니라.
33 너희들이 행함을 가지고 해야만 구원
받을 수 있으며, 그 행함만이 너희들
이 나에게 올 수 있는 길임을 알아야

될 것이니라.
34 곧 행함으로써 구원을 받고 못 받는
것은 바로 너희들이 그와 같이 노력하
고 깨우쳐 얻는 것이니라.
35 너희들은 여기서 하나 깨우쳐야 할 것
이니라.
36 부모가 자식을 기르기 위하여 그에게
잘 가도록 잘 깨우치라 하여 하루에
수십 가지를 가르쳐 주며, 그 머리말
에 써 놓고 매일매일 그를 암송하며
지키고 살라고 아무리 가르쳐 주어도,
37 그를 아들이 행하지 아니하며 따르지
아니하며 그대로 순종하지 아니한다
면 그는 어찌되는가?
38 그는 버려진 자식이 될 것이며, 너희
사회에서도 필요치 않은 인간으로 성
장하게 될 것이니라.
39 그와 마찬가지이니라.
40 나 여호와가 너희들에게 하늘에 오르
는 이치요, 길을 깨우쳐 주는 것으로
써 나는 내가 창조한 나의 백성들에게
어버이로서 할 일을 다 한 것이니라.
41 그를 받아들여서 깨우쳐 하늘에 오르
고 못 오르는 것은 너희들이 말로만
나의 뜻을 들었다 하여 말로만 그를
지킨다 말하는 것이 아니라, 몸소 실
천하고 행함이니라.
42 즉, 믿음은 스스로 행함이니라.
43 나의 뜻을 행하며 나의 뜻에 순종하며
나로부터 사랑을 받을 수 있는 그와
같은 삶을 살며 행하는 자가 구원을
받음이니,
44 지금 만백성을 이끌어 간다는 종교 지
도자는 이를 역으로 가르침이니라.
45 너희들이 행하기 힘들고 어려운 그 길
을 너희들은 돌려놓고 있음이니라.
46 그저 말로써 믿음이라 하며 가면 되는
것이요, 그저 저희들이 지은 성전에
와서 재물과 금화와 은화를 바쳐 기도
하면 다 구원을 받는다 그리 말하며,
행함을 하지 말라 함이니라.
47 너희들이 진정 행하는 것이 구원을 받
는 것이라 한다면, 나의 피조물 만백
성은 십계명대로 지킬 것이며, 부모를
공경할 것이며, 이웃을 사랑할 것이며,
48 그리하여 그들이 진리를 깨닫고 하늘
에 오르는 길을 깨달았을 때, 너희들
이 잘못 가르치는 자, 나의 피조물 만
백성을 세 치 혓바닥으로 우롱하여 지
옥으로 가는 그 길을 가르치고 또 가
르치는, 돌고 도는 그 수법으로써 나
의 피조물 만백성을 너희 손아귀에 쥘
수 없으며, 너희 마음대로 이용할 수
없으며, 너희들이 그들 위에 군림할
수 없기에, 너희들이 그와 같이 그들
에게 깨우치느니라.
49 나의 피조물 만백성에게 그저 너희들
이 짓는 성전에서 믿음만이 구원을 받
는 것이요, 너희들이 도적질을 하든
사기를 치든 거짓을 하든 간음을 하
든, 너희들이 그 죄를 지었을 때 가서
빌며 재물을 바치고 용서를 빌면 용서
받을 수 있으니, 행함은 중요하지 않
다 그리 말하느니라.
50 너희들이 그리 어리석은 자이니라.
51 너희들이 말로써 앞에 있는 사람을 공
격한다 하여 그가 타격을 받는가?
52 너희 손으로써 그를 공격할 때 그는
그것을 피부로 느끼며, 상처를 입으
며, 그 공격받는 것을 알지 않는가?

53 그러면 어떠한 것이 소중하고 귀하던
가?
54 너희들이 이 하나의 이치를 깨우치고
들여다봐도 행함이 얼마나 소중한 것
인가 알 것이니라.
55 하늘에 오르는 길은 내가 명하는 뜻대
로 순종하며 행함이 근본임을 너희들
은 이 시간부터 깨우쳐야 될 것이니,
56 행함이 아니요, 말로써 믿음만이 구원
을 받는다는 자는 너희를 지옥으로 이
끄는 사악한 자임을 알라.

2,927 번째 하나님 말씀

2002년 8월 12일 0시 34분

1 사랑하는 나의 아들아!
2 "네, 아버님! 말씀하옵소서."
3 너를 따르는 제자들과 나의 법전을 읽
고 깨우치는 백성, 그리고 나의 피조
물 만백성에게 그리 전하라.
4 구원을 받기 위하여 지금까지 몸부림
치며 저희 모두를 다 바쳐 낙원에 오
는 그 구원을 위하여 살아가는 자가
수없이 많이 있음이니라.
5 그들에게 말하여 전하라.
6 '너희는 구원을 받는 것에 연연하지
말라.' 그리 전하라.
7 구원을 받는 것에 연연하는 것이 구원
의 길에 오름이 아님을 그들에게 확실
히 깨우쳐 줘야 될 것이니라.
8 구원을 받고자 연연하며 매달려 몸부
림치는 자, 그는 정녕 구원을 받을 수
없다는 것을 일깨워 주라.
9 너희들이 구원을 받고자 한다면, 구원
을 받는 그 길을 먼저 배워야 함이니
라.
10 구원받고자 한다면 너희들이 구원받
는 길이 무엇이며, 나 여호와가 너희
들에게 원하는 것이 무엇이며, 너희들
이 어찌해야 내가 너희들을 사랑하며,
너희들이 천국에 올 수 있는 길이 무
엇인지, 구원을 받는 그 길을 먼저 깨
우치고 그를 연구하고 그것을 터득하
여 깨달음을 얻는 자가 곧 구원을 얻
게 됨이니라.
11 그러니 너희들이 무조건 구원에 연연
하여 거기에 매달려 그와 같은 믿음으
로 온다면, 너희들은 정녕 구원의 길
에 가는 데 행해야 할 길과 행하지 아
니할 길, 그것 자체도 모르고 있음이
니라.
12 그리하여 구원에 연연하다 보면 너희
들의 모든 것을 다 잃는 것이며, 앞을
보지 못하는 그와 같은 형국이 됨이니,
13 이제 나의 법전을 읽은 백성들은 깨우
쳐야 될 것이니라.
14 너희들은 그저 맹목적으로 구원받고
자 매달리며, 그저 구원을 받는 거기
에 연연하지 말라.
15 너희들은 어찌하여 먼 길을 달려가는
운동선수가 면류관을 쓰고 우승하는
것만을 생각하고, 달려가는 기간과 달
려가는 고통과 그를 준비하여 훈련하
는 것은 생각지 않는가?
16 훈련도 하지 않은 자가 1등을 하여 만
백성 앞에 그 찬란한 면류관을 쓰는
것만을 생각하는 것이 바로 구원을 받
고자 연연하는 백성임을 알아야 될 것
이니라.
17 지금 수천 년 동안 나의 피조물 만백

성이 믿음에 매달렸으며, 구원에 매달
렸으며, 하늘에 오르는 것에 매달렸으
니, 너희들은 결과만을 놓고 그리 연
연하는 것과 같음을 알아야 될 것이니
라.
18 그리하여 나의 피조물 만백성, 나의
법전을 읽는 너희들은 여기서 그와 같
은 이치를 깨우쳐야만 구원받을 수 있
음이니라.
19 너희들은 모든 경기의 시합을 하기 전
에 너희들이 원하는 그 목적지를 향하
여 달려가지는 않으면서 어찌하여 그
결과요, 면류관이요, 우승컵을 드는
것만 생각하는가?
20 너희들이 그 우승컵을 들기 위해서는
그와 같은 훈련이 필요하며, 그와 같
은 기초가 다져지며 남보다 피나는 노
력의 결과가 아닌 다음에 너희들은 그
우승컵이요, 면류관을 너희 것으로 받
을 수가 없음을 알아야 될 것이며, 이
를 깨우쳐야 될 것이니라.
21 믿음이 그와 같은 것이니라.
22 너희들이 어렵고 힘든 그 속에서 나에
게 순종하며 나의 뜻에 따라 깨우쳐
가는 자만이 구원을 받을 수 있을 것
이니, 곧 그와 같은 길을 가는 것을 먼
저 배우라 함이니라.
23 내가 너희들에게 불로 써 직접 내린
그 십계명이 구원의 길이며 영혼의 양
식이라 하였음이니라.
24 그 길을 지키고 가기가 얼마나 힘들고
고달프며 어렵던가?
25 운동선수라는 자들이 최후의 면류관
을 쓸 때, 그 연습 과정의 피나는 것보
다도 천배 만배 더 고통스럽고 힘든
그 길을 가야만 되는 것이니라.
26 그와 같이 어렵고 힘든 역경의 길과
그 고통과 인내의 결실이 아닌 다음에
너희들은 구원받을 수가 없음이니,
27 너희들이 편안한 방법으로 그저 죄를
짓고 너희들이 지은 성전에 가서 용서
를 빌며 재물을 갖다 바치면 구원을
받으며, 그 재물을 하늘에 그득 쌓아
놓으면 구원을 받는다는 그와 같이 편
하고 쉬운 방법으로써 너희들은 어찌
구원을 받는다 생각하는가?
28 그리하여 내가 너희들에게 말함이니,
구원을 받는 것에 연연하여 구원을 받
았다, 구원을 받을 수 있다, 그리고 너
희들은 하늘나라요, 천국에 올라갈 수
있다는 그와 같은 망상을 버리라.
29 그 생각을 버리고 내가 내린 계명을
철저히 지키는 자, 운동선수가 면류관
을 쓸 수 있도록 연습하는 과정보다도
열배 백배 더 힘든 그와 같은 방법으
로 깨우침의 길을 가는 것이 구원의
길에 가는 것이니라.
30 그러니 너희들이 구원에 연연하는 그
헛된 시간과 허황된 시간과 허망한 시
간과 헛된 빛을 보고 가는 그 시간을
이제 다 버리고, 너희들이 구원에 가
는 길을, 내가 명한 어렵고 힘든 고통
의 길을 육신이 살아 있는 동안 깨우
치고 깨닫고 행함으로 인하여 너희들
이 구원을 스스로 할 수 있다는 것을
깨우쳐라.
31 그리고 지금 너희들이 어렵고 힘들며,
그 성서의 깊이를 이해하지 못하며,
그걸 바로 가르치는 자들이 없음이니,
32 그 성서를 바로 가르치는 자가 세상에

하나만 있었더라면 그 빛이 세상을 덮
으며 그 씨앗이 세상을 덮는 선한 나
의 피조물 만백성이 존속하도록 하여,
지금 제3의 시대를 열어 나의 아들을
세상에 내보내어 밤과 낮을 가리지 않
고 성령을 기록하는 이 고난의 길을
가도록 하지 아니하였을 것이니라.
33 그리하여 너희들이 읽고 깨우치고 하
늘에 오르는 그 길을 볼 수 있도록, 너
희들이 고통스럽고 힘들게 오는 길의
그 짐을 덜어 주고자 하여 내가 십계
명의 뜻과 너희들이 하늘에 오르는 길
을 그저 글을 알고 눈이 뜨인 자, 그리
고 들을 수 있는 자, 그와 같은 여건을
갖춘 자는 누구나 다 하늘에 오르는
길을 올 수 있도록,
34 구원에 연연하지 아니하고 스스로 구
원을 할 수 있는 그 길을 올 수 있도록
내가 나의 법전을 세상에 내려 너희들
에게 구원의 길을 보라 이리 애타게
말하나니,
35 나의 이 애절한 뜻을 듣고 깨우쳐 너
희들이 정녕 구원의 바른길을 보도록
그리하라.
36 이것이 나 여호와가 너희들을 사랑하
는 증표이니라.

2,928 번째 하나님 말씀

2002년 8월 12일 0시 53분

1 사랑하는 나의 아들아!
2 "네, 아버님! 말씀하옵소서."
3 나의 피조물 만백성에게 전하며, 그리
고 너의 제자들에게 또한 깊이 깨우침
을 주도록 그리하라.
4 나의 아들 예수가 정녕 나의 아들이
요, 나의 성령을 갖고 세상에 나가 만
백성을 구하고자 내려온 자라 믿는 자
만이 너희 스스로 사탄을 이기며, 또
사탄과 싸워 이길 수 있는 자라 내가
말하였음이니라.
5 나의 아들이 정녕 나의 아들로서, 성
령을 갖고 나의 피조물 만백성 너희들
을 구원하는 생명의 빛이요, 생명의
생수를 갖고 세상에 내려가 너희들에
게 전하고자 했던 것을 믿는 자, 그를
굳건히 믿는 자만이 사탄과 싸우며 마
귀와 싸워 이길 수 있는 자라 내가 말
하였음이니라.
6 너희들은 지금의 믿음을 어찌 가고 있
는가?
7 너희들은 말로써 예수가 정녕 나의 아
들이라 생각하고 나를 믿으며, 2천 년
역사가 흐른 지금에 너희들은 정녕 그
예수가 나의 아들이라 그리 믿음이니
라.
8 그리고 너희들은 또 그로 하여금 구원
을 받는다 그리 말하느니라.
9 그러나 너희들은 여기서 깨우쳐야 될
것이 있음을 알아야 될 것이니라.
10 내가 나의 법전에 수십 번, 수백 번 너
희들에게 깨우치고자 기록했듯이,
11 나의 아들을 그리 죽게 할 그 당시의
백성들 중에 정녕 나의 아들이 나의
성령을 받아 만백성을 구하는, 성령으
로 태어난 나의 자식이라 믿는 자가
과연 얼마나 있었던가?
12 그들이 정녕 믿었다 하면 나의 아들이
그와 같은 고통의 죽음을 당하도록 그
대로 보지는 아니하였을 것이니라.

13 지금 2천 년이라는 세월이 흐른 다음
에 그를 믿지 못하던 그 시대의 백성
의 후손인 너희들은 나의 아들을 믿으
며, 나의 아들의 보혈로써 구원을 받
는다 그리 말하느니라.
14 그러나 2천 년의 역사가 흘러 지금에
사는 너희들이 하나 깨우쳐야 할 것이
있느니라.
15 나의 아들을 나의 아들이라 믿으며,
그로부터 구원을 받는다 말하는 너희
들은 그저 무턱대고 나의 아들의 보혈
이요, 너희 손으로 지은 성전에 가서
나의 아들을 찾음으로써 구원받는다
는 생각에서 깨어나야 될 것임을 알라.
16 나의 아들을 믿는 자, 나로부터 구원
을 받아 하늘에 올라오는 자, 내가 나
의 아들에게 내린 그 삶의 가르침과
내가 불로 직접 써 내린 나의 계명을
지키는 자만이 사악한 자들과 대적하
여 그들과 싸워 너희 마음속의 사악한
것을 지우며, 선하고 착한 그 마음으
로써 너희 육신이 정화되어 변할 수
있을 때, 너희들이 정녕 그리 원하는
구원의 길에 오를 수 있는 그 이치를
깨달아야 될 것이니라.
17 그러나 지금 나의 피조물 만백성이 과
연 또한 어찌 살아가는가?
18 나의 아들 예수가 존재했던 그 시대에
그를 나의 아들이요, 너희들을 구하기
위한 생명수를 가지고 내려간 나의 아
들이라는 것을 그들이 믿지 아니하였
으나,
19 너희들은 지금 나의 아들 예수를 너
희들이 믿음이니라.
20 그리고 그로부터 구원받을 수 있다며
그 보혈로써 너희들이 하늘에 오르는
길을 다 받아 놓았으며, 육신의 삶을
마치는 그 순간에 천국의 문 안에 들
어간다 그리 생각하느니라.
21 그러나 여기서 내가 확실히 내가 다시
한 번 짚고 넘어감이니, 너희들은 내
가 내린 그 계명이요, 나의 아들이 너
희들이 살다 와 구원을 받을 수 있도
록 하기 위하여 너희들 대신 죽을 때
그가 원했던 것을 지키지 못하며 그리
살지 못한다면 너희들은 구원을 받을
수 없거늘, 지금 너희들은 그를 지키
지도 못하고 행하지도 아니함이니라.
22 더불어 그를 역행하여 너희들이 그에
반대되는 현상으로써 나의 피조물 만
백성을 지도하고 깨우쳐 하늘에 오르
는 길을 인도한다 하면서 갖은 수법으
로 금화와 은화를 거둬들이고 그들의
모두를 착취하는 그와 같은 형국으로
써 끌어가는 것이 지금 믿음의 형태임
을 너희들이 더 잘 알 것이니라.
23 너희들이 말하기를, 지상에는 도적놈
이 우글거리는 세상이요, 사탄이 우글
거리는 세상이요, 인간으로서 구원받
지 못할 자들이 지금 들끓고 있으며,
사탄과 마귀들만이 존재한다고 너희
스스로 말함이니, 그와 같이 너희들이
말하는 그 형국이 조금도 틀림이 아니
니라.
24 내가 하늘과 같은 낙원을 지상에 이루
고자 하여 만든 지상에 그와 같이 사
악한 자들로서 들끓으며 그들이 모두
를 다 지배하는 그와 같은 형국이 되
었으니, 이를 바로잡을 길이 없음이니
라.

25 예수처럼 기적을 이룬다 하여 너희들
을 바로잡을 수도 없으며, 내가 직접
내려가 나 여호와가 너희들을 구원하
러 왔다 해도 너희들이 나를 믿지 않
을 것이며, 너희들의 굳어진 종파가
더 가혹한 형벌로써 대적할 것이 당연
한 것이니라.
26 너희들을 그와 같은 것으로써는 깨우
칠 수가 없기에, 내가 나의 성령을 태
워 나의 아들을 통하여 나의 법전이라
하여 책을 세상에 만들며, 그 책의 뚜
껑을 열 때 그 속에 내가 너희들과 같
이한다 그리 말하였음이니라.
27 그리하여 내가 법전을 세상에 내려보
내어 너희들을 깨우치고자 하니,
28 너희들은 지금 나의 법전을 깨우쳐 이
를 믿고 따르는 자, 그리고 정녕 나의
아들이 나의 선지자요, 나의 아들로서
예수를 대신하여 지금 너희들에게 생
명수를 전하는 그 역사를 이루고 있다
는 것을 굳게 믿는 자,
29 그와 같은 자만이 세상의 모든 악과
대적할 수 있으며, 너희들은 그 악을
대적하여 이기는 자가 되며, 선하고
착한 나의 백성들이 이 세상을 지배하
며 내가 지상의 낙원을 이루고자 하는
그 계획을 성공리에 끝마칠 수 있음이
니,
30 너희들은 그와 같은 일에 일익을 담당
하는 자로서, 나의 법전을 깊이 깨우
치고 연구하는 백성만이 사탄과 악마
와 대적하여 이길 수 있다는 것을, 이
법전을 읽고 깨우친 너의 제자들이 만
백성에게 이를 전하는 데 게을리해서
는 아니 될 것임을 알라.

2,929 번째 하나님 말씀

2002년 8월 12일 01시 02분

1 사랑하는 나의 아들아!
2 "네, 아버님! 말씀하옵소서."
3 나의 사랑하는 아들딸들에게 너는 전
하여 그들에게 나의 뜻을 깨우치도록
그리하라.
4 너희는 악한 자, 사악한 자와 교류하
지 말며, 그와 같은 자들과 면대치 말
라.
5 너희들은 아직 깨달음이요, 하늘에 오
르는 그 이치요, 나의 법전의 그 깊은
뜻을 깨닫지 못하였으니,
6 너희들이 사악한 자들과 면대하며 교
류하면 너희 스스로 무너져 사악한 자
들에게 물이 들까 심히 두려움이니라.
7 아직 너희들은 깨달음이 얕으며, 정녕
하늘에 오르는 그 진리가 무엇이며 참
빛이 무엇인가를 모름이니라.
8 지금까지 수천 년 동안 흘러온 그 믿
음 속에서 너희들이 10년, 20년씩, 그
이상의 믿음을 가져 왔기 때문에, 너
희들이 잘못된 믿음의 기틀 속에서 다
져 온 그 습성을 하루아침에 버릴 수
없으며 지울 수가 없음이니,
9 그리하여 너희들은 그와 같은 믿음의
아련함을 버리지 못함이니라.
10 그리하여 너희들이 사악한 자와 교류
하고 대면하며 시시비비를 가리면 그
들에게 넘어가게 되어 있음이니라.
11 차라리 아무것도 모르는, 믿음이 없는
속에서 나의 법전을 처음으로 대한
자, 그리고 깨달은 자,
12 오로지 나의 법전의 가르침대로 그저

지키며 살아가는 것이 나 여호와의 뜻
이며 너희들이 구원을 받는 길이라 하
여 그리 달려가는 초보적인 나의 백성
들은 그들에게 물들지 아니하며, 그들
과 교류한다 하여도 그들의 사악함에
넘어가지 아니할 수 있으나,
13 많은 믿음의 세월을 가져 온 자, 잘못
가는 믿음의 조직 속에서 그 깨달음을
나름대로 왔던 자, 그들은 그때의 믿
음의 자세를 버리지 못함이니,
14 그들은 정녕 나의 법전에서 원하는 것
이며 깨우치는 것을 바로 받아들여 저
희 것으로 만들지를 못함이니라.
15 그리하여 그와 같은 경험을 가진 자,
너희들에게 사악한 자들과 잘못 가는
백성들과 그리고 진솔치 못한 백성들
과 교류하지 말라 함이니라.
16 너희들이 사악한 자에게 넘어지기가
누구보다도 쉽기에 내가 너희들에게
심히 두려움을 느끼고 있음이니라.
17 오로지 너희들은 20년, 30년의 믿음
을 가져 왔다 하여도, 그를 다 지워 버
리고 나의 법전을 정독하고 깨우치며,
많은 백성들에게 법전을 전하여 만백
성을 구하는 그와 같은 역사를 이룰
때, 감히 사탄이요, 사악한 자가 너희
들에게 대적지 못할 것이니라.
18 나 여호와가 심히 염려함은, 악한 자
들에게 너희들이 물려 너희 스스로 쓰
러지는 그와 같은 불행한 일이 있지
아니할까 하는 것이니, 이러한 나 여
호와의 염려하는 마음을 너희들은 알
아야 될 것이니라.
19 사랑하는 나의 아들아!
20 "네, 아버님! 말씀하옵소서."
21 네가 나의 법전을 받아 기록하여 만백
성을 구하고자 하여 시작할 때, 그 어
렵고 어려운 나의 아들 너를 도우며
법전이 세상에 나오도록 하여 그 법전
을 전하고 만백성을 구하려 동분서주
하며 뛰는 나의 아들딸, 너의 제자들
을 내가 사랑하노라.
22 그들을 사랑하는 나의 뜻을 너의 제자
들에게 전하여 줘야 될 것이니라.
23 오로지 나의 아들만이 나의 성령의 뜻
이요, 내가 너희들을 사랑하는 그 뜻
을 전할 수 있음이니,
24 나의 뜻을 들어 나를 대신하여 나의
피조물 만백성, 나의 아들의 제자 너
희들을 사랑한다는 그 뜻을 전하는 것
도 오로지 나의 아들을 통해서만 전하
는 것을 너희들은 알아야 할 것이니라.
25 그러니 나의 모든 성령이요, 나의 뜻
을 나의 피조물 만백성 너희들에게 전
하기 위해서는 나의 아들을 통해서만
전하며, 그를 통하여 내가 너희들의
기도를 상달하여 듣는다 하였음이니,
26 이 세상에 악한 자, 사악한 자, 마귀들
과 대적할 수 있는 자는 오로지 나의
아들 하나뿐임을 너희들은 알아야 될
것이니라.
27 나의 법전을 읽고 깨우쳐 나의 아들을
받쳐 주며, 그와 더불어 역사를 이룰
너희들이 아직은 깨우침이 미진하여,
사악한 자에게 물려 너희 자신이 무너
질까 봐 내가 심히 두려워하며 염려함
을 알아야 될 것이니라.
28 그러니 너희들이 나의 법전을 가슴에
안고 정독하고 또 정독하여 빠른 시간
속에 나의 법전을 많이 읽고 깨우치라.

29 사탄과 대적할 수 있는 그와 같은 힘
을 가지고 있는 것은 나의 아들 하나
뿐이니,
30 나의 아들이 사탄과 마귀와 사악한 그
수많은 무리와 혼자 싸울 때, 그를 도
와 같이 역사하는 그와 같은 일을 할
수 있는 것은 너희들이 그와 같이 성
장하여 깨달음이 높아야 되며, 하얀
마음, 천사와 같은 마음으로 살아가는
백성이 되었을 때 그를 도와 역사를
이루는 일을 할 수 있음을 깨달아야
할 것이니라.

2,930 번째 하나님 말씀

2002년 8월 12일 09시 24분

1 사랑하는 나의 아들아!
2 "네, 아버님! 말씀하옵소서."
3 너희 인간들이 살아가며 믿음이라 하
는 곳에서 저희들이 깨우쳐, 저희들만
이 천상에 오르며 가장 깨끗하다 생각
하는 자, 그리고 저희들만이 구원을
받았다 생각하는 자들, 그들의 생각과
마음자리를 다 고쳐야만 할 것이니라.
4 수만 수억의 종파가 다 저희들 자신만
이 하늘에 오르는 길이라 하며 구원을
받는 길이라 하여 울부짖으면, 과연
누가 진정 하늘에 오르는 길이며 진정
깨달음의 길을 가는가?
5 너는 여기서 너의 제자들에게 일깨워
줘야 될 것이니라.
6 나의 피조물 만백성 너희들은 각자의
믿음이요, 너희들이 가는 그 종파 속
에서 그것만이 진정한 구원의 길을 가
는 것이라 하며 그리 몸부림치고 그곳
에 연연하여, 이웃을 보지 못하며 세
상의 넓음을 보지 못하는 그와 같은
삶을 살지 말라 이르라.
7 너희들의 가장 중요한 것은, 내가 너
희들을 세상에 내보낼 때 너희들이 가
지고 나간 인성이요, 인간의 마음이
있느니라.
8 인간성을 찾도록 그와 같이 만백성을
먼저 깨우쳐 줘야 될 것이니라.
9 인간이 인간의 도리를 하며 사는 그
기본의 인간성을 회복하는 것이 지금
가장 깨우침의 기본이며, 나에게 오를
수 있는 길이며,
10 인간의 기본이요, 인간의 기본 질서를
지키지 못하며, 인간의 최소의 아름다
운 그 본성을 찾지 못한다면,
11 너희들이 아무리 성서를 읽고 나의 아
들 예수가 가르친 그와 같은 것을 깨
닫고자 하며, 내가 나의 모두를 태워
마지막으로 성령을 다하여 너희들을
구하고자 나 여호와가 직접 너희들에
게 글을 내려 깨우치고자 하나, 본질
의 인간성이 다듬어지지 아니하며 인
간의 본연의 자세를 모르는 자, 인본
주의를 모르는 자는 아무리 읽고 깨우
쳐도 이를 알 수 없음이니라.
12 인간의 본성의 아름다운 인성을 찾고,
그 속에서 그가 스스로 깨우쳐 가는
아름답고 순수한 마음의 바탕이 잡혀
갈 때, 그가 나의 법전을 읽으며 성서
를 읽으며 깨우침을 깨달아 갈 때, 그
는 완벽히 그 모두를 받아들일 수 있
음이니, 그리하여 그들의 그릇이 하나
하나 채워짐을 알아야 될 것이니라.
13 인간의 본질이요, 인간의 본성이 다듬

어지지 아니하고, 인간의 질서를 지키
지 못하는 자, 마음속 깊은 곳에 욕심
이요, 사악한 마음이 있으며 스스로
인간이 되고자 하여 깨우치지 못한
자, 그러한 자에게 아무리 아름다운
나의 성령이요, 나의 법전을 부어 넣
고 전해도,
14 그 인성이 다스려지지 아니하고 인간
의 본성이 다스려지지 않은 자는 항상
그 악한 마음에 의하여 배우고 깨달았
던 모든 것이 다 하루아침에 물거품이
되며, 그가 쓰러져 가며, 그가 사악한
마귀요, 악마의 자식으로 변하는 것이
순간임을 너희들은 알아야 될 것이니
라.
15 그러기에 너희들은 인간성 회복에 모
든 역점을 두며, 나의 피조물 만백성
을 그리 깨우쳐 가라.
16 그리하여 나의 법전에 너희들이 살아
가는 도덕적인 문제요, 너희들이 들어
서 깨우치는 것이요, 너희들이 스스로
알며 행하지 못하는 것, 너희들이 수
없이 들어 바로 가야 된다는 그 기초
질서의 가르침을 다 나열하여 너희들
에게 깨우쳐 주고자 함이니,
17 너희들이 생활 속에서 들은 것을 기억
하게 하며, 너희 생활 속에서 들어서
지켜야 할 것을 상기시켜 지키게 함이
니, 그와 같은 인간 본연의 자세로 돌
아가며 인간의 근본의 기본을 다듬어
나가도록 나의 법전을 그리 만들었음
이니라.
18 나의 법전은 인간의 본질을 바로 세우
며 인성을 찾으며 그 속에서 하늘에
오르는 길을 깨우치며 영의 세계를 들
여다보는 그와 같은 것이 나의 법전의
깨달음이며, 내가 성령으로 태워 내보
내 나의 뜻을 기록한 책이니, 그것이
바로 모든 인간 너희들이 읽고 깨우치
는 서적과 차이가 있음을 알라.

2,931 번째 하나님 말씀

2002년 8월 12일 09시 32분

1 사랑하는 나의 아들아!
2 "네, 아버님! 말씀하옵소서."
3 제 임의로 창공을 나는 새도 불어오는
태풍이요, 비바람을 역행하여 간다면
그 날개가 부러지며 생명을 잃게 됨이
니라.
4 제가 아무리 날쌔고 힘센 독수리와 같
은 강한 힘을 가진 자도 불어오는 태
풍을 역행했을 때 그는 날개가 부러짐
이니,
5 그리하여 날짐승도 스스로 역행하지
아니하며 그 순리를 따라 날아가며 그
몸을 지켜 가는 그와 같은 지혜와 능
력을 가지고 있음이니라.
6 너희들이 아무리 강하다 하여도, 너희
스스로 너희 자신을 돌아다봐야 할 것
이며, 내가 역사하는 그 앞에 너희들
이 하나도 거역할 능력이 없다는 것을
깨우쳐야 될 것이니라.
7 바다 위에 떠 있는 하나의 조각배도
그가 바다의 흐르는 물줄기를 따라 그
대로 순응한다면 부서지지 아니하며
그 자신을 지킬 수 있을 것이니라.
8 아무리 항우장사가 젓는 배라 하여도,
아무리 단단한 기계를 가진 배라 하여
도, 밀려오는 그 파도를 역행한다면

그는 산산조각이 나고 말 것이니라.
9 이와 같은 이치를 모르는 것이 너희들
임을 알아야 될 것이니라.
10 내가 말하기를, 지금 너희들이 수천
년 동안 내려오는 그 세월 속에 인간
의 인성이요, 본성까지도 다 파괴되었
으니,
11 그 본성이 파괴된 그 속에서 아무리
신약의 성서를 집어넣으며 아무리 나
의 법전을 그들에게 깨우쳐 주어도,
인간의 본성의 본질의 인성이 갖추어
지지 아니한 자는 항상 사악한 뿌리가
그 속에 있음이니,
12 그 욕심 때문에 하시라도 사탄이요,
마귀로 변한다 하였음이니라.
13 지금 내가 나의 구약과 신약의 흘러온
그 시대에 마지막으로 나의 성령을 태
워 내가 모두를 내려보내며 책으로 만
들어 나의 법전을 세상에 내보내니,
14 이를 보고 나의 성전에 와 나의 뜻이
요, 내가 내린 진정한 나 여호와의 뜻
이라 하여, 네 앞에 와서 너를 통하여
내리는 성령의 가르침을 들었으며 나
의 법전을 읽고 깨우쳐 공부했다는 자
들, 그들이 너에게 등 돌리고 떠나는
그 어리석은 우를 범하니, 그들이 바
로 무엇이더냐?
15 그들이 인간의 인성의 본질인 그 아름
다움이 갖추어지지 아니한 자들이며,
그들이 나의 뜻이 정녕 성령의 뜻이라
말하며 이 어렵고 힘든 길을 같이 헤
쳐 가는 그와 같은 아름다운 근본의
자세의 마음이 아니라, 스스로 육의
생활의 계산과 이해타산을 따지며 떠
나니, 그가 어떠한 우매한 짓을 하고
있는지 아는가?
16 내가 말하지 아니하였더냐?
17 날짐승이 불어오는 태풍을 거역하면
그는 날개가 부러져 죽음으로 가는 것
이라 하였으니, 그들이 지금 그와 같
은 역행의 행동을 하고 있는 것이니
그와 같이 어리석은 짓을 하고 있음을
너는 알아야 될 것이니라.
18 날짐승이요, 바다에 떠 있는 조각배도
그 순리를 거역하고는 가지 못하거늘,
내가 제3의 시대를 열어 나의 성령을
내려보내 만백성을 구하고자 하는 나
의 법전에 불의한 내용이 있으며 순리
를 거역하라는 내용이 있으며 너희들
이 순리대로 살지 못하게 하는 내용이
어디 있는가?
19 스스로 저희 입으로 '이는 성령이요,
하나님의 뜻이다.' 그리 말하다가 그
를 거역하고 등지고 가는 자들, 그들
이 얼마나 무서운 길을 가는가?
20 그것은 죽어 내 앞에 왔을 때 그들이
스스로 알고 깨달을 것이니라.
21 나의 성전을 거역하는 자, 나의 아들
을 핍박하는 자, 그리고 나의 성령을
태우고 찢어 버리는 자, 제가 평생 살
아가면서 육신이 죽기 전까지 그 모든
삶 속에서 한 번의 그 위대한 기회를
놓침이니, 저희들이 나에게 와 심판을
받을 때 그 통곡하고 후회함은 상상할
수 없을 것이니라.
22 너희들이 육의 세상에 살아오면서 육
의 세상에서만 나에게 구원을 받으며
나에게 오를 수 있는 기도를 드릴 수
있다 하였음이니라.
23 그리하여 그 기회를 잡은 자, 그 영광

의 길에 들어섰던 자가 그걸 뿌리치고
지옥의 불로 감이니, 제가 뼈저리게
후회하며 그 고통과 그 억울함을 참지
못할 것이며,
24 제가 죽어 나에게 와 지옥 불로 가서
벌을 받고 영원히 그 암흑의 세계로
갈 때, 저희들이 구원의 빛을 놓쳤던
것을 그때 가서 알게 될 것이니라.
25 그들이 다 저 자신의 마음을 버리지
못하였으며 인간의 인성을 다스리지
못하였으며, 자연의 순리를 거역하여
저희들이 자연보다 위대하다 그리 생
각하는 자들이니,
26 그들 마음속에는 저 자신이 세상을 지
배하고자 하는 욕심이 있으며, 남보다
더 높고자 하는 욕심이 있으며, 저희
들이 나보다 더 높고자 함이니,
27 그들은 곧 나를 인정하지 못하며 정녕
내가 있음을 깨우치지 못한 자들이니
라.
28 그 근본인 인성을 다스리지 못하며 육
의 욕심 때문에 그와 같은 행위를 함
이니, 그를 알아야 될 것이니라.

2,932 번째 하나님 말씀

2002년 8월 12일 09시 45분

1 사랑하는 나의 아들아!
2 "네, 아버님! 말씀하옵소서."
3 나의 아들 예수가 세상에 나가 만백성
을 구하기 위하여 말로써 전했으며,
말로써 그들을 깨우치고자 그와 같은
역사를 이루었음이니라.
4 그리하여 너희들이 말로써 듣고 전하
는 것은 세월이 흐르고 또 흐름으로
해서 그 가지가 가지를 치고 또 가지
를 침이니, 이것이 바로 전달되지 못
하며 나의 뜻을 그대로 너희 가슴에
받아들이지 못하는 그와 같은 변천의
세월이 흐르는 속에 퇴색하니,
5 내가 원하는 방향이 아니요, 너희 스
스로 인간의 욕심에 의하여 너희들이
필요한 쪽으로 모두를 만들며 그리 끌
어감이니라.
6 나를 위하여 모두를 다 바쳐 경배하는
것이 아니라, 인간 너희 스스로 무엇
인가를 얻고자 너희 쪽으로 방향을 틀
어 그리 가도록 하는 그 역사의 변천
이 지금 이와 같이 흘러왔음이니라.
7 이것이 너희들이 생각해 판단해야 할
일이니라.
8 말로써 전하는 것이 과연 대대손손 전
해질 수 있겠는가?
9 그렇지 아니하고 말로써 전하는 것은
세월이 흐르면 그대로 유지되지 아니
함을 너희들은 잘 알 것이니라.
10 그와 같은 역사의 흐름 속에서 지금
내가 너희에게 나의 아들을 통하여 나
의 성령을 태워 하늘에 오르는 책이
요, 법전이라 하여 글로써 전함이니,
이는 너희들에게 증명함이요, 대답함
이요, 그리고 영원히 변할 수 없는 근
거임이니라.
11 이것이 곧 무엇이더냐?
12 이것이 나의 성령이요, 나의 뜻을 기
록하여 내려보내니,
13 세상에 한 사람을 통하여 너희들의 깨
우침을 전하며 한 사람을 통하여 그
기도를 내가 들어올린다 하였음이니
라.

14 그렇지 아니하고 두 사람이요, 세 사람을 통하여 세상에 내려보내면 각 지파가 생기며, 서로 생각하는 것이 다르며, 세 사람이 서로 가장 맏형이요, 나머지는 아우라, 또 아우는 맏형이라며 싸우고 파벌이 생기는 그와 같은 형국이 내려오니,
15 나의 성령의 뜻이요, 진리는 꼭 하나요, 창조주 나는 하나이며, 내가 내리는 진리는 하나의 길밖에 없음이니라.
16 그리하여 내가 세상에 두 사람을 통하여 내릴 수가 없으며, 오로지 나의 혈통인 한 사람을 통하여 세상에 내려보내는 이치이니라.
17 그리하여 나의 아들을 통하여 법전이라 하여 세상에 내려보내니, 이것이 나의 성령의 증명이요, 곧 이를 받아쓰는 것이 나의 아들임을 증명함이니라.
18 너희들은 여기서 어떠한 의심도 해서는 아니 되느니라.
19 나의 아들을 믿는 자가 곧 나를 믿는 것이요, 나의 아들을 의심하는 자는 나를 못 믿으며, 나의 성령의 법전을 믿지 못하는 자는 내가 존재함을 믿지 못하는 자이니라.
20 그러니 이것을 믿지 아니하고 너희들이 하늘에 오르는 길이라며 천날 만날 기도를 해도, 나를 믿지 못하는 곳에서 행하여짐이니 어찌 하늘에 오르는 그 길을 볼 수 있는가?
21 사랑하는 나의 아들아!
22 "네, 아버님! 말씀하옵소서."
23 내가 수없이 너희들에게 내리며 일깨워 주는 그 역사함을 너희들은 잘 깨우쳐 행해야 될 것이니라.
24 그리하여 너희 백성들에게 그 이치 하나를 깨우쳐 준다 하면 그 뜻을 알 것이니라.
25 나 여호와의 진리는 하나이기에, 한 사람을 통하여 세상에 전해지며, 그것이 대대손손 지구가 존재할 때까지 너희들의 양식이 되며 너희들의 깨우침이 되느니라.
26 이를 말로써 너희들에게 전할 수가 없기에, 내가 마지막이라 하는 뜻을 잘 알라.
27 마지막으로 성령이 직접 세상에 내려가 글로써 나의 성령을 태워 세상에 내려보내니, 곧 너희들이 나의 법전의 뚜껑을 열 때 내가 같이한다 하였음이니, 너희들은 이와 같은 무서운 의미를 깨우쳐야 할 것이니라.
28 이를 깨닫지 못하는 자, 정녕 하늘에 오르는 빛을 볼 수가 없음을 알아야 될 것이니라.
29 마지막 기회라는 말을 깊이 새기라.
30 마지막이라는 것이 무엇을 의미하던가?
31 지금까지 살아왔던 그 모든 삶의 잘되고 잘못됨을 시시비비하지 않고 그를 다 덮어 둠이니라.
32 그를 덮어 두면서 너희들이 새로 살아가는 길이요, 하늘의 생명인 구원의 빛을 볼 수 있는 나의 법전을 내려보냄이니라.
33 여기서 내가 제3의 시대를 이루며, 구약의 시대요, 신약의 시대에 너희들이 살아왔던 그 모든 삶이 잘못되었다는 것을 지적함이니라.

34 그 모두를 덮어 둠은 너희들이 그것을
가지고 나에게 오를 수 없으며 나의
뜻에 따라 행할 수 없음이니, 새로운
너희들에게 내리는 이 법전만이 구원
을 받을 수 있는 길임을 알라.
35 지나간 과거사를 갖고 오로지 그것만
이 옳다고 말하는 자들은 저희들의 아
집이요, 저희들의 고집이요, 나로부터
성령을 들을 수 없으며, 나로부터 메
시지를 들을 수 없으며, 나의 형상을
볼 수 없으며, 내가 쓰고 써도 다 쓸
수 없다는 나의 성령을 내려보내는 것
을 너희들은 한 자도 들을 수가 없으
며 듣지 못하기 때문이니라.
36 너희들이 정녕 하늘에 나 여호와가 존
재함을 체험하며, 나의 형상을 보며,
나의 뜻을 보며, 나의 명하는 것을 듣
는다면, 과연 지금도 너희들이 과거의
지난 것을 가지고 그것이 옳다며 몸부
림치고 갈 수 있는가?
37 잘못 가르치는 종교 지도자, 너희들과
나의 아들과의 차별화가 여기에 있음
이니라.
38 나의 아들은 나 여호와가 존재함을 알
기에, 그는 내가 명하는 그 길만을 감
이니라.
39 오로지 그것이 구원의 길이라 하여 그
가 예수처럼 자기의 목숨을 내놓는 한
이 있더라도 나의 법전을 가슴에 안고
그 길을 지키고자 하는 것이 나의 아
들이며,
40 너희들은 나의 음성이요, 나의 뜻을
모르며 내가 존재함을 모르니, 고달프
고 힘들면 그 길을 가지 아니하고 돌
아가는 그와 같은 추악한 모습으로써
만백성을 이끌어 가는 것이 너희들이
니라.
41 너희들이 정녕 나를 보며 나의 성령을
들으며 나로부터 선택된 자라 하면 너
희들은 목숨을 바쳐서라도 그 길을 갈
것이니라.
42 그러나 너희들은 그리하지 아니하였
기 때문에 너희들이 힘들고 어려울 때
는 너희들대로 변조된 방법으로, 너희
들의 생각대로 하여, 너희들이 목숨을
바쳐 나의 성령을 지키는 그 뜻이 거
기에 없음이니, 그는 무엇이더냐?
43 겉과 속이 다름이니라.
44 그리고 혈통과 혈통이 아님의 차이가
거기에 있음이니라.
45 나의 아들이 그 성서요, 나의 성령이
오로지 나의 뜻이며 만백성을 구하는
길이라 하여 그가 죽음의 그 고통을
그대로 시행했듯이, 나의 지금의 아들
또한 그 길을 가고도 남을 마음의 준
비가 되어 있음을 너희들은 알아야 될
것이니라.
46 그를 죽인다 해도 나의 법전을 가슴에
안고 그는 두려움이 없이 그와 같이
갈 것이니라.
47 많은 종교 지도자 너희들은 가지고 있
는 그 성서가 정녕 잘못되었다 하며,
성서와 너희들의 목숨 중에 하나를 내
놓으라 할 때, 목숨을 내놓을 수 있겠
는가?
48 그 성서를 너희들은 불덩어리를 집었
다가 놓는 것처럼 집어던지며 다른 길
을 찾을 것이니라.
49 그리고 오늘 한 입으로 했던 말을 돌
아서서 번복하기 바쁠 것이며, 그를

변명하기 바쁠 것이니라.
50 또 그 변명하는 자의 말을 듣는 나의 피조물 만백성이 그를 잘못된 자요, 비굴한 자요, 추한 자라 하며 단상에서 끌어내리는 것이 아니라, 그저 '아멘, 할렐루야!' 하고 박수하며 광란의 짓을 또 하며 그가 맞다고 말할 것이며, 오로지 그것만이 하늘에 오르는 길이라 말할 것이니라.
51 그리하여 바르게 가르치는 종교 지도자요, 나의 아들이 너희들을 통하여 전하는 법전 같은 것은 쓰레기며, 너희들의 그 변질된 지도자는 정녕 하늘에 오르는 길이며, 진정한 자며, 하늘의 뜻에 따라 사는 자라 말할 것이니라.
52 '네가 성령이 옳다 하면 죽일 것이며, 성령이 잘못되었다 하면 살려 줄 것이니, 너 자신이 어떠한 선택을 하겠느냐?' 이와 같은 질문을 했을 때,
53 '네가 성령을 안고 있으면 너를 죽일 것이요, 성령을 버리면 너를 살릴 것이다.' 하고 말할 때,
54 그들은 성령이 불덩어리보다도 더 무서우며 추한 벌레를 집은 것처럼 집어던진다는 그 뜻이니라.
55 집어던지고 돌아서서 그들은 성령이 잘못되었다 그리 또 변명하는 그 가르침을 할 것이니, 그래도 너희들은 그 가르침을 따라가는 우매한 자들이니, 과연 짐승과 너희들이 판단하는 사고력 중에 누가 더 높다 말하는가?
56 짐승은 먹을 것을 주지 아니하면 그를 먹지 아니함이니라.
57 그러나 너희들은 먹을 것을 주든 주지 아니하든, 그저 너희들의 잘못 가르치는 사악한 자가 던져 주면 그것이 옳다고 무조건 그리 부르짖고 악을 쓰고 가는 것이 너희들의 형태니, 내가 내려다보는 너희들이 얼마나 불쌍하겠는가?
58 지금의 너희들의 삶의 형태가 그러하니라.
59 이를 깨우치라 하여 나의 법전을 기록하여 세상에 전하니, 이를 듣고 전하며 만드는 나의 선택된 백성 너희들은 몸과 마음 모두를 다 바쳐 법전을 세상에 전하는 역사를 해야 될 것이니 그리 알라.

2,933 번째 하나님 말씀

2002년 8월 12일 21시 41분

1 사랑하는 나의 아들아!
2 "네, 아버님! 말씀하옵소서."
3 네가 너의 제자들에게 그리 말하지 아니하였던가?
4 너는 남들보다 좋은 음식을 먹는 그 자리에서, 너보다 못한 음식을 먹는 자에게 그를 나누어 주지 못하면 네 마음이 편치 아니하며, 어렵고 힘든 자를 네가 도와주지 못하면 네 가슴이 아프다 말하였으며,
5 남들이 쓰러지는 것을 보느니 차라리 네가 쓰러지는 것이 낫다는 그와 같은 마음을 가지고 세상사를 사는 것이 너라 하였음이니,
6 네가 그 마음이 미우며 그와 같은 삶이 너무나 원망스럽다고 너의 제자들에게 그리 말하였느니라.

7 사랑하는 아들아!

8 "네, 여호와 하나님! 말씀하옵소서."

9 나 여호와가 너희들에게 뭐라 말하였느냐?

10 '사랑'이라 말하였음이니라.

11 '베풂'이라 말하였음이니라.

12 네가 나로부터 선택된 나의 선지자요, 나의 아들로서 세상에 살아왔음이니, 네가 남들과 차별화되는 마음의 생활은 너 자신도 모르는 사이에 스스로 네가 그와 같이 행하고 살아오도록 되어 있음을 이제야 네가 깨우쳤는가?

13 너는 모든 삶이 네 삶이 아니요, 내가 주관하여 너를 오늘에 이르기까지 훈련시켰다 하였음이니,

14 근본의 사랑하는 마음, 나누고자 하는 마음, 그 마음의 뿌리가 네 몸에 전체에 감싸고 있었음이니, 그 마음 하나는 변함이 없었던 것이 너이니라.

15 그리하여 그 훈련된 그와 같은 마음으로 지금도 네가 살아감이니,

16 너는 남을 도와주고 네가 돌아서서 빈털터리가 됐을 때 네가 허전함을 알며 네가 힘듦을 알며, 네가 어려울 때 남들이 도와주지 아니하여 너는 고통의 길을 넘는다 하였으나,

17 너는 네가 스스로 한번 판단해 볼 것이니라.

18 네가 어렵고 힘들 때 남들을 도와준 것처럼, 네가 어렵고 힘든 인간사에서 너도 그보다 더 큰 은혜와 영광 속에 네가 나로부터 다 받은 것을 모르는가?

19 너는 열이라는 것을 주었을 때, 네가 필요할 때 백이요, 천이라는 그것을 받아 온 그 변화의 역사를 네가 돌이켜 보면 알 것이니라.

20 너는 육의 삶에서 나 여호와가 존재함을 모르고 그리 살아왔기 때문에 그때그때 이루어진 그 역사를 모르나, 너는 그와 같은 은혜 속에 살아온 것을 이제 네가 돌이켜 보면 알 것이니라.

21 정녕 네가 나로부터 선택된 나의 선지자요, 나의 아들로서, 어렵고 힘든 자를 보면서 나누어 줄 줄 모르며 그 고통을 같이하고자 아니 한다면,

22 네가 남들과 차별화되지 아니하면 어찌 네가 나의 아들이요, 만백성을 이끌어 가는 목자로서, 지도자로서 세상을 살아가겠는가?

23 너는 그와 같은 마음에 네가 후회해서는 아니 될 것이니라.

24 그것이 네가 가야 될 길이며 네가 행해야 될 길이기에 지금까지 네가 훈련되어 왔으며,

25 앞으로 너는 더 큰 그와 같은 일을 베풀며 살아가는 것이 너의 본심이며, 네가 또 살아가야 할 그 근본이니라.

26 그리하여 네가 스스로 너의 제자들에게 말하였느니라.

27 들기 어려울 만큼 커다란 금화의 보따리도 너는 남을 주기에 종이 한 장을 놓는 것처럼 그와 같이 가벼운 마음으로 던질 수 있고 놓을 수 있다 하였음이니라.

28 그것이 무엇이던가?

29 바로 네가 그와 같이 나로부터 훈련을 받아 왔기 때문에 오늘의 네가 나의 아들로서 세상에 나와서 그를 서슴없이 할 수 있음이니라.

30 네가 적은 금화를 가졌으나, 남을 위

해 더 큰 금화를 던져 주며, 네가 남에
게 금화와 은화를 주고도 마음 아파하
지 아니한다면 그것이 네가 훈련되어
온 것이니라.
31 네가 이리 말하지 아니하였던가?
32 어려운 너의 제자에게 네가 천오백만
원이라는 금화를 빌려 주었다 하였음
이니라.
33 그러나 그는 너에게 돌려주지 아니함
이니라.
34 여러 가지 이유를 달아 너에게 주지
않으니, 네가 뭐라 말하였던가?
35 그가 너에게 천오백만 원이라는 그 금
화를 빌려 갈 때, 그는 제가 살던 곳에
서 이사를 가야 되며, 그 주거지를 옮
겨야 되며, 그리하여 그 아이들이 다
니는 학교라는 것이 문제가 되며, 또
변두리요, 먼 데로 이사를 가면서 그
가 입어야 할 손해요, 많은 것을 그가
겪는다 하지 않았는가?
36 그러나 네가 뭐라 했더냐?
37 그가 너에게 돈을 주지 아니하여도 너
는 기쁘다 말하였음이니라.
38 첫째는 그 어린 자식들이 다니던 학교
라는 배움의 터전에 그대로 다닐 수
있으며, 그 학교 주변에서 그가 살기
에 그 자식들에게 위험이 없어서 좋은
일을 했으며,
39 두 번째는 그들이 멀리 이사 감으로
인해서 생기는 모든 재정의 손실이 발
생하지 않아 네가 또 좋은 일을 했으
며,
40 또 하나는 그가 변두리로 멀리 감으로
인해서 너희들과 더불어 만날 수 없으
며 그의 사업과 움직임에 지장을 받을
것을 받지 않게 되었으니,
41 그와 같은 좋은 일 세 가지를 네가 해
주었으니, 네가 그와 같은 좋은 일을
하면서 그가 금화 천오백만 원이라는
것을 잊어버리고 주지 않는다 해도,
그만큼 희생을 치르는 것보다 더 값진
것이 그 세 가지를 그 사람을 위해서
봉사하고 희생한 것이며, 그게 더 위
대하다 너는 말하지 아니하였는가?
42 그것이 네 본심임을 나는 아느니라.
43 그러한 너를 보고 사람들은 바보 천치
라 할 것이니라.
44 그러나 또한 이 세상에 드문 사람이라
말할 것이며, 그들은 너에게 물을 것
이니라.
45 '선생은 어떠한 종파에 속하여서 어떠
한 믿음을 믿습니까?' 그리 물을 것이
니라.
46 그리하여 네가 그 묻는 이에게 '나는
종파가 없습니다.' 그리 말하면, 그는
말할 것이니라.
47 너를 '산 부처'라 그리 말할 것이니라.
48 그러니라, 아들아!
49 네가 남들과 차별화됨이 그것이니라.
50 네가 네 금화를 그에게 주고, 그가 그
를 가져가서 주지 않는다 해도, 그가
그 금화를 가지고 가서 몇 가지 편하
게 쓰고 좋은 결과를 가졌다면, 너는
그를 위하여 그만큼 기쁨을 주었으니,
네가 그 봉사와 희생을 하지 아니하고
남에게 어찌 기쁨을 줄 수 있느냐 그
리 네가 말함이니,
51 그게 네가 살아가는 자세며, 그게 나
여호와의 심성에 와 사는 것이니라.
52 아들을 죽인 백성을 살리고자 하는 나

의 마음보다 더 아픔이 거기에 있던가?
53 그렇지는 못하지 아니하더냐?
54 나의 아들을 죽인 그들을 구원하고자
내가 사랑을 내림이니, 너는 그와 같
이 마음을 갖고 산다 해도 나 여호와
의 심성에 가까이 와 있지 못함이니,
55 그보다 더한 것도 그와 같은 생각으로
써 모두 이해하고 다스려 가는 것이
나의 아들이 해야 할 길임을 알라.
56 네가 어려운 너의 제자들이요, 네 주
변에 있는 나의 백성을 보고 그냥 넘
어간다 하면 너는 나의 아들이 아니
요, 나의 자식이 아님이니라.
57 그것을 보고 그냥 넘어가서는 절대 아
니 되는 것이 네가 가야 할 길이니라,
나의 아들아!
58 이와 같은 삶을, 남들이 갈 수 없는 길
을, 남들이 넘을 수 없는 그 길을 넘고
가는 것이 나의 아들의 갈 길임이니,
네가 그를 위하여 그와 같이 생각하듯
이, 그 마음을 갖고 살아가라.
59 너는 말하지 않더냐?
60 남들이 너에게 피해를 입혔을 때, 그
피해 다음에 네가 얻는 게 있으며 교
훈이 있었으니, 감히 어떤 선생이 너
에게 적은 피해를 주고 큰 깨우침을
줄 수 있겠느냐, 그리하여 너에게 피
해를 입힌 그가 선생이라 네가 말하였
음이니라.
61 너에게 재물의 손실을 입힌 사람이,
그 손실을 입힌 것보다도, 너에게 재
물의 손실을 입힌 그 사람으로 하여
금, 그 일을 겪는 과정에서 네가 깨우
치고 얻는 것이 더 크다 하였음이니,
62 네가 손해 본 그 재물의 가치와 네가
얻은 것의 그 교육비를 비교하면, 네
가 잃은 것보다는 배운 것이 더 크니,
그 교육비는 아무것도 아니라 생각하
는 것이 네 마음이니라.
63 네 마음이 그러하니 나 여호와가 기쁘
기 한량없음이니라.
64 네가 그와 같은 마음으로 살아가야 함
이니라.
65 너의 제자들 또한 어렵고 힘들 때 그
들이 지치느니라.
66 그들을 그냥 버려두는 것이 네가 갈
길이 아님이니라.
67 네 모두를 다하여 그들을 이끌어 주고
그들을 달래 주며 그들을 바로 설 수
있도록 하며 그 마음을 잡아 주는 것
이 나의 아들, 네가 해야 할 일임을 네
가 잘 알고 있지 않은가?
68 아들아, 그리 살아가라.
69 그리하여 지금 수천 년 동안에 나의
피조물 만백성을 구원하며 하늘에 인
도한다며 떠들고 그와 같이 가르치고
설교한다는 자들과 네가 세월이 지나
면서 차별화의 그 역사가 이루어짐이
니, 그게 바로 만백성의 생명을 구하
는 빛이 됨을 잊지 말라.

2,934 번째 하나님 말씀

2002년 8월 12일 23시 24분

1 사랑하는 나의 아들아!
2 "네, 아버님! 말씀하옵소서."
3 지금 수천 년 동안 흘러오면서 각종
종파가 어찌 나의 피조물 만백성을
구한다 하는가?
4 그들은 저희들이 손으로 만든 그 성전

에 와서 기도하는 자, 그 몇몇 안 되는
사람들을 구원한다 하며, 그들만이 구
원을 받았다 하며 구원의 선택을 받았
다 그리함이니라.
5 모든 수천 수억의 종파들이 다 몇 명
안 되는 나의 백성들을 저희 손으로
만든 그 성전에, 또 저희들이 그리 궁
궐처럼 지어 놓은 그 성전에 모아 놓
고 그곳에 와야 구원받는다 함이니,
6 과연 그곳에 몇 명이나 와서 구원의
공부를 하며 구원의 설교를 들으며,
그들이 하늘에 오르는 구원의 빛을 본
다 할 수 있는가?
7 너희들이 수천의 그 종파들이 가지고
있는 그 집단 속에서 과연 얼마나 되
는 나의 피조물 만백성을 구한다 하며
그리 외치는가?
8 너희들의 실상을 들여다봐야 될 것이
니라.
9 작은 집단에서 열 명이요, 또 많게는
몇천만 명을 가진 종교 집단이 다 저
희들 안에 온 자들만이 구원받는다 말
하며, 즉 저희들에게 오는 속에만이
구원받을 수 있다 그리 말함이니라.
10 그러면서 열 명이요, 백 명이 있는 그
소집단의 종교 지도자들이 다 서로 저
희 종교 집단에 와서 기도하고 경배하
는 자만이 구원을 받으며 영원히 하늘
에 오르는 그 빛을 본다 그리 말함이
니, 이것이 지금 너희들이 얼마나 도
깨비 장난하는 것과 같은 형국으로 구
원을 받는다고 울부짖고 있는가?
11 수천수만의 그 종교 집단이 과연 저희
들이 구원하는 인원이 얼마나 되며,
저희들이 통솔하여 하늘에 오르는 길
로 인도한다는 인원이 이 지구상의 인
구에 비하여 몇 퍼센트를 차지하고 있
는가?
12 너희들이 우후죽순으로 생긴 종교 집
단이, 적게는 열 명이요, 크게는 백 명
이요, 2백 명이요, 몇천 명씩 가지고
있는 그 종교 집단이 얼마나 많이 있
는가?
13 내가 너희들에게 말하였으니, 너희들
은 십자가를 걸어 놓은 그 종교 집단
뿐 아니라 보이지 않는 그늘 속에 있
는 그 모든 종교 집단과, 십자가라는
나의 아들이 고통 속에 죽어 간 그 흉
물스러운 것을 걸어 놓지 아니하고서
구원의 길이라고 인도하며, 하늘에 오
르는 길이며 너희들이 천국의 문에 갈
수 있다고 기도하는 자들,
14 그 모든 집단들이 행하는 것을 다 하
늘에서 내려다보는 내가 무어라 말하
였느냐?
15 열 발짝마다 하나의 종교 집단이 존재
한다 하였음이니라.
16 너희들은 나의 아들이 죽어 간 그 흉
물스런 십자가가 보이는 것만으로써
거리를 재지 말라.
17 보이지 않는 그 종교 집단이 얼마나
많던가?
18 그 집단 속에서 너희들이 적게는 열
명이요, 몇십 명이요, 몇백 명씩 가진
종교 집단이 저희들만이 구원을 받는
종교 집단이요, 저희들이 만들어 놓은
그 성전에 와야만 구원을 받고 하늘의
빛을 본다 하여 남의 집단이요, 남의
종교요, 남들이 가르치는 것을 듣지
아니하고 보지 않으려 하며 남의 것을

깨우치지 아니하니,
19 그래서 셀 수 없는 수천 수억의 그 종
교 집단이 지금 저희만이 구원받는 것
이라 그리 부르짖고 있느니라.
20 또 좀더 많은 신도와 금화와 은화요,
재력을 가졌다 하는 집단에서 과연 저
희들이 거느리는 나의 백성들이 얼마
나 되는가?
21 나의 수십억 인구 중에 저희들이 가지
고 있는 그 집단의 인구는 과연 몇 퍼
센트나 되는가?
22 그러면 그들만을 너희들이 구원할 것
이며, 나머지는 다 버려지는 집단이라
말하는가?
23 여기서 너희들이 하늘의 뜻과, 인간
너희들의 방법으로 끌고 가는 종교 집
단이요, 세속에 대한 그 법도에 의하
여, 너희들의 연구에 의하여 너희들이
생각하여 만든 그 집단의 운영하는 형
태를 바라봐야 될 것이니라.
24 나의 아들은 지금 뭐라 말하는가?
25 이 지상의 수십억 모든 백성을 상대로
하여 그를 다 하나로 구원해야 한다
하여 그 역사를 지금 가고 있지 않은
가?
26 내가 10부에 대한 160권의 법전을 세
상에 냄이니, 나의 아들이 3부까지는
세상의 모든 각국의 언어로 번역하여
그들이 그 자리에서 깨우치게 한다 하
였으며, 그리고 4부부터는 지금 선택
된 동양의 이 작은 나라, 너희들의 언
어와 글로써 그 생활 풍습을 전하며,
만백성을 하나로 엮어 다 같이 하나로
깨우쳐 가는 그와 같은 역사를 이루고
있음이니,
27 과연 어느 것이 나 여호와의 아들이
요, 나로부터 선택된 목자가 가는 길
인가?
28 너희들은 손바닥에 올려놓고 그 안에
서 움직이는 개미의 모형을 바라보는
것같이 선명하게 그 모습을 다 보고
있거늘, 어찌하여 그리도 어리석어 이
를 깨우치지 못하는가?
29 너희들이 몇십 명도 안 되는 나의 백
성들을 모아 놓은 종교 집단이 그것만
이 참진리요, 진실한 길이요, 하늘의
참빛을 보며 구원을 받는다 그리 아우
성치며,
30 이웃이요, 저희보다 더 위대한 집단이
요, 더 큰 집단이요, 세상을 지배하려
는 집단이 세상에 존재하는 것도 감히
보지 못하며, 저희들만이 하늘에 오르
는 길의 옳은 가르침이라 하여 그를
이끌어 가는 수억의 종교 집단의 지도
자들이 그리 부르짖고 있음이니라.
31 아무리 큰 종교 집단 너희들이 지금
만백성을 구한다 해도, 지금의 인구의
몇 퍼센트를 너희들이 구원하며,
32 지금 이끄는 종교 지도자가 죽었을 때
과연 그 집단은 얼마나 지속될 것이
며, 거기에 따르는 백성은 얼마나 너
희들에게 지속되리라 생각하는가?
33 나의 아들은 세상의 모든 백성을 상대
로 지금 깨우쳐 감이니라.
34 곧 지상이 나 여호와가 만든 성전이
요, 내가 만든 이 성전에 사는 모든 백
성들을 다 상대로 내가 너희들에게 교
과서요, 교본을 내려보내니, 나의 아
들을 통하여 내려보냄이니라.
35 그리하여 나의 아들은 세상의 모든 백

성들을 다 상대로 하나로 깨우쳐 이루
고자, 그리고 깨달아 하늘에 오르는
그 길의 영광과 기회를 똑같이 주고자
이리 밤과 낮을 가리지 않고 나의 성
령을 받아 책으로 만들어 전하는 역사
를 이루니, 이가 과연 나로부터 선택
된 아들인가,
36 열 명, 스무 명, 몇십 명도 안 되는 종
교 집단을 놓고서 너희들이 깨우쳐 하
늘에 오르는 길을 인도한다 하여 그저
아이들 장난과 같은 그 행위를 하는
자들이 정녕 나로부터 선택된 종교 지
도자인가?
37 너희들은 어찌하여 이를 깨우치지 못
하는가?
38 이와 같은 역사의 이루고자 하는 그
뜻 하나만 봐도 너희들이 알 것이거
늘, 어찌하여 그리도 나의 법전을 보
지 아니하며, 나의 성령의 뜻을 듣지
아니하려 하는가?
39 나의 아들이 나의 아들이요, 선택된
선지자이며, 이 시대의 너희들이 쳐다
볼 수 없으며 만질 수도 없으며 같이
살아갈 수도 없는 이와 같은 나의 아
들이 나의 성령을 받아 세상에 전하거
늘,
40 너희들은 세상을 다 구하고자 내려온
나의 아들의 부르짖는 소리는 듣지 아
니하며, 열 명, 스무 명, 몇십 명을 놓
고 그저 두꺼비집 뚜껑 같은 그 속에
서 만백성을 구한다고 부르짖는 그들
에게는 너희 모두를 다 바치며 그것이
구원의 길이라 그리 매달리고 있음이
니, 이 이치 하나를 깨달으라.
41 나의 아들 예수가 세상에 나와 너희들
을 구원하고자 너희들처럼 두꺼비집
만 한 집을 놓고 백성을 구한다 하였
던가?
42 그는 동서남북, 세상에 있는 만백성을
구하고자 가르쳤고 깨우쳤거늘, 나의
아들 예수가 와서 이루고자 한 그 역
사를 본다면,
43 과연 나의 아들 예수가 세상의 만백성
을 구원하고자 이루었던 역사의 형태
로써 이 지구상의 나의 피조물 만백성
을 다 구원하며 하나로 깨달음을 알려
주며, 그리고 그 대대손손이 보고 깨
우칠 수 있도록 글로 증거하여 만들어
전하는 대혁명의 역사를 이룬 자가 누
가 있는가?
44 나의 아들 예수의 그 역사와, 지금 내
가 성령을 내려보내 나의 아들이 이루
고자 하는 그 뜻의 행함이 똑같음이니
라.
45 이를 보고 너희들이 중간에 지금까지
온 종교 지도자들의 그 형태를 봐, 어
느 것이 진정 나로부터 선택된 아들이
요, 목자가 가는 길인가를 깨우치라.
46 나 여호와의 애절한 뜻을 너희들이 모
르면 누가 이를 깨우치겠는가?
47 밀림에서 달리고 그저 죽이고 살리는
그 짐승들이 이를 알아들어야 될 것인
가, 하늘을 날아가는 날짐승들이 이걸
듣고 깨우쳐야 되겠는가?
48 가장 지혜가 높고 동물의 제왕이라는,
그리고 내가 가장 아름답게 만든 너희
들이 바로 깨우치고 행해야 할 것이거
늘, 어찌하여 너희들이 그리도 우매하
게 살아가는가?
49 나의 이 애절한 뜻을 깊이 깨우쳐야

할 것이니라.

2,935 번째 하나님 말씀

2002년 8월 12일 23시 36분

1 사랑하는 나의 아들아!
2 "네, 아버님! 말씀하옵소서."
3 내가 너희들에게 물었느니라.
4 몇 사람을 사랑하며 그 사람들을 상대
로 하며, 몇 사람의 인간을 상대로 하
여 하늘에 오르는 길이라 그리 말하며
구원의 길이라 하여 그들에게 모든 금
화와 은화와 그리고 그들이 즐길 수
있는 그 시간마저도 다 거둬들이며 그
들에게 경제적인 고통과 시간적인 고
통을 주며, 그리고 형제와 부모 간에
서로 인간의 아름다운 삶마저도 성전
에 와 바치는 것이 그보다 더 위대하
다 가르치는 그들과,
5 만백성을 사랑하며 만백성을 구원하
고자 노력하는 너와,
6 과연 누가 나로부터 선택된 자이며 나
의 역사의 그 일을 위하여 가는 자라
말할 수 있는가?
7 너희들에게 물어보지 아니하여도 너
희들이 알 수 있는 일이라 내가 말하
였음이니라.
8 몇 사람을 구원하기 위하여 발버둥치
고 그리 구원한다 발버둥치며, 구원의
길이요, 나의 아들 예수의 보혈로써
구원을 받았다며 몇십 명을 놓고 그들
을 이끌어 가는 자, 그리고 그 몇십 명
을 사랑하며 그들을 위하여 이끌어 가
며 그들을 지도한다는 자들과 비교하
여,
9 성서의 깨우침도 없으며 너희들이 만
든 그 성전이라는 곳에 가 설교를 들
은 적도 없는 한 백성이 만백성을 사
랑하며 만백성을 구원하고자 그 길을
간다 하면, 과연 그는 어떠한 자던가?
10 그는 곧 만백성을 사랑하며, 만백성을
사랑하고자 존재하며, 만백성을 구하
고자 밤과 낮을 가리지 않고 그가 역
사를 이룬다 하면, 바로 그게 누구더
냐?
11 나로부터 선택된 나의 목자요, 나의
아들임이니라.
12 이와 같은 이치 하나를 너희들이 깨달
아, 하늘에 오르는 길이 정녕 어떠한
길인가 깨달으라 하였음이니라.
13 여기서 너희들이 깨달아야 할 것이니
라.
14 몇 사람을 사랑하는 자와 만백성을 사
랑하는 자, 몇 사람을 구원하고자 하
는 자와 만백성을 구원하고자 하는
자, 그게 얼마나 큰 차이인가를 알아
야 될 것이니라.
15 그리하여 나의 아들은 비록 지금 그가
혼자 가고 있으나, 만백성을 구하기
위하여 160권의 법전을 세상에 내는
이 어렵고 힘든 길을 가고 있음이니,
그 법전이 세상의 만백성을 구할 날이
머지않았음이니라.
16 그리 가는 자가 나의 아들이요, 나의
목회자이니라.
17 몇 사람을 구하고 몇 사람을 사랑한다
그리 표현하며 살아가는 자들, 저희들
의 육의 삶에 급급하여 그를 위한 생
활의 형태에 빠져 있으니, 그 몇 사람
도 구원하는 길을 제대로 인도하지 못

하고 있는 그 실정을 너희들은 깨우쳐
야 될 것이니라.
18 수천수만의 종파가 저희들만이 구원
받는다 하며, 또 남의 종파를 보지 아
니하며, 서로 믿는 형태가 다르다 하
여 모든 종파를 탓하는 것은 물론이요,
19 미신을 믿는 자, 또 점술가요, 이와 같
은 자들을 적대시하며 그들과 거래하
지 아니하려 하며, 서로 이단이요, 사
악한 집단이라 그리 물고 뜯고, 서로
신뢰하지 아니하며 그와 같이 가는 것
이 지금 믿음의 길을 가는 자들의 형
태이니라.
20 그러나 지금 나의 아들이 행하고자 하
는 것은 무엇이더냐?
21 무당이요, 또는 점술가요, 또 너희들
이 이단이요, 사단이라 하는 모든 종
파요, 그 종파의 이름과 명칭이 다른
자들까지 다 사랑하며, 그는 나 여호
와의 자식이라 하여 그가 품에 안아
그들을 구원하고자 나의 법전을 기록
하여 전하고자 그리 노력함이니,
22 과연 누가 나의 뜻을 행하는 자인가를
너희들은 알아야 할 것이니라.
23 사랑하는 나의 아들아!
24 "네, 아버님! 말씀하옵소서."
25 네가 이와 같이 모든 변화의 역사의
현실을 손에 쥐여 주듯이, 그림으로
그려 주듯이 그리 만백성을 깨우치고
자 함이니, 여기서 깨닫지 못하는 나
의 백성들을 과연 어찌해야 되겠는가?
26 너는 그들에게 전하라.
27 너희들이 육의 삶을 살다 죽어 나에게
와 나의 품에 안길 수 있는 인간의 삶
을 사는 데 모두를 다 투자하라 그리
가르치라.
28 너희들이 육에서 살며 힘들고 어려운
그 속에서 내가 지키라는 그 계명을
지키며, 내가 너희들을 구원하기 위하
여 내리는 나의 이 법전을 읽고 깨우
쳐, 육의 삶에서 너희들이 죽어 너희
들의 영혼이 하늘에 왔을 때, 나의 품
에 안길 수 있는 인간의 삶을 살도록
그리하는 것만이 너희들이 구원을 받
는 것이라 그리 가르쳐 주라.
29 그리하여 너희들이 인간의 삶 속에서
영혼의 삶을 가되, 한 점의 부끄러움
이 없이 나의 계명을 지켜, 너희들이
죽어 나의 나라에 와 나의 품에 안기
는 그와 같은 삶을 사는 데 주저해서
는 안 될 것이며, 용기를 잃어서도 아
니 될 것이니라.
30 너희들은 인간이기에, 내가 가장 높은
지혜를 주어 만들었으며, 가장 아름답
게 만들었으며, 모든 지상의 동식물을
통제하는 제왕으로 만든 자들이 너희
들이 아니던가?
31 너희들은 여기서 주저하지 말라.
32 너희들이 죽어 와 나의 품에 안기는
데 한 점의 부끄러움이 없는 그와 같
은 육신의 삶을 사는 데 주저하지 말
고 용기를 갖고 도전할 때, 너희들은
내 품에 안기는 그와 같은 영광을 얻
을 수 있음이니라.
33 너희들이 죽어 나의 천국에 와, 나의
나라에 와 나의 품에 안길 때, 한 점의
부끄러움이 없는 그와 같은 삶을 살도
록 노력하라.
34 너희들이 죽어 와 내 품에 안길 수 있
는 그 영광만을 생각하며 살라.

35 오로지 너희들이 죽어 와 한 점의 부
끄러움이 없이 너희들의 육은 흙으로
돌아가며 너희들의 영혼이 천국의 문
을 통과하여 나 여호와의 품에 안기는
그와 같은 영광만을 생각하며 살아간
다 하면, 너희들은 그리될 수 있음이
니라.
36 그리하여 육의 삶의 너희들의 욕심이
요, 과욕이요, 시기하고 질투하는 그
와 같은 삶에서 영혼의 삶을 모르는
자, 너희들이 영혼의 삶을 위하여 육
을 다스려 나가는 그와 같은 영광을
얻을 것이니라.
37 나의 법전을 읽고 깨우친 만백성 너희
들은 하늘나라에 와 영원히 살며 너희
들의 창조주인 나의 품에 안기는 그와
같은 영광만을 생각하며, 그리할 수
있으며 그리 갈 것이라 생각하고 모든
삶의 목표를 거기다 맞춰 하나하나 깨
우치고 회개하며 변해 가는 삶을 살도
록 그리하라.

2,936 번째 하나님 말씀

2002년 8월 12일 23시 52분

1 사랑하는 나의 아들아!
2 "네, 아버님! 말씀하옵소서."
3 내가 너희들에게 세상의 이치를 깨우
치고자 내렸거늘 너희들이 이를 보고
깨우치지 못함이니,
4 지금 너희들이 사는 이 지구에 수십억
의 인구가 살아가고 있지 않은가?
5 그 수십억 인구 중에 지금 너희들이
하늘로 인도하며 깨우치고 가르친다
는 그 너희들의 신도며, 너희들만이
구원을 받았으며 너희들이 다니는 그
성전만이 하나님의 뜻에 따라 그대로
시행하며 구원을 받을 수 있는 백성이
라, 그리고 선택된 믿음의 길을 가는
자들이라 그리 부르짖으니,
6 이 지상의 수십억 인구 중에 너희들이
과연 몇 퍼센트나 되며, 너희들의 존
재가 얼마나 되는가?
7 너희들은 백사장에 깔린 그 많은 모
래 속에서 한 줌도 안 되는 그 모래의
숫자인 너희들만이 구원을 받으며 너
희들이 그 모래 전체를 이끌어 가는
그와 같은 것으로 생각하니,
8 그 속에서 너희들이 과연 몇 분의 일
의 백성을 하늘로 오르게 깨우치며 구
원을 받도록 하는 그 역사를 행하고
있는가 한번 생각해 보라.
9 너희들이 나가 구원을 받는다는 두꺼
비집과 같이 지은 너희들의 성전에 모
이는 그 인원이 얼마나 되며, 그 신도
가 얼마나 되며, 그리고 거기서 가르
치는 자가 얼마나 거울로 비춰 한 점
의 부끄러움이 없이 정녕 나 여호와의
심성대로 살아가고자 그리 살아가는
가?
10 그러면서 너희들이 거기서 세상에 너
희들이 가장 축복받은 자요, 영광을
받은 자라 그리 말하고 있는 너희들의
모습을 한번 돌아다보며, 너희들의 존
재를 한번 깨우쳐 보라.
11 과연 그 속에서 수십억 인구 중에 너
희들만이 선택받은 자라 생각할 수 있
는가?
12 수십억의 종파들이 지금 그리 가고 있
음이니, 너희들 집단의 그 존재부터

한번 깨우쳐 보며,
13 너희가 수십억 인구 중에 얼마만큼 그
비중을 차지하고 있는가, 너희들 자신
이 얼마나 위대하고 방대한 것인가,
그리고 너희들이 존재하는 그 믿음이
과연 어떠한 것인가를, 너희들 존재의
가치를 한번 돌아다보면,
14 너희들 자신이 너희들만이 구원을 받
는 것이며, 너희 성전만이 하나님의
뜻에 따라 살아간다, 수십억 중에 몇
분의 일로 셀 수도 없는 그 적은 너희
들이, 거기에 너희들이 존재 가치가
무엇인가도 보이지 않고 찾을 수도 없
는 그 속에서 저희들만이 위대하다 부
르짖는 너희들의 그 초라하고 웃지 못
할 모습을 한번 들여다보라.
15 사랑하는 나의 아들아!
16 "네, 여호와 하나님! 말씀하옵소서."
17 만백성의 종교의 작고 큰 집단이 저희
들 자신이 역사하고 있는 그 행위와
저희들이 지금 진행하며 가고 있는 그
현실을,
18 그리고 저희들이 수십억 인구 중에 얼
마만큼 존재 가치가 있는가, 그리고
그들이 얼마만큼 나의 백성들을 다 깨
우치기 위해서 노력하는가, 그리고 나
의 피조물 만백성에게 얼마나 많은 영
향을 주며 내가 다 사랑하는 자식들을
구원하고자 노력하는가, 그들 자신을
돌아다보라 그리 이르라.
19 사랑하는 아들아!
20 "네, 아버님! 말씀하옵소서."
21 지금의 수없이 갈라져 있고 또 쪼개져
있는 그 종파들이요, 저희들이 구원의
길을 간다 하는 자들, 그들의 믿음을
가지고 있는 자들, 믿음을 향하여 가
고 있는 그들에게 너는 일깨워 줘야
될 것이니라.
22 너희들이 정녕 믿음의 길을 가며 하늘
에 오르고자 그리 간다 하면, 너희들
은 너희들의 과거를 한번 돌아다보며,
과거를 살펴 연구할 가치가 있으며,
현재 너희들이 존재해 있는 그 믿음의
형태를 한번 돌아다보라 그리하라.
23 너희들의 과거와 현재를 바라보라.
24 그다음에 너희들은 무엇을 봐야 되는
가?
25 너희들의 현재의 믿어 오는 믿음이 변
화되는 믿음이 아니요, 미래를 볼 수
없으며, 미래를 설계하며 미래를 준비
하는 그 믿음이 아니요, 미래에 대한
깨우침을 나 여호와로부터 받지 못한
다 하면, 너희들은 지금의 가고 있는
그 믿음이 죽음의 믿음이라는 것을 알
아야 될 것이니라.
26 너희들은 나로부터 선택된 백성이요,
나로부터 지도자로서 명받은 자요, 나
의 뜻을 가르치는 자, 나에게 허용된
자며 나에게 임명을 받은 자는 미래를
봄이니라.
27 미래에 이루어지는 그 역사를 앎이니
라.
28 그리고 내가 원하는 미래를 위해서 나
의 피조물 만백성을 가르치며 그들의
미래를 대비하도록 그들에게 가르쳐
깨우쳐 주는 것이 나로부터 선택된 백
성이며 지도자임을 알라.
29 너희들은 과거와 현재를 모르며, 과거
와 현재에 얽매여 너희들이 다람쥐 쳇
바퀴 도는 식으로 그 자리에서 돌고

돌다 너희들 조상이 지옥으로 가며 너
희들이 그러하며 또한 너의 후손들이
그와 같은 변하지 못하는 그 삶을 사
는 것은 정녕 죽은 자의 믿음이요, 너
희들은 그 자리에서 제자리를 돌다 죽
어 가는 그와 같은 형국이니라.
30 나로부터 선택된 백성이요, 구원을 받
는 백성이요, 구원의 빛을 보는 백성
은 미래를 준비하며, 미래를 알게 되
며, 미래에 이루어지는 역사를 대비하
여 그와 같이 살아가는 자들이니라.
31 그리고 너희들은 또 하나 알아야 될
것이니라.
32 지금 내가 나의 피조물 만백성 너희들
에게 미래를 보는 깨달음을 가져야 될
것이며, 미래에 이루어지는 역사를 보
며, 미래에 너희들이 이루어지는 것을
대비하는 삶을 살라 함이니,
33 너희들이 여기에 대비하고 깨우칠 것
이 없기에 내가 너희들의 미래를 대비
하여 살라 지금 명하며,
34 내가 너희들에게 명하기 전에 내가 나
의 법전의 160권을 만들어 세상의 만
백성 너희들에게 전하기 위하여 내려
보내고 있음이니,
35 이것이 너희들이 미래를 볼 수 있으며
미래를 깨우치는 길이며 미래를 준비
할 수 있는 대비책이 여기에 다 있음
이니라.
36 너희들은 과거의 너희들의 행함과 지
금의 행함과, 이와 같은 것을 너희들
의 믿음을 비추어 보며,
37 지금 미래를 향하여 내가 내려보내는
나의 법전 속에 너희들 모두의 미래를
설계함이 들어 있으며,
38 내가 앞으로 천 년 후에, 또 수천 년
역사가 흐르는 이 세월 속에서 영원히
지구가 존재하는 동안에 내가 역사하
고자 하며 창조주인 나 여호와가 세상
에 이루고자 하는, 그리고 내가 세우
고자 하는 그 새로운 시대에 새로운
세상의 이루는 그 뜻을 보지 못하는
자, 나로부터 선택되지 아니한 백성임
을 너희들이 알아야 될 것이니라.
39 나로부터 선택된 백성은 나의 법전을
접하게 될 것이며, 나의 법전을 접하
는 자는 미래를 대비하는 그와 같은
삶을 삶이니, 그게 하늘나라에 오를
수 있는 영광을 얻는 기본임을 알라.

2,937 번째 하나님 말씀

2002년 8월 13일 0시 14분

1 사랑하는 나의 아들아!
2 "네, 아버님! 말씀하옵소서."
3 지금까지 나의 피조물 만백성이 어찌
하늘을 향하여 왔는가?
4 저희들이 지금까지 다 구원을 받았으
며, 그리고 예수의 보혈로써 다 죄사
함을 받아서 그들은 구원받았다는 그
와 같은 것으로써 저희들이 믿음의 길
을 지금까지 왔음이니라.
5 그러나 너희들이 그와 같이 믿고 온
조상들이요, 너희들의 뿌리 중에 구원
받은 자 없으며, 너희들의 행함이 잘
못되었음이니 그 죄를 받고 있다면,
너희들은 이를 어찌하겠는가?
6 너희들은 너희들의 행함이 추하고 더
러운 그와 같은 삶을 살면서 나의 아
들 예수의 보혈로써 구원을 받았다 그

리 말함이니라.
7 그러나 너희들은 그리해서는 아니 되
는 것이니라.
8 그리고 그와 같은 일은 있을 수도 없
음이니라.
9 너희들이 나의 십계명이요, 나의 율법
대로 살아가기 힘들고 어렵기에, 그와
같이 살라 하면 하나도 너희들의 성전
이라는 곳에 구원을 받고자 올 자가
없음이니,
10 너희들이 거기서 연구하고 변명하여
하는 말이 '행함이 아니요, 육의 행함
으로써 구원을 받는 것이 아니며, 그
저 믿음이라는 것을 하나 선택함으로
써 육의 삶의 죄는 다 소멸되며, 그것
으로써 구원을 받으며 천국이라는 그
문에 들어설 수 있다.' 그리 착각하고
지금까지 믿어 왔으며,
11 그리 잘못 가르치는 지도자들의 그 말
을 믿고 너희 조상들이 그 믿음의 길
을 가다가 지금 다 지옥 불에 가 그 죄
를 받고 있다 하면, 이 엄청난 사실을
너희들은 어찌 받아들이겠는가?
12 너희들은 여기서 알아야 될 것이니라.
13 아무리 믿음의 길을 간다하여도, 행함
이 없는 자는 죽음임을 알라.
14 너희들은 어찌하여 그 간단한 이치 하
나도 모르는가?
15 내가 너희들에게 말하여 깨우쳐 주지
아니하였던가?
16 부모가 어린 자식에게 잘 살라, 어찌
살라, 그리고 바르게 살라, 예의 바르
게 살라 그리 수없이 가르치니,
17 그것을 받아들여 그와 같이 행하는 자
는 부모에게 효도하는 자요, 사회에
필요한 자로 성장해 갈 수 있음이니라.
18 그러나 너희들은 말하기를, 부모는 아
무리 그리 말하여도 너희들이 행동하
는 것과는 아무런 관계도 없음이니 그
저 부모의 말을 듣기만 해도 하늘에
오른다 생각하고, 사회에 필요한 인간
으로 성장한다 하느니라.
19 어찌하여 내가 너희들에게 지키고 살
라 명하여 내리는 나의 성령의 음성을
듣기만 해도 너희들은 구원을 받고 천
국에 올라온다는 그 착각과 환상 속에
서 살아가고자 하는가?
20 이것은 너희들이 바르게 살 수 없기
때문에, 너희들이 그와 같이 살 수 없
는 자신의 돌파구요, 그 변명을 갖기
위하여 그와 같이 말함이니라.
21 육에서 너희들이 말하기를, 믿음으로
써 모두를 구하며, 행함으로써는 구원
을 받지 못한다는 그와 같은 너희들의
달콤한 말에 현혹되어, 육의 지키기
어렵고 힘든 그 길을 가지 아니하고
너희들이 믿음이라는 곳에 와 부르짖
고 나의 아들을 찾으며 나 여호와에게
경배한다 하며,
22 그리고 하늘에 오르는 길을 인도한다
는 그 잘못 가르치는 종교 지도자들의
세 치 혓바닥의 놀림만을 듣고, 너희
들이 행하는 것은 아무것도 아니라 팽
개치며 그저 나의 아들의 이름만 부르
며 너희 손으로 지은 성전에 들어가는
순간에 구원을 받았다 그리 착각함이
니,
23 너희들은 착각도 유분수이니라.
24 이는 꿈에도 생각하지 말라.
25 행함이 없어도 된다면, 어찌하여 내가

너희들에게 십계명을 내려보내어 그
리 살라 명하였으며, 나의 성령에 너
희들이 어렵고 힘든 그 모두를 지키며
살아가야 된다 가르쳤겠는가?
26 내가 너희들에게 행하며 지키라 명한
것은, 그리 행하고 지키지 아니하면
구원을 받을 수 없는 엄연한 사실인
것을,
27 너희들은 행하고 지키기가 너무나도
힘들고 어려우며 그와 같이 살아갈 자
신이 없는 너희들의 그 나약한 마음을
이용하여 그저 '믿음'이라 하여 너희
들이 죄를 짓고 성전에 와서 눈물로써
회개하며 그저 금화와 은화를 많이 바
치면 그 죄를 사해 준다 함이니,
28 너희들은 나의 아들과 나 여호와의 이
름을 팔아 지금 장사를 하고 있는 이
무서운 사실을 아는가?
29 너희들이 무엇이기에 금화를 많이 갖
다 바치면 그 죄를 사함 받고 용서를
받으며 축복을 받는다 그리 말하는가?
30 너희들이 지금 나의 아들과 나의 이름
을 팔아 면죄부를 주는 그와 같은 사
악한 짓들을 하고 있음이니라.
31 그 죄에 따라서 너희들은 금화와 은화
를 바치라 함이니,
32 너희들은 금화와 은화의 그 재물을 받
으며 나의 피조물 만백성이 지은 죄
를 너희들이 감면해 주며 덜어 준다
말함이니, 이것이 곧 사기극이 아니고
무엇이던가?
33 그 자격도 없는 자가 어찌하여 그 죄
를 감면해 준다 하여 그와 같이 재물
을 거둬들이는가?
34 인간사에서도 너희들이 죄를 지으며
잘못했을 때, 그를 평가할 자격이 있
는 자가 평가하여 그 죄를 사해 주며
또 그에 대한 대가를 받도록 하는 그
제도가 되어 있거늘,
35 어찌하여 너희들은 하늘의 법도를 그
리 지상의 법도만큼도 생각하지 아니
하며, 그와 같이 값어치 없이, 그리고
뜻이 없이 생각하고, 그리하여 무서움
을 모르는 그와 같은 행동을 지금 하
고 있는가?
36 육의 세상에서 너희들이 죄를 지었을
때 그를 반드시 심판하여 옳고 그름
의 대가를 치르며, 너희들이 죄가 없
을 때 그를 판정하는 자만이 죄가 없
다 말함이니,
37 그 판정의 자격도 없는 자가 너희에게
죄가 없다고 한들 너희들이 그 죄를
받지 않는다 생각하는가?
38 너희들 인간 세속에서 죄를 지으면 그
를 판정하여 그 죄과대로 벌을 매기는
그 법도가 엄연히 있으니,
39 너희들이 죄를 짓고, 그 죄를 심판하
는 자격을 갖추지 아니한 자가 너희
죄를 사면해 주었다 하며, 그리고 용
서해 주었다 하며, 너희들로부터 재물
을 거둬들인다면,
40 너희들은 과연 그들의 말을 믿고 그에
게 재물을 바쳤다 하여 너희들이 법관
앞에 가서 재판을 받을 때 그리 용서
받을 수 있다 생각하는가?
41 그에게 바치고 그에게 용서받은 것은
아무런 관계도 없으며, 너희들의 그와
같은 행위가 더 죄가 됨이니, 어찌 너
희들은 지상의 이치도 하나 깨우치지
못하는가?

42 어찌하여 너희들은 너희들의 죄를 용
서해 주며, 구원해 주고 구원해 주지
아니하는 것은 나 창조주 여호와밖에
할 수 없거늘,
43 죄를 용서해 주고 안 해 주는 자격이
없는 너희들이 어찌하여 수단과 방법
을 가리지 아니하고 너희 손으로 지은
그 성전에 재물을 바치면 그 죄를 용
서해 준다 하는가?
44 너희들이 재물을 거둬들이며, 그저 나
의 백성들이 죄지은 것을 너희들 이름
으로 용서해 줌이니,
45 많이 바친 자는 큰 죄도 용서해 주며
적게 바친 자는 작은 죄도 용서해 주
지 않는, 그와 같은 자격도 없는 자가
그 사악한 짓을 하고 있음이니,
46 너희들이 자격도 없는 너희들을 가르
치는 종교 지도자에게 재물을 바치며
너희들이 지은 죄를 눈물로써 광란의
짓을 하며 용서를 빌었다고 하여 너희
들이 죽어 와 나에게 재판을 안 받으
며 그 죄에 대한 대가를 치르지 않는
다는 생각은 너희들의 망상이며 환상
이며, 너희들이 꿈에도 그러한 생각을
해서는 아니 됨이니,
47 나의 이 뜻을 읽고 깨우치고도 그와
같은 행위를 하는 자, 너희들이 얼마
나 비참한 속에서 거짓 자에게 속아
가는지 알아야 될 것이니라.
48 너희들을 재판하며, 너희들이 죽어 왔
을 때 너희 영혼을 심판하는 것은 나
여호와밖에 할 수 없느니라.
49 그리고 너희 죄를 용서해 주고 용서해
주지 아니함도 오로지 나 여호와의 고
유의 권한이거늘, 아무런 자격도 없는
자가 나의 아들과 나의 이름을 팔아
너희들에게 죄를 용서할 것이니 재물
을 많이 바치라 함이니,
50 너희들의 죄를 사면해 준다고 거짓 하
여 재물을 거둬들이는 것이 사기꾼이
요, 사악한 도적이요, 너희들의 인생
을 망치는, 구원의 길을 망치는 얼마
나 악마와 같은 행위를 하는 것인가?
51 그들에게 너희들이 천날 만날 바쳐도,
그들은 너희를 용서해 줄 자격이 없으
며 벌을 내릴 자격이 없는, 너희들과
똑같은 한 인간이기에, 너희들이 아무
리 거기에 바치고 용서를 빌어도 나와
는 아무런 관계가 없으니, 너희들이
나에게 와 그 죄를 그대로 받는다는
엄연한 사실을 잊지 말며,
52 너희들이 나의 재물을 가지고 배고픈
자에게 나눠 주고 이웃을 돕고 형제를
도우며 부모에게 효도하는 곳에 쓰라
고 주었거늘, 그 재물을 너희 자신이
구원받고자 가짜 심판관 앞에 수없이
바쳤으니, 그 죄만 너희들에게 더 무
겁게 가중된다는 사실을 잊어서는 아
니 될 것이니라.
53 이제 너희들이 정녕 그 착각과 환상
속에서 깨어나는 그와 같은 시점에 도
래하였음을 알아야 될 것이니라.
54 그들이 거짓된 것을 너희들은 이제 알
아야 될 것이며, 그 거짓된 자들에게
현혹되어 지옥으로 가는 구렁텅이에
빠지는 그와 같은 삶을 살지 말라.
55 사랑하는 나의 백성, 너희들은 들어야
될 것이니라.
56 이제 내가 나의 법전에 모두를 기록하
여 너희들에게 내려보내니,

57 새로운 너희들의 믿음 속에서 계명을
지키며, 나 여호와의 뜻을 따르며, 내
가 너희들에게 나의 성령을 모두 태워
내려보내는 나의 법전을 읽고 깨우쳐
야 될 것이니라.
58 그리하여 나의 뜻에 따라 너희들이 어
렵고 힘든 그 길을 인내하고 견디며,
하늘에 오르는 그 길을 위하여 너희들
이 게으르지 아니하고 노력하며 열심
히 한 계단 한 계단씩 나에게 다가오
는 삶을 사는 자, 그와 같은 자를 내가
구분하여 구원하고자 함을 잊지 말라.

2,938 번째 하나님 말씀

2002년 8월 13일 0시 31분

1 사랑하는 나의 아들아!
2 "네, 여호와 하나님! 말씀하옵소서."
3 정녕 지금 수천 년 동안 오는 그 믿음
속에서 살아가는 자들이, 몇십 명의
저희 신도요, 저를 따르는 자들을 놓
고 하늘에 오르는 길이라 가르쳐 온
그들이 지금 어찌 살아가는가?
4 그들은 모두 살아오면서 믿음은 믿음
이요, 저희들에게 재물과 금화와 은화
가 모아지지 아니하며 그로부터 저희
들이 고통을 당하며 환란과 궁핍에 처
할 때,
5 그들은 그것이 저희들에게 잘못 깨우
쳐 준 길이며, 저희들이 시험을 당하
는 것이며, 저희들이 곧 나 여호와로
부터 어떠한 역사를 이루기 위하여,
그리고 내가 저희들을 소중히 쓰기 위
하여 나로부터 시험을 받는 것이라 그
리 말하는 자들이 있느니라.
6 그러나 그들의 그와 같은 생각 자체가
잘못되었음을 알아야 될 것이니라.
7 너희들은 내가 재물과 금화와 은화를
가지고 너희들에게 환난과 궁핍을 줌
으로 인하여 너희들을 심판하는 나 여
호와가 아님을 알아야 될 것이니라.
8 또한 믿음의 길을 가고 있는 자들이
그와 같이 재물과 금화를 가지고 너희
들이 어렵고 힘들 때 환난과 궁핍을
당하면서, 그걸 가지고 너희들이 영화
를 누리는 자요, 또는 은혜를 받지 못
한 자요, 또 축복을 받는 자요, 축복을
받지 못한 자요, 그리고 너희들이 행
복한 길을 가는 자요, 못 가는 자요,
그와 같은 갑론을박을 한다는 그 자체
가 너희들이 믿음의 길을 잘못 가고
있는 자들이며, 잘못 믿는 자들임을
알아야 될 것이니라.
9 너희들은 믿음의 길을 가는 자들이 어
찌하여 재물을 가지고 부유하며 너희
들이 인간 세상에 권력이 있다 하여
가장 행복한 자며, 재물이 있고 없는
것에 따라 그것을 가지고 궁핍이요,
또는 가난함이요, 그와 같이 점수를
매기며 평하는가?
10 너희들은 나에게 오는 길을 가며, 나
에게 구원받고자 믿음의 길을 가며,
그리고 나의 아들 예수의 보혈로써 구
원을 받았다 말하면서,
11 어찌하여 육의 세상의 부귀와 영화를
가지고 너희들이 행복한 자요, 또는
너희들이 궁핍하고 고달프며 힘든 자
라 그리 말하는가?
12 너희들이 정녕 믿음을 가진 자라 하
면, 너희들은 재물을 가지고 너희들이

축복받은 자요, 축복받지 못한 자라
그리 생각해서는 아니 됨이니라.
13 믿음의 길을 가는 자는 곧 구원의 길
을 가는 것, 그리고 나에게 오를 수 있
는 깨달음, 그와 같은 것이 너희들의
재물이나 이 세상의 부귀영화와 견줄
수 없는 것이라는 것을 너희들이 모르
고 있음이니,
14 이와 같은 이치 하나도 깨우치지 못하
여, 너희들이 구원을 받는 그 길을 알
고 깨우친 영광이 재물의 부귀와 영화
보다도 얼마나 더 위대한 것인가를 너
희들은 구분하지 못함이니,
15 재물의 많고 적음을 가지고 저희들이
영화와 은혜를 받고 못 받는다는 그와
같은 생각을 하는 자, 재물이 무엇이
던가?
16 너희들은 하늘에 오르는 그 길을 보는
것보다 더 위대한 것이 아무것도 없다
는 것을 알아야 될 것이니라.
17 사랑하는 나의 아들아!
18 "네, 아버님! 말씀하옵소서."
19 너를 따르는 제자들이요, 너의 앞에
와 나의 법전이요, 성령의 가르침을
받는 그 백성들, 그리고 나의 법전을
읽어 깨우치는 백성들에게 너희들이
이르라, 하늘에 오르는 그 길을 아는
자는 정녕 재물과 은화를 가지고, 너
희들의 어떤 환난을 가지고 궁핍하며
시험당하며 너희들이 괴로운 인생의
삶을 사는 자라 그리 평해서는 아니
될 것이라는 것을.
20 너의 제자들은 나의 법전을 접하며 나
의 성령을 듣는 그것으로써 어떠한 부
유한 것과도, 어떠한 위대한 것과도
바꿀 수 없는 그와 같은 영광과 축복
속에 사는 감사함을 구분할 줄 알아야
될 것이라 그리 가르치라.
21 너희들의 육의 부귀와 영화는 너희들
이 정해진 그 업종에서 얼마만큼 노
력하느냐에 따라서 그를 쉽게 거둬들
일 수 있으며 성취할 수 있음을 너희
들은 알아야 될 것이니라.
22 그러나 구원의 양식은 육에서 너희들
이 하는 그 업종에 노력하여 금화와
은화요, 부귀와 영화를 거둬들이는 것
처럼 그렇게 얻어짐이 아님을 알아야
될 것이니라.
23 그리하여 너희들이 육의 세상의 삶에
서 너희들에게 주어진 그 업종이요,
너희들의 생활에 노력하며 최선을 다
할 때 너희들은 부귀와 영화를 얻을
것이며, 너희들이 그 모든 권력과 너
희들이 추구하는 그와 같은 노력의 대
가만큼 얻을 수 있는 것이 육의 세상
의 삶이니,
24 그 속에서 얻어지는 부귀와 영화를 너
희들이 하늘에 오르는 구원을 받는 그
것에 견주어 보아서는 아니 됨이니라.
25 너희들이 노력해서 얻는 것은 육의 세
상에서 얻을 수 있으나, 그와 같은 방
법으로써 너희들이 구원의 길이요, 구
원의 영광은 얻을 수 없기에, 너희들
의 궁핍과 환난을 너희 영혼의 구원을
얻은 것에 감히 견주어 그리 말해서는
아니 될 것이니라.
26 너희들은 아무리 궁핍하고 금화와 재
물이 없으며 환난과 고통과 시련이 너
희들에게 있다 해도, 나의 법전을 접
하며 정녕 하늘에 오르는 길을 깨우쳤

다 하면 그보다 더 큰 영광이 없음을
알아야 될 것이니라.
27 수천 년 동안 그 믿음 속에 구원을 받
는다 하여 오는 백성 너희들이 어찌
가는가?
28 너희들은 육을 우선 먼저 생각함이니
라.
29 그리고 하늘에 오르는 그 영광의 길을
보는 것을 더 영광으로 생각하지 아니
함이니라.
30 그리하기에 너희들이 내가 내린 계명
이요, 내가 지키라는 그 율법을 지키
지 아니하고 저버리고 사는 것이니라.
31 너희들이 육의 부귀영화보다도 영을
구원하는 것이 더 위대하며 축복된 것
이며 영광된 길이라 생각하면,
32 너희들이 구원의 길에 오를 수 있는
나의 계명을 지키지 아니하면 구원받
을 수 없기에, 나의 계명을 지키고 살
지 아니하며 내가 지금 제3의 시대에
내려보내는 이 160권의 법전을 읽지
않고 접하면서도 버리는 자, 그러한
자들은 곧 무엇을 의미하는가?
33 육의 위대함을 위해서 사는 자들이니
라.
34 그리하여 영혼의 구원의 그 위대함을
모르기에 그들은 하늘에 오르는 그 법
도요, 내가 오르는 길을 안내하여 가
르쳐 준 그 교본을 읽지도 아니함이
니, 그것이 그들의 차이점임을 알아야
될 것이니라.
35 너희들은 그와 같은 삶을 살아서는 아
니 될 것이니라.
36 어떠한 부귀와 영화요, 시련과 고통이
너희들에게 오간다 하여도, 너희들은
하늘에 오르는 그 길이요, 나의 법전
을 접하며 나의 아들로부터 성령의 가
르침을 직접 듣는 그것과 어떤 것도
바꿀 수 없는 영광이라는 것을 깨닫는
자만이 얻어짐을 알아야 될 것이니라.
37 그리 너의 제자들에게 가르쳐, 지금의
믿음의 길을 가고 있는 잘못 가는 백
성들과 차별화의 길을 갈 수 있도록
그리 가르치라.

2,939 번째 하나님 말씀

2002년 8월 13일 0시 50분

1 사랑하는 나의 아들아!
2 "네, 아버님! 말씀하옵소서."
3 너의 제자들에게 이르라.
4 두려워하지 말라, 그리고 불안해하지
말며 초조해하지 말라 그리 이르라.
5 너의 제자들이 그리고 두려워하며 불
안해하며 초조한 마음으로써 나의 성
전에 와서, 그들이 과연 나의 성령의
뜻을 제대로 깨우치며 나의 법전의 뜻
을 깨우치겠는가?
6 그들에게 이르라.
7 지금의 고통과 고난은 사탄의 장난에
서 견디기 위한 싸움의 시험임을 그들
에게 일깨워 주도록 하라.
8 너의 제자들이 지금의 시련과 고통과
고난을 겪는 것은, 앞으로 다가올 그
엄청난 사탄들의 방해와 장난에 의하
여, 그리고 모든 종파들이 하나의 힘
으로 되어 태풍처럼 너희들에게 몰아
닥칠 때, 사탄의 장난이요, 사탄의 간
교하고 사악한 그 수법에 너희들이 하
나가 되어 견뎌 나가기 위한 너희들의

싸움이며 너희들을 내가 훈련시키고
자 함이니라.
9 나의 아들이 지금 나의 성령을 받아
160권을 세상에 내는 것 또한 그가 세
상에 나오면서 철이 들어 나로부터 훈
련과 내가 그를 가르친 그 삶의 역경
의 세월이 아니었으면 오늘의 이 역사
를 이룰 수 없음을 너희들이 알아야
될 것이니라.
10 나의 아들이 오늘에까지 내가 나의 아
들이라 부르며 나의 선지자로서 160
권을 세상에 만들어 내는 일에 주저함
이 없이 나의 뜻대로 순종하며 그 목
숨을 내놓고 가는 것은, 그동안 내가
그를 훈련시켰고 다스려 왔으며 많은
경험을 쌓도록 그리 몇십 년 동안을
다스려 왔음이니,
11 너희들이 나의 아들을 만났으며 나의
성령을 접했으며 나의 법전을 접한 세
월이 너희들이 살아온 생활 속에 몇
년의 세월이나 되는가?
12 너희들은 두려워하지 말며, 불안해하
지 말며, 겁먹지 말라.
13 나의 아들이 살아온 그 역사에 비하면
너희들이 지금 겪고 가는 그것은 아무
것도 아님이니라.
14 너희들이 지금의 고통과 고난과 그 시
련을 견디고 이겨 내지 못한다 하면,
사탄의 작은 장난에도 너희들이 뿔뿔
이 헤어져 견딜 수가 없으며, 그들이
태풍보다도 더 무섭게 너희들에게 몰
아칠 때 너희들이 견딜 수 없음이니라.
15 너희들이 지금의 고통과 고난 속에서
다스려지지 아니하며 사탄과 싸워서
이기는 그 방법을 배우지 못한다 하
면, 태풍보다도 더 무서운 사악한 자
들의 그 밀어붙임을 너희들이 어찌 견
디고 갈 수 있겠는가?
16 사랑하는 나의 아들아, 너의 제자들에
게 일러야 할 것이니라.
17 너희들이 지금 이와 같이 오늘의 시련
을 견디지 못한다 하면 너희들은 머지
않아 사탄들의 방대한 그 밀어붙이는
힘 앞에 견디지 못하고 무너지기 때문
이니라.
18 그를 대비하여 오늘에 내가 너희들에
게 훈련시키고 있음이니,
19 지금의 이 고통과 이 환난의 어려움을
이기고 너희들이 사탄과의 싸움에서
이기고 견디어 나가는 자들이 되어야
될 것이며,
20 그렇지 못하여 너희들이 주저앉는 자,
그를 견디지 못하여 등 돌리고 떠나는
자, 모두를 다 버리고 떠나는 그와 같
은 자가 되어서는 아니 될 것이니라.
21 내가 지금쯤은 너희들의 깨달음이 높
으며, 또한 너희들이 고통을 견디기
힘들며 이 고난을 견디기가 힘들며,
너희들의 마음이 지쳐 있으며 육신 또
한 지쳐 있음이니,
22 여기서 내가 너희들을 사랑하기에 너
희들이 지금의 시험이며 이 고비를 싸
워 견디고 나간다 하면 머지않아 너희
들이 감히 생각할 수도 없는 영광의
날이 올 것이라는 것을 미리 너희들에
게 알려 줌이니,
23 오로지 남아 있는 나의 알곡식이기에
내가 너희들에게 전함이니, 두려워하
지 말며 겁먹지 말며, 사탄의 장난의
이 고통과 고난에서 싸워서 이기는 너

희들이 되도록 해야 할 것을 잊지 말
라.
24 이를 너의 제자들의 가슴에 깊이 심어
줘, 동요되는 그들의 마음이 흔들림이
없도록 그리하여, 사탄과의 싸움에서
이기도록 그리하라 이르라.
25 여기에서 너희들이 주저앉고 쓰러지
고 넘어지면 영원히 구원의 길을 볼
수 없다는 것을, 그리고 너희들이 영
원히 구원받을 수 없다는 것을 그리
일러 주라.
26 그리고 그들에게 깨우쳐 줘야 될 것이
니라.
27 나의 아들이 지금 혼자 버티고 견디며
나의 법전을 받아 세상에 내고자 할
때, 그가 그 생명을 지금 보존하며 존
속시키며 그 사랑하는 모든 가족과 처
자식과 부모요, 형제에 대한 미련이라
는 것을 그 가슴에 두고 있다 너희들
은 생각하는가?
28 이 세상의 자연의 아름다움을 보지 못
하고 눈을 감는 것을 그가 두려워하겠
는가?
29 그를 무기로써 갈기갈기 난도질을 한
다 해도 그가 두려워하는 줄 아는가?
30 예수의 고통보다도 더 어렵고 힘든 그
길을 간다 해도 그는 웃으며 가고자
하는 마음이 정해져 있는 것을 너의
제자들은 모르느니라.
31 그리하기에 그가 오늘 나의 법전을 받
아 세상에 전하는 그 역사를 이루며
이리 감이니, 그 세월이 수십 년 동안
그는 단련되었으며 훈련받았으며 내
가 다스려 그리 가르쳐 왔음이니,
32 너희들이 몇 년의 세월 동안을 고난과
고통을 견뎌 왔다 하여, 얼마나 너희
들이 그리 견디어 왔기에, 나의 아들
앞에 너희들이 제자라는 이 영광의 자
리를 차지한 것이 얼마나 되었기에,
너희들이 감히 그와 같은 마음의 동요
를 이루는가?
33 나의 아들의 오늘에 살아가는 내면을
너희들이 봐야 될 것이니, 어찌 그리
도 너희들은 우매한가?

2,940 번째 하나님 말씀

2002년 8월 13일 01시 04분

1 사랑하는 나의 아들아!
2 "네, 아버님! 말씀하옵소서."
3 나의 아들 예수가 누구를 위하여 그
목숨을 그리도 고통스러움에 던졌던
가?
4 만백성을 구하고자 즉, 너희들의 목숨
을 구하고자 그리 왔던 것이 아니던가?
5 나의 피조물 만백성 너희들을 구원하
기 위하여 그 고통스러운 길을 선택하
였음이니라.
6 그와 같이 남을 위하여 자기 자신을
던지는 그가 완전한 사랑이요, 완전한
스스로의 봉사이며 자신을 희생함을
알아야 될 것이니라.
7 진정 영원한 진실된 사랑이며 완벽한
완전한 사랑임을 너희들은 깨달아야
될 것이니라.
8 너희들이 나의 아들을 따라 구원을 받
을 수 있는 자, 나의 아들의 그와 같은
삶을 살지 아니하는 자는 그 길을 올
수 없다 하였음이니라.
9 지금 너희들 스스로 과연 남을 위하여

너희 목숨을 던지고 바칠 수 있다 생
각하는가?
10 너희들이 그와 같은 자세로써 살아갈
수 없다 하면, 너희들은 나의 아들의
삶을 그대로 따라올 수가 없는 자며
그리 행할 수가 없는 것이니라.
11 그렇다면 나의 아들이 온 길을 너희들
은 올 수 없음이니라.
12 너희들은 완전한 사랑이요, 완전한 그
봉사의 마음이요, 희생의 정신이 아니
면 그 길을 올 수 없음이니라.
13 나의 아들이 너희들을 위하여 완전한
희생이요, 완전한 사랑을 주었듯이,
너희들이 그와 같은 자세로써 살아가
고자 그리 변해 가는 자만이 구원의
길에 올 수 있다는 것을 알아야 될 것
이니라.
14 그와 같은 마음의 자세로써 살아가지
못한다면, 너희들은 정녕 구원의 길에
올 수 없음을, 이 무서운 이치를 깨달
아야 될 것이니라.
15 그러니 너희들이 어떠한 희생과 사랑
하는 마음으로 세상을 살아가야 할 것
인가?
16 그와 같은 길을 가는 마음으로써 너희
들이 구원을 받을 수 있음이니,
17 너희들이 살아가는 주변의 생활에서
너희들이 얼마만큼 베풀며 아름답게
너희 자신이 가장 낮은 자로서 살아
가는 삶을 살아야만 그와 같은 길을
갈 수 있는가, 이것을 깨우쳐 행하는
그 역사를 이루지 아니한다면 너희들
은 감히 나의 아들 예수가 왔던 그 길
을 따라올 수 없음을 알아야 될 것이
니라.
18 너희들이 지금 믿음의 길을 가며 너희
손으로 지은 그 성전에 가는 순간에
구원을 받았으며, 또 더욱이 너희들이
말하여 현혹하기를, 나의 아들 예수가
너희들의 모든 죄를 다 짊어지고 갔으
니 너희들은 구원을 받은 자라 그리
말함이니,
19 너희들은 그것이 가당치 않음을 알아
야 될 것이니라.
20 너희들은 살아가면서 수없는 죄를 짓
고 수없는 추한 행위를 하면서 너희
손으로 지은 그 성전에 들어가 나 여
호와를 찾는 것만으로써 구원을 받았
다는 그와 같은 생각 속에, 너희들이
그 환상의 벽을 깨야만 됨을 알라.
21 너희들이 정녕 구원을 받았으며 나에
게 오르고자 한다면, 나의 아들 예수
처럼 완전한 그 사랑이요, 완전한 희
생, 자신을 던져 모두를 구할 수 있는
그와 같은 마음의 자세가 아니면 너희
들은 절대적 구원을 받을 수 없다는
것을,
22 내가 나의 아들을 통하여 이 깊은 밤
에 너희들에게 내려보내는 그 뜻이 얼
마나 소중하기에 내려보내는 것인가
를 알아야 할 것이니라.

2,941 번째 하나님 말씀

2002년 8월 13일 01시 11분

1 사랑하는 나의 아들아!
2 "네, 아버님! 말씀하옵소서."
3 너의 제자들이 믿음을 따라 동서남북
이곳저곳 모든 종파들 속에 가 깨달음
을 얻고 깨우쳤으며, 그 속에서 저희

들의 그 공허한 마음을 채울 수 없으
며, 그들이 정녕 무엇이 하늘에 오르
는 진실한 길이며 진실한 믿음인가를
찾고자 하는 자들이며,
4 지금의 믿음에서 그래도 그들이 잘된
것과 잘못된 것을 깨우쳐 나의 성전에
와 나의 법전을 가지고 공부하며 내가
너에게 내리는 성령의 그 뜻을 듣고
배우는, 그와 같이 이루어진 것이 그
제자들이니라.
5 그리하여 내가 너에게 와 공부하며 나
의 성령을 듣는 그 제자 중에 두 남녀
가 유다의 행위를 할 것이며, 유다가
이루었던 그와 같은 역사의 행위로써
너를 핍박하며 너에게 고난을 줄 것이
라 하여 내가 너에게 그 남녀를 깨우
쳐 주고 가르쳐 주었건만,
6 너는 그들에 대한 대책을 세우지 아니
하였으며 그들에 대한 준비를 하지 아
니하고, 네가 그저 똑같이 그들을 일
깨워 다 같이 하늘에 오르는 그 길을
인도하고자 네가 그리 방심하며 그들
을 관대히 대하였음이니, 지금 그들이
어떠한 행위를 하는가?
7 너에게 나의 성령의 그 가르침을 들었
으며 법전을 보고 깨우친 그들이 어찌
하는가?
8 지금 유다와 같은 행위를 하며, 너를
쓰러트리고 너를 죽이고자 온갖 작태
를 다 하고 있음이니,
9 내가 너에게 그들을 그리 지적하여 깨
우쳐 주었을 때 네가 그 준비를 소홀
히 하였음이니, 이제 네가 차후 그와
같은 실수를 해서는 아니 될 것이니라.
10 내가 너에게 명하는 자를 너 스스로
인도하고 깨우치며 같은 형제라 하여
구원을 길을 가려 하는 그 착각 같은
네 머리의 생각을 해서는 안 될 것이
며,
11 차후에 내가 그와 같은 변화를 너에게
명했을 때, 너 스스로 네 머리로 생각
하는 그 무서운 오해의 범위는 감당할
수 없는 형국이 됨을 너는 잊어서는
아니 될 것이니라.
12 그들이 지금 어찌 행하는가?
13 그들은 나가 유다보다도 더 간악한 방
법으로써 너희들을 쓰러트리고자 하
며 너희들을 공격하고 있음이니라.
14 지금도 네가 마음을 잡지 못하여, 너
는 그들을 용서하며 그들을 받아 주고
싶으며 그들의 마음을 이해하며 그들
의 지난날의 공을 되돌려 주고 싶어
하며 베풀어 주고자 하는 것이 네 마
음임을 나는 잘 알고 있음이니라.
15 그리하여 네가 그들을 다 같이 받아
주며 그들을 용서하고자 그리 생각하
나, 너는 그들이 돌아올 수도 없음을
알아야 될 것이니라.
16 네가 비록 그들을 용서하며 그들을 받
아 주고자 한다 해도 그들이 돌아오지
아니함은 물론이요,
17 나 여호와가 그들의 심성이요, 마음과
그들의 미래를 잘 알고 있으며, 그들
이 변하는 것을 알고 있기에, 내가 그
들을 용서하여 그들을 거두어들이도
록 할 수 없음이니,
18 너는 그와 같은 기도의 마음을 나에게
드리지 말라.
19 네가 그들을 구원하며 같은 형제로 받
아 주고자, 그리고 일깨워 보고자, 네

가 말은 안 하나 나에게 원하는 그 애
절한 마음을 나 여호와가 알고 있으나,
20 나는 그들이 변하는 것을 알고 있으
며, 그들이 돌아올 수 없으며 그들이
어떠한 자들인가를 잘 알고 있음이니
라.
21 그들이 너에게 어찌 작태를 부렸는가?
22 열심히 공부하며 나의 법전을 공부하
여 깨우치고자 하는 너의 제자들, 많
은 곳에 가 믿음 속에서 그들이 지치
고 지친 몸을 이제 정녕 하나님의 말
씀이요, 성령의 뜻을 만났다 하여 기
뻐하며 너를 따르는 너의 제자들을 그
들은 하나씩 꾀어내기 시작하였으며,
23 그리 꾀어 사악한 행위를 하게 하며
우상을 섬기게 하고 또 귀신을 섬기게
하는 그와 같은 행위를 하고 있는 것
이 그들의 작태이니라.
24 그들은 수없이 너의 제자들을 꾀어 사
악한 길로 가도록 유도했으며, 그들을
끌고 가고자 했으며, 그리하여 그들
나름대로 우상을 섬기게 하는 그와 같
은 사악한 죄를 지었음이니,
25 십계명의 제1번의 그 계명을 어기는
그와 같은 행위를 했음은 물론이요,
귀신을 섬기고자 하며, 뿌리도 없으며
근거도 없으면서 나로부터 말을 들으
며 나로부터 은혜를 받으며 성령을 받
는다고 그와 같이 하는 간악한 자를
섬기게 하여 그들과 같이 가도록 유도
하며 이끌어 간 그 행위를 절대 용서
할 수 없음이니라.
26 그리고 그들의 마음자리가 어떠한 것
인가를 너는 모르나 나 여호와는 알고
있음이니,
27 더 이상 그들에 대한 그 마음을 네가
나에게 기도드리는 마음의 자세를 갖
지 말라.
28 절대로 그 두 남녀는 용서할 수 없는
자임을 너는 알며, 너의 제자들에게
그리 깨우쳐 주도록 하라.
29 용서할 수 없는 자와 용서할 수 있는
자가 있음이니라.
30 다른 곳에 가서 기도를 받으며 다른
우상을 섬기며 다른 기도 받는 자 앞
에 가서 절하며 그를 따라 하나의 세
를 형성하려 했던, 저 자신의 주제 파
악을 못 하고 제 분수를 모르며 그 사
악한 행위를 한 자들은 받아들일 수가
없음이니라.
31 그들이 앞으로 행하는 그 행동을 너는
모르나, 나는 알고 있기 때문이니 안
됨을 알라.
32 너는 용서하고자 하나, 나는 용서할
수 없음을, 내가 용서하지 아니함을
알라.

2,942 번째 하나님 말씀

2002년 8월 13일 08시 48분

1 사랑하는 나의 아들아!
2 "네, 아버님! 말씀하옵소서."
3 내가 너에게 뭐라 일렀던가?
4 무거운 수레를 끌고 고개를 올라갈
때, 많은 사람들이 그 짐을 덜어 주며
밀어 주어 그가 그 고개를 넘을 수 있
도록 도와주는 것이 인간의 마음이며
너희들이 살아가는 형태라 말하였느
니라.
5 그러나 네가 고개를 넘고 끌고 가는

그 수레의 짐을 다른 사람들은 감히
손대며 밀어 줄 수 없으며, 그 짐을 덜
어 줄 수 없다 말하였느니라.
6 오로지 거기에 손을 대는 자, 그를 미
는 자, 그 순간에 그가 지은 죄의 무거
움을 네가 하나 더 걸머짐이니, 너는
그와 같이 어렵고 힘들게 고개를 넘어
야 하니, 그것이 너와 나의 백성들과
의 차이점이라 하였음이니라.
7 만백성의 그 깨우침과 만백성을 구하
고자 하는 너의 마음이요, 너의 자세
요, 네가 생각함이, 또 네가 행함이 그
와 같은 삶을 살아가야 하는 것이니라.
8 지금 모든 종파들이 저희들 몇 사람이
앉아 구원을 받는다 하며, 구원을 받
았다 하며, 영광과 축복 속에 살아간
다 하며, 그리 믿음을 가지고 가느니
라.
9 그들이 과연 무엇을 구하며 무엇을 역
사하겠는가?
10 너는 만백성을 구하며 수천 년, 이 지
구가 멸망할 때까지 그 헤아릴 수 없
는 나의 백성들을 구원하며, 천사와
같은 나의 백성들이 지상에 살아야 하
는 그 역사를 받아 네가 이루고 있음
이니라.
11 그러한 네가 지금 어떠한 마음의 자세
의 형태로 살아가야만 되겠는가?
12 그들은 말하기를, 감히 저희들이 지키
고 넘어갈 수 없기에, 믿음이라는 것
은 말로써 그저 믿으며 소리 지르면
되는 것이며, 행함은 관계가 없다 그
리 말하느니라.
13 그러나 나의 아들 너는 너 자신과 너
의 제자들에게 바로 가르쳐 줘야 될
것이니라.
14 인본주의요, 인간의 자세가 되지 아니
한 자는 구원의 길이요, 구원의 기도
를 할 수 없다는 것을 그들에게 깨우
쳐 주라.
15 내가 너에게 뭐라 말하였느냐?
16 너희들이 육의 세상에서 살아 있을 때
나 여호와를 부르며 나에게 구원을 원
할 수 있는 것이며, 죽어 나에게 와 심
판을 받을 때는 그와 같은 일을 감히
할 수도 없는 것이 너희들이라 말하였
음이니,
17 지금 육의 세상에 살면서 너희들이 내
가 명하는 행함을 행하지 아니하고,
그저 나를 부르짖는 그와 같은 믿음으
로써 구원을 받는다 그리 말하고 그리
가르치는 것, 이것이 얼마나 나의 피
조물 만백성을 지옥으로 끌고 가는 것
인지 내가 너의 제자들에게 깨우쳐 주
라 말하였음이니라.
18 그러니 인간 세상에 살아가면서 너희
자신이 인자한 모습이요, 사랑하는 모
습이요, 인간의 본연의 자세를 지키지
못하면 아니 됨을 알아야 될 것이니라.
19 너희들이 인간 세상에서 나를 찾으며,
나에게 매달리며, 나에게 구원받고자
나에게 회개하고 반성할 수 있는 그와
같은 기회는 모두 육의 삶의 세상에서
이루어진다 하였음이니라.
20 곧, 인간 본연의 자세인 인자함과 사
랑함과 용서하는 마음으로써 살아가
는 자만이 그와 같이 나에게 기도하며
경배할 수 있음을 알라.
21 인간의 본질이요, 근본이요, 인자함이
요, 사랑함을 지키지 아니하면서 너희

들이 사악한 짓, 남에게 피해 주는 짓,
남을 불쾌하게 하는 짓, 그와 같은 일
을 서슴없이 하는 자가 나에게 아무리
매달리며 기도하고 회개해도, 그것이
이루어질 수 없다 하였음이니라.
22 너희들이 매일같이 기도하고 경배하
며 변해 가는 삶, 그리고 나의 뜻에 따
라 너희들 자신의 더럽고 사악하고 모
진 마음이요, 인간사의 욕심이라는 것
을 하나씩 털어 버리며, 나의 심성이
요, 천사와 같은 마음으로 살아가고자
회개하며 눈물의 기도를 드리는 자,
그의 기도는 내가 들어주며 그를 내가
구원한다 말하였음이니,
23 오늘부로 너의 제자들에게 인간의 인
성인 인자하고 사랑하며 인간 본분의
자세에서 어긋나지 않는 기초부터 다
졌을 때, 그 기초가 되어 있는 자가 나
에게 구원을 받을 수 있음이니,
24 곧 이는 행함이요, 그와 같이 너희들
이 깨닫고 느낀 것을 행하며 남을 위
하여 선하고 아름다운 행동을 할 때
너희들이 자격이 있음을 알아야 할 것
이니라.

2,943 번째 하나님 말씀

2002년 8월 13일 08시 52분

1 사랑하는 나의 아들아!
2 "네, 아버님! 말씀하옵소서."
3 내가 너에게 유다라 지칭한 그 남녀를
너는 용서하고자 하여 나에게 기도드
리고자 하나, 내가 그들이 행할 것과
그들이 하는 짓과 그들이 앞으로 갈
그 모두를 알며, 그들의 심성의 깊은
그 마음까지 알고 있음이니, 그를 용
서할 수 없다 말하였음이니라.
4 그가 그 너의 제자들을 유혹하고 유인
하여 우상을 섬기며 귀신을 따르도록
그와 같이 한 행위는 나 여호와의 존
재함을 믿지 아니함이며,
5 나 외에 다른 신을 섬기는 그와 같은
행위를 하도록 유도한 그들의 죄를 내
가 용서할 수 없음이니라.
6 그러면 지금 너에게 와 공부했으며 나
의 성령을 들었으며 법전을 가지고 공
부한 자 중에 그들을 따라 그들과 더
불어 사악한 귀신을 섬기는 그 행위를
하고 있는 자들이 그와 같은 행위를
계속하며, 그를 중단하지 아니하고 회
개하지 아니할 때, 내가 그들을 또한
용서할 수 없음이니라.
7 너희들이 말하기를, 지금 너희들이 그
사악한 자들 앞에 가 그 귀신을 섬기
도록 안내한 자, 그리고 그를 따라 눈
이 어두워, 눈이 가려져 가서 그런 행
위를 하는 자, 너희들은 지금 그와 같
은 행위를 하며 나의 성전에 돌을 던
지며 나의 아들의 마음에 파장을 이루
는 것을 죽어 나에게 와 심판을 받는
다 생각할 것이니라.
8 너희들은 지금 지상에 살아 육이 존재
하는 그 속에서 육의 고통이요, 너희
들에게 그 벌이 내려지는 것을 잊어서
는 안 될 것이니라.
9 내가 그들에게 반드시 육의 세상에서
그들이 회개할 수 있으며 그들이 그와
같이 잘못 간 것에 대한 고통의 대가
를 내릴 것이며, 그들은 그 추악하고
사악한 행위에 대한 그 죄의 대가를

받을 것이니,
10 그들은 그들로서 가장 소중한 것을 하나씩 잃게 될 것이니라.
11 너희들이 살아서 그것을 볼 것이니라.
12 그리하여 너희들이 회개치 아니하며 계속 그 사악한 자들을 따라 우상을 섬기며 귀신을 따라 계속 그런 행위를 한다면 너희들이 얼마나 무서운 고충의 역사를 겪게 될 것인가?
13 육의 세상에서 살며 너희들의 가장 소중한 것을 하나하나 잃어버리는 그 고통을 받을 것이며,
14 너희들은 나의 아들에게 파장을 이루며, 핍박하며, 나의 법전을 너희들이 잘못된 것이라 말하며, 그리고 내 뜻으로 기록된 그 모두를 삭제하며, 너희들 마음대로 임의로 나의 법전을 손댄 그 죄, 그 행위에 대해 너희들은 하나하나 벌을 받는다는 것을 잊지 말라.
15 육의 세상에서 너희들이 그 대가를 치를 것이며, 죽어 와서 너희들이 받는 그 죄는 상상도 못하는 무서운 그 대가를 치른다는 것을 반드시 알게 될 것이니라.
16 이는 나의 아들이 반드시 육의 세상에서 너희들이 그 무서운 대가를 치르는 것을 알고 보게 될 것이니, 그리 알라.

2,944 번째 하나님 말씀

2002년 8월 13일 09시 10분

1 사랑하는 나의 아들아!
2 "네, 아버님! 말씀하옵소서."
3 지금의 너희들이 살아가는 이 지상의 낙원이 너무나도 혼탁하며, 사악한 자들이 이 세상을 다 덮고 있음이니, 이를 거두고자 하는 것이 나 여호와의 뜻이며,
4 내가 내린 이 지상을 정녕 아름다운 하늘의 낙원과 같이 만들고자 하는 것이, 나의 뜻이 여기에 있음이니라.
5 그러나 너희들이 알다시피 악의 씨는 악의 씨를 낳으며, 그 싹은 아무리 잘라도 또 나고, 그와 같은 형국으로 지금 너희들이 흘러오는 삶을 살아왔음이니라.
6 그리하여 이제는 이 세상을 다 덮어 만연된 그 악의 뿌리들을 제거하고자 함이니,
7 이는 줄기요, 잎을 제거하는 것만으로써 없어지는 것이 아니요, 근본의 뿌리까지 제거하며 없애 버려야 하기 때문이니라.
8 지금 그리하여 내가 법전을 내려 천년의 역사에 걸쳐 싸움이 시작됨이니, 이 얼마나 힘들고 어려운 길을 가는 것이더냐?
9 너희들이 겉으로 회개하며 깨우치고 아름답게 산다 그리 말하나, 너희들의 그 깊고도 깊은 마음속에 좁쌀보다도 더 작은 마음이 자리 잡고 있음이니,
10 그것이 원천적인 선한 마음인가 악한 마음인가 그 씨를 완벽하게 너희들이 구분하지 않는다면, 그 깊고도 깊은 그 밑에서 그 싹이 선하면 선한 대로 악하면 악한 대로 세월이 지나면 또 그 싹이 나게 됨이니라.
11 너희들이 살아가면서 믿음 속에 살며, 너희들이 선하게 살고자 변해 가며, 그리하여 너희들이 변하는 것은

99.99퍼센트의 그 변화는 이룰 수 있음이니, 마지막 그 0.01퍼센트의 가지고 있는 그 싹의 밑에 존재하는 것이 어떠한 것인가,
12 너희들의 마음속 깊고 깊은 곳에 그 하나의 0.01퍼센트밖에 되지 않는 사악한 싹의 근본을 제거하는 역사가 이루어져야 됨이니, 그것이 과연 어떠한 것이더냐?
13 거기에 사악한 것이 존재하고 있다면, 너희들이 믿음의 길을 가며 99.99퍼센트를 깨우쳤다 해도 그 나머지 악의 씨에 의하여 그리 다 넘어지는 수가 있으며 너희들이 망가져 가는, 그리하여 구원의 길을 못 보고 구원을 받지 못하는 것이 인간 너희들이 살아가는 그와 같은 형국이라면, 너희들은 이를 알겠느냐?
14 그리하여 그 깊은 마음속에 있는 0.01퍼센트의 사악한 그것까지도 제거하고 바로 잡기 위하여, 하늘에 소낙비가 쏟아지듯이 나의 160권의 법전이 세상에 내려감이니, 내가 거기에 구구절절이 수천수만 가지의 뜻을 너희들이 깨우치도록 기록하여 내려보냄이니,
15 이 법전을 읽고 또 읽고 깨우치고 깨우쳐 가는 그 생활 속에서만이 너희들이 0.01퍼센트의 사악한 마음까지도 제거하게 됨이니라.
16 그를 제거하지 아니하면 또 세월이 흐른 다음에 악의 씨는 세상을 덮게 되며, 나의 피조물 만백성은 구원의 길이 아니요, 지옥의 길로 가는 그와 같은 삶을 살아가는 역사가 이루어지기에, 이를 바로잡고자 함이 나 여호와의 뜻이니라.
17 그리고 또한 너의 제자들에게 깨우쳐 줘야 될 것이니라.
18 너희들이 걸 마음이요, 너희들이 완전하게 비웠다 하고 깨달았다 하는 그 마음도 0.01퍼센트의 그 사악한 것마저 뽑아내지 못한다면 너희들은 항상 사악한 자로 변할 수 있으며, 사탄의 자식이 될 수 있으며,
19 사탄의 굴레에 너희들이 넘어가는 그와 같은 것은 수시로 시간과 때를 가리지 아니하며 너희들이 넘어가는 것도 모르며, 너희들이 팔려 가는 것도 모르며, 악의 씨로써 전체의 너희 마음을 덮는 것도 모르면서 어느 시점에 그와 같이 너희들이 넘어지는 것이니라.
20 그리하여 너희들이 0.01퍼센트도 안 되는 그 모두를 다 제거하는 변화되는 모습으로 가야 함이니,
21 너희들 자신이 하늘에 오르는 그 길을 감이 얼마나 힘들고 어렵고 고통스러운 길이던가?
22 그러나 너희들은 해낼 수 있으며 그 길을 갈 수 있음이니라.
23 그와 같은 것을 너의 제자들에게 깨우쳐, 완벽한 자가 되지 아니하면 아니 된다는 것을 알리도록 그리하라.

2,945 번째 하나님 말씀

2002년 8월 13일 09시 17분

1 사랑하는 나의 아들아!
2 "네, 아버님! 말씀하옵소서."

3 내가 너희들에게 인간 본연의 인성을
찾으며 인자함을 찾으며 순수함을 찾
으며 그리고 사랑함을 찾으라 하였음
이니라.
4 그러나 너희들의 마음 자세가 어찌 되
었는가?
5 너희들은 권력 있는 자, 그리고 재물
이 있는 자, 그러한 자들 앞에 가서 말
하느니라.
6 이 세상에 가장 의리를 지키며 신의를
지키며 인간의 본분을 가지고 살아가
는 것이 너희들이라 말하느니라.
7 그리고 너희들은 그와 같은 자 앞에
모두를 다 바쳐 주종 관계로써, 너희
들이 그 신하로서, 또는 종으로서 그
주인 앞에 바치는 열과 성의와 마음
자세가 가히 누구도 상상할 수 없을
만큼 그리 가는 자가 수없이 있는 것
이 너희들의 마음이니라.
8 너희들은 여기서 너희들의 주인이 쓰
러지며 실패하며, 그가 권력을 잃으며
재물을 탕진하였을 때도 너희들이 주
종 관계로써 그 앞에 신의를 지키며
의리를 지키며 살아가는 너희들이 되
는 것이 인간의 인자함이요, 순수함이
요, 본질의 마음이니라.
9 그러나 너희들은 시간과 초를 다투어
변질되며 등을 돌리며 변하는 것이 너
희들이 가는 길이니라.
10 언제 너희들이 그를 따랐으며 언제 너
희들이 그를 존경했으며 언제 그로부
터 은혜를 입고 산 자인지 까맣게 잊
어버리느니라.
11 그리고 쓰러져 가는 그를 더 쓰러트리
며 넘어지려 하는 자를 더 넘어트리며
그 앞에서 등을 돌리고 떠나는 것이
너희들이 가진 마음 자세이니라.
12 그리하여 너희들이 아무리 깨우쳤으
며 선한 마음을 가졌다 하여도, 99.9
퍼센트를 너희들이 완벽하게 깨우쳤
다 해도, 0.1퍼센트의 그 사악한 마음
이 남아 있다 하면 언제든지 변할 수
있는 것이니라.
13 너희들이 충성을 다한다고 맹세하며
의리를 지킨다고 맹세하며 그 주인을
위하여 모두를 다 바치겠다 말했던 너
희들이,
14 너희 주인으로부터 너희들이 얻을 것
이 없으며 그가 쓰러져 초라한 자가
됐을 때, 너희들은 가차없이 등을 돌
리고 그를 떠남이며,
15 그냥 떠남이 아니요, 그를 핍박하며,
너희들은 다른 주인을 섬기기 위하여
갈 때 그 주인의 욕됨과 그 주인의 허
물을 수없이 세상에 들추어내며 핍박
하며 떠나고자 하나니,
16 너희들의 마음의 그것이 무엇이더냐?
17 99.9퍼센트, 100퍼센트의 마음으로
충성을 다했다 하는 자들도 그리 돌아
서는 것이 너희들의 마음이니, 0.1퍼
센트의 사악한 마음이 남아 있다면 초
를 다퉈 변질되는 것이 너희들의 마음
이니라.
18 그러니 너희들이 믿음의 길을 가는 것
도 그와 같은 형국으로 지금 수천 년
동안 나의 피조물 만백성이 그리 오느
니라.
19 너희들이 구원을 받을 수 있다며, 나
의 아들 예수의 피로써 죄 사함을 받
았으며, 보혈로써 구원을 받으며, 너

희 손으로 지은 성전에 가 구원을 받
을 수 있다 그리 말하니,
20 권력이 있는 자요, 재물이 있는 그 주
인에게 단물을 빨아먹기 위하여 너희
들이 가서 충성을 다한다 맹세하니,
21 너희들이 지금 구원을 받을 수 있는
티켓을 살 수 있으며 구원받을 곳이
그 성전이 아니며, 너희들이 그와 같
이 고통스럽고 힘든 길에서 가는 것만
이 구원을 받는 길이라 그리 가르친다
면, 너희들은 육의 그 고통을 견딜 수
없어 등지고 돌아설 자들이니라.
22 그러하니 너희들이 구원을 받을 수 있
다는 그 명분이요, 그 가르침이 아니
면 과연 그 성전에 가 나를 찾으며 울
부짖으며 나에게 경배하는 기도를 하
겠는가?
23 너희들은 구원을 받는다는 그 조건하
에 그와 같은 행위를 함이니,
24 그래서 너희들의 기도 소리를 내가 듣
지 아니하며 나와는 관계없다 하였음
이니라.
25 그리 너희들이 맹세하고 충성을 다하
고 같이 살아가고자 죽을 때까지 섬기
겠다 말했다가도 주인이 금화와 은화
요, 권력을 잃었을 때는 뒤도 돌아다
보지 않고 떠나듯이,
26 너희들은 내가 구원해 준다는 그 명분
이요, 잘못 가르치는 종교 지도자들의
세 치의 혓바닥으로써 너희들이 구원
을 받을 수 있다며 그 티켓을 사는 곳
이라 말하지 아니하면 너희들은 하시
라도 지금의 믿음에서 돌아설 수 있으
며,
27 나에게 침을 뱉으며, 너희들이 믿었던
그 성전에 돌팔매질하며 그를 파괴하
며 거기에 불 지르며 그를 무너트리는
그와 같은 자로 변할 수 있는 것이 지
금 믿음의 길을 가고 있는 너희들이라
한다면 어찌하겠는가?
28 순수한 마음으로써, 바라는 것이 없으
며 기대하는 것이 없는 그와 같은 믿
음으로 가는 자만이 하늘의 뜻을 알
수 있음이니라.
29 너희들은 무엇을 달라, 구원해 달라,
그리고 너희들 앞에 더 큰 것을 달라,
그와 같이 바라고 요구하는 마음에서
그 믿음의 길을 가고 있음이니, 얼마
나 너희들이 사악한 마음에서 가고 있
는가?
30 하는 만큼 대가를 달라는 것이며, 너
희들이 바치는 것만큼 바로 내려 달라
하는 것이며, 너희들이 나의 티켓을
사는 그 기회가 없다고 한다면 너희들
은 한 사람도 그곳에 갈 자가 없으니,
그리해서 너희들이 나와는 관계없는
자식들이라 함을 다시 한 번 강조하
니, 깊이 깨우쳐야 할 것이니라.

2,946 번째 하나님 말씀

2002년 8월 13일 09시 25분

1 사랑하는 나의 아들아!
2 "네, 아버님! 말씀하옵소서."
3 너의 제자들과 나의 법전을 읽고 깨우
치는 그 만백성에게, 그들의 가슴에
깊이 심어 줘야 할 것이 있음을 알아
야 될 것이니라.
4 지금 나의 성전에 와 나의 법전을 공
부하며 나의 성령을 듣는 선택된 그

백성들은 내가 알곡식을 추리듯이 하
나하나 추려 놓은 나의 백성들이니라.
5 그들이 지금은 나약하며 힘이 없으나,
그들은 내가 다 역사하여 한 시대를
너를 따라갈 그 백성들임을 알아야 할
것이니라.
6 그들은 지금 사탄과 싸우며 이기고 견
디는 그 훈련을 위하여 고달프고 어렵
고 힘든 그 길을 가고 있음이니,
7 그들이 지금 사악한 마귀들과 싸워서
이기는 그 훈련을 받아 단련되지 않는
다면, 그들은 태풍과 같이 몰아붙이는
그 사악한 자들의 힘 앞에 그저 가랑
잎이 날아가듯이 다 흩어져 날아가는
그와 같은 형국에 도래할 것이니,
8 오늘에 그들이 그 시련을 겪고 이겨
나가는 싸움을 견디는 것을 내가 시키
지 아니하고 그 훈련을 하지 아니한다
면 그들은 결코 견딜 수 없느니라.
9 너는 너의 제자들에게 일러 깨우쳐 주
라.
10 정녕 지금 나의 성전에 와 나의 법전
을 보고 듣고 공부하며 나의 성령을
듣는 너희들의 그 믿음이 어떠한 것인
가를 확실히 그 가슴속에 심지 않는다
면 그들은 사탄과의 이 작은 싸움에서
이길 수 없음을 알라 이르라.
11 너희들이 믿음이요, 이 성령이 나의
뜻이라 하여 깊이 마음속에 믿어서 가
는 것이 아니요,
12 이를 믿지 못하며 불안한 마음으로써
나의 성전에 와 공부하며 나의 법전을
읽으며 '설마, 설마' 하는 그와 같은
마음으로 간다 하면, 그는 정녕 이 싸
움에서 이길 수 없으며 이 시험을 통
과할 수 없음이니라.
13 그와 같은 이치를 너의 제자들에게 깨
우쳐 줘야 될 것이니라.
14 너희들이 나 여호와가 존재하며, 이게
나의 성령이요, 나의 뜻이라 굳건히
믿는 자, 그는 이 시련의 고통과 어려
움을 견디고 넘었을 때, 그에게 오는
그 영광과 축복은 감히 그가 생각할
수 없음이니라.
15 그러나 이 시련의 싸움에서 이기지 못
하고 견디지 못하는 자, 그는 고달픔
과 어려움만 그에게 가중되며, 그는
그 길을 인내할 수 없으며 넘어갈 수
없는 것을 너의 제자들에게 이제는 깨
우쳐 줘야 될 것이니라.
16 그들은 내가 구하는 알곡식이니라.
17 그리하여 정답의 '오'(O)와 '엑스'(X)
가 있듯이, '오'는 맞음이요, '엑스'는
틀림이니,
18 그들이 틀린 것에 '오'를 치는 그와 같
은 백성이 되어서는 안 되며, 그와 같
은 백성은 나 여호와가 지금 통제하고
있는 나의 성전에 올 수가 없음이니라.
19 그들의 마음에 심어 주라.
20 '오'와 '엑스'라는 것을 확실히 하며,
너를 따르는 것이 '엑스'요, 진정한 믿
음이 아니라 생각하면 떠나라 하라.
21 너를 따르는 것이 '오'요, 진정한 믿음
이라 생각하는 그와 같은 마음의 자세
를 갖고 가는 그 길만이 구원의 길이
요, 영광과 축복이 있다는 것을,
22 그리하여 그들이 나의 성전이요, 나의
법전을 읽으며 내가 존재하여 이 세상
을 통제하는 것을, 그리고 너를 나의
아들이요, 나의 뜻을 행하는 목자라

굳게 마음의 깊이를 가졌을 때, 그들
은 견디고 이길 수 있음이니라.
23 0.01퍼센트요, 0.001퍼센트라도 그들
이 그와 같은 마음을 버리지 못하고
마음속에 간직하고 있다면, 그 사악한
마음이 그들의 전체를 다 무너트리는
그와 같은 형국이 된다는 것을 그들에
게 깨우쳐 주라.
24 모두의 이루고 못 이루는 것은 너희들
에게 달렸음이니라.
25 천 년의 역사에 걸쳐 다 깨우쳐 하늘
에 오를 수 있다 부르짖는 그들이 99
퍼센트는 깨우쳤어도 그 속에 1퍼센
트의 사악한 마음의 뿌리를 뽑지 못하
면 그로 하여금 그들이 순식간에 넘어
지니,
26 그래서 내가 1퍼센트까지도 다 제거
하기 위하여 나의 법전을 소낙비처럼
이 세상에 내리고자 하며,
27 그들이 읽고 또 읽고, 쓰러질 때 또 읽
어 깨우치며, 또 넘어지려 할 때 그들
이 이를 깨우치며, 나로부터 등을 돌
리고 떠나고자 할 때 나의 법전을 읽
어 깨우치게 하기 위하여 이 소낙비와
같이 많은 160권의 법전 속에 구구절
절이 내가 너희들에게 전하는 그 뜻을
하나씩 기록하여 그리 전함이니,
28 이와 같은 이치를 너의 제자들은 깨우
쳐, 마음속부터 다져야 될 것이니라.
29 내가 전하여 말하였느니라.
30 오로지 세상에 나의 뜻을 전하는 것은
나의 성전이요, 나의 아들 한 사람뿐
이며, 너희들의 기도를 들어주는 것도
하나라 말하였음이니,
31 그 이치를 내가 백 번 천 번 말해도 깨
닫지 못하는 자들이 있음이니라.
32 두 사람을 통하여 내려갈 수 없으며,
두 사람을 통하여 진리가 내려갈 수
없다 하였음이니라.
33 그는 갑론을박의 씨앗을 내리기 때문
이라 내가 말하였거늘, 어찌하여 너희
들은 이 이치 하나도 깨우쳐 마음을
굳건히 하지 못하는가?
34 이와 같은 깨달음을 너희들의 제자에
게 심어 줘야 할 것이니 그리 알라.

2,947 번째 하나님 말씀

2002년 8월 13일 11시 37분

1 사랑하는 나의 아들아!
2 "네, 아버님! 말씀하옵소서."
3 너희들이 생각하기를, 참담하며 답답
하며 이 어려운 고비의 터널을 어찌
지날 것인가 하고 너희들 마음속으로
고통과 시련 속에서 생각할 것이니라.
4 그러나 너희들은 두려워하지 말라.
5 너희들의 적은 인원으로써 어찌 세상
을 다 지배하며 만백성을 구하는 그
역사를 이룰 것인가 그리 너희들이 걱
정하나, 그와 같은 것은 너희들의 생
각이 잘못됨이니라.
6 세상의 한 집단을 지도하는 것도 지도
자는 한 사람이니, 이 세상의 만백성
을 구원하고 이끄는 것은, 그리고 그
들의 생명을 구원하고 구원하지 못하
며, 모든 너희들의 생살여탈보다 더
소중한 것을, 모두를 통제하는 것은
나 여호와 하나인 것을 안다 하면,
7 지금 나의 아들을 따라 성전에 앉아
있는 너의 제자들의 그 능력은, 그 위

대함은 너희들이 다 감히 생각할 수
없는 그 역사를 이룰 수 있는 것이니,
8 너희들은 오늘의 너희들의 고통스러
움을 생각하지 말라.
9 너희들이 나의 법전을 세상에 어찌 덮
을 것이며, 나의 법전이 세상에 나가
만백성을 어느 힘으로써 어느 능력으
로써 구원할 것이며 그리 전할 것인가
를 너희들은 걱정함이니,
10 너희들은 두려워하지 말지니라.
11 그 모두는 내가 주관하여 역사가 이루
어짐이니라.
12 내가 너희들에게 말하기를, 소낙비가
쏟아지듯이 세상에 법전을 전하는 것
이 너희들이 할 임무라 하였음이니라.
13 그 또한 내가 주관하여 역사를 이루게
할 것이며,
14 너희들은 너희들이 법전을 전하는 것
만으로써 만백성을 구한다 그리 생각
하지 말라.
15 하얀 눈이 세상을 덮듯이 너희들이 모
두를 나의 법전으로 덮었다 하여도,
그는 그와 같은 역사를 이루기가 어려
움이니라.
16 지금 내가 역사의 시행의 화살을 쏘았
음이니, 너희들은 나 여호와의 뜻을
알아야 될 것이니라.
17 지금 모든 종파의 믿음을 가는 자들이
그 속에서 자신들의 내분이요, 자신들
의 깨달음이요, 자신들의 옳고 그름의
갑론을박을 시작하였음이니라.
18 그리하여 그들의 밑에서 잘못된 부분
을 지적하는 그 백성들이요, 나의 법
전을 옳다 생각하는 자들이 밑에서 치
고 올라올 것이며, 너희들은 위에서
밑으로 내림이니라.
19 그래서 내가 너희들에게 말하기를, 불
을 붙이는 것이 너희들의 임무라 하였
음이니라.
20 지금 밑에서부터 치고 올라오기 시작
하는 그 역사가 오래전에 시작되어 그
역사가 지금 이루어지고 있음이니라.
21 그리하여 너희들이 나의 법전 3부를
써 세상에 전하는 것이 너희들이 비를
뿌리듯이 덮는 것이요,
22 이는 즉 나의 성령을 나의 아들을 통
하여 책으로 만들어 내야만 그걸 근거
로 함이니,
23 밑에서 치고 올라오는 자들이 나의 법
전을 근거로 이루고자 함이니라.
24 그리하여 내가 내리는 이 160권의 법
전이 세상에 다 완성되어 내려갔을
때, 그 밑에서 치고 오는 자들과 나의
160권의 법전과 같이 만나는 그 시점
이 있음이니라.
25 그것이 바로 위에서는 성령으로써 만
백성을 다스리며, 밑에서는 너희들 스
스로 내분의 역할로써 다 그를 개혁하
고 혁명을 이루는 것이니라.
26 그것은 그들이 이루는 것이니라.
27 너희들은 혁명을 이루며 개혁을 할 수
있도록 그 뿌리를 내려 주는 것이니,
너희들이 불을 붙이는 역할만 한다 하
였음이니,
28 너희들이 두려워하지 말며, 과연 오늘
의 초라한 너희들의 이 집단으로써 세
상을 지배할 것인가 두려워하지 말라.
29 내가 뭐라 말하였느냐?
30 3부가 세상에 나오면 3부로써 각종
나라의 언어와 형태로써 기록하여 그

를 전하라 하였음이니라.
31 그것이 곧 세상에 내리는 비요,
32 그를 보기 전에 이미 깨닫고 그 나의
법전이 세상에 올 것을 대비하여 그와
같은 것을 부르짖고 있는 자들이 있으
니, 그들의 손에 이것이 닿음으로 인
해서 법전이 위에서 밑으로 내리며 밑
에서 위로 치고받는 그와 같은 역사가
만나는 한 시점이 머지않았음이니라.
33 그 고리가 서로 하나로 만남으로 인해
서 거기서부터 퍼지는 그 파괴력은 너
희들이 상상할 수 없음을 알라.
34 곧 그것이 무엇이더냐?
35 3부의 법전이 완성되어 그 3부의 법
전의 한 권이 밑으로 내려가며, 밑에
서 받치고 오는 그 백성들과 일대일로
만났을 때, 거기서부터 시작하여 그
파괴력은 너희들이 상상할 수 없는 그
와 같은 변화를 이룰 것이니,
36 너희들은 너무 괴로워하지 말며 두려
워하지 말라.
37 오늘의 너희들이 역사함은 너희들로
서 최선을 다하는 것이며, 너희들이
그 이상 더 끌고 갈 수 없음을 다 알고
있음이니라.
38 그리하여 내가 너희들에게 이제는 편
히 갈 수 있는 그 시간을 만들며 그 세
월을 만들어 주고자 함이니, 곧 이루
어질 것이니 그리 알라.

2,948 번째 하나님 말씀

2002년 8월 13일 23시 20분

1 사랑하는 나의 아들아!
2 "네, 아버님! 말씀하옵소서."
3 세상의 만백성과 종교 지도자요, 저희
들이 각종 종파에 가 매달려 구원을
얻고자 하며 소원을 비는 자, 그리고
그들을 가르친다는 자, 그들에게 한번
너는 물어보라.
4 너희들의 종교의 그 지도자 한 사람이
세상에 나오기 위하여 얼마나 많은 시
간 속에 인간 세속에서 수업을 하며
공부를 하여 그들이 깨우치며, 그리하
여 그들이 단상에 서서 나의 피조물
만백성을 가르치기까지 얼마나 많은
세월과 시간을 보내는가?
5 그리고 산속에 또는 부처를 섬긴다는
곳에 가 도를 닦는다는 승려들, 그들
또한 얼마나 많은 고행과 고통의 그
시련 속에서 깨우쳐 가는가?
6 그리고 모든 종파의 지도자의 그 깨우
쳐 가는 자들이 얼마나 많은 조직 속
에서 얼마나 많은 시간과 계획하에 그
들이 깨우쳐 가는가?
7 그들은 인간 세상의 가르침 속에서 수
없이 공부하고 수없이 노력하며, 그들
은 너무나도 많은 세월을 바쳐 그 지
도자가 되느니라.
8 그리고 또한 산속에서, 또 들에서 깨
우치고자 하는 자들, 저희들이 고행의
길이요, 고통스러운 그 생활 속에서
저희 생명이 다할 때, 그들이 거기서
깨우쳐 가느니라.
9 그러나 그들은 또 그 깨우침이 육의
한계요, 육의 세상의 그 한계를 넘지
못함이니라.
10 그리하여 너희들은 변화되어 그 종교
의 추구하는 최고의 지도자가 되고자
하며, 최고의 경력자요, 최고의 통솔

자요, 최고의 능력자가 되기 위하여
평생을 바쳐 노력하는 그와 같은 삶을
사느니라.
11 그리하여 너희들이 변화되는 것이며,
거기서 깨달음을 얻음이니, 너희들이
변화되는 그 한계는 과연 어디까지 가
는가?
12 여기서 너희들이 돌이켜 봐야 될 것이
니라.
13 나의 아들은 어떤 스승 앞에서 배우는
것도 아니요, 성서를 가지고 그가 공
부하는 것도 아니요, 그가 평생 동안
누구로부터 가르침을 받아서 깨우치
는 것이 아니니라.
14 그는 인간 세속에 너희들이 전해 오는
방법으로써 너희들의 종교의식 속에
서 훈련과 연습을 거듭하면서 그 속에
서 그와 같은 노력과 고통의 긴 세월
속에서 그 전통을 받아 깨우쳐 가는
그와 같은 지도자가 아님이니라.
15 그는 누가 깨우치는가?
16 그는 누구로부터 배운 적이 없으며,
그 누구를 스승이라 따른 적이 없으
며, 누구라 하여 종교 지도자 앞에 가
그가 고개 숙여 그의 설법을 들으며
강론을 들으며 그가 나의 성령의 구약
과 신약을 뒤져 거기에서 깨우친 것이
아니요, 그를 공부해서 깨우친 자가
아니니라.
17 그는 단시간 내에 깨우친 자이니라.
18 60평생의 제 인생을 너희들과 똑같이
뒤범벅이 된 그 생활을 하다가 나로부
터 선택되어 단기간에 깨우쳤으니 그
스승이 누군지 알겠는가?
19 나 여호와가 그를 직접 가르치고 깨
우쳤음이니라.
20 그리하여 단기간에 나 여호와가 직접
가르쳤으니, 나의 아들은 내가 어버이
요, 내가 스승임이니라.
21 창조주인 내가 그를 가르쳤기에, 그는
나 여호와요, 너희들의 창조주와 같이
신과 같이 되고자, 그 마음의 변화를
그리 가고자 하며,
22 천사와 같은 마음으로 변하고자, 인간
세속에서 너희들이 평생을 배우고 깨
우쳐 행하지 못하는 그것을 그는 단시
간 내에 모두를 다 뛰어넘어 깨우쳐
가고 있음이니,
23 이것이 너희들과의 차별화임을 만백
성 너희들은 알아야 될 것이니라.
24 그의 스승은 창조주인 나, 너희들이
말하는 전지전능한 어버이니라.
25 내가 직접 그를 가르쳤으며, 그의 깨
달음을 인도하였으며 그를 깨우치도
록 내가 가르쳤으니,
26 그가 짧은 기간에 그 깨우쳐 오른 그
경지를 너희들은 평생 죽을 때까지 깨
우쳐도 그를 따를 수 없는 것이, 이것
이 차이점이니라.
27 인간 세속에서 너희들이 습관이요, 법
도요, 흐르는 그 규정에 의하여 너희
들이 남을 가르치는 그 시간에 단잠을
자지 아니하며 피나는 그 고행의 길을
가 평생을 깨우쳐도 그 깨우침에 한계
가 있으며,
28 과연 너희들이 160권이라는 이와 같
은 장서의 글을 써낼 수 있는가?
29 너희들은 아무리 그리 가도, 그 누구
도 이와 같은 160권의 장서의 글을 그
단기간에 쓸 수가 없음이니라.

30 그러나 너희들이 나의 아들은 나의 성
령을 받았다 받지 않았다 하며 그리
자작극이라 하여 사탄의 장난이라 말
을 하든 말든, 그는 160권의 장서를
짧은 기간에 그리 써냄이니라.
31 그리하여 만백성을 구하고자 지금 내
려보내지 않는가?
32 그가 1부요, 2부요, 3부요, 288쪽이라
는 그 두께의 책을 근 40권을 지금 써
가고 있음이니라.
33 그 짧은 기간에 그가 과연 그리 쓸 수
있는 것인가?
34 너희들은 그와 같이 쓸 수 있는가?
35 그는 나로부터 직접 세상사 이치를 훈
련받았으며, 천기를 알며 하늘의 뜻을
알며,
36 지금 너희들이 흘러온 종교의 가르침
이요, 너희들이 살아온 그 삶의 잘잘
못이요, 잘살고 잘못 산 것, 너희들이
제대로 가지 못한 것과 바르게 살아온
것, 그 모두를 바라다보며 그를 다 완
벽히 바로잡고자 하는 것이 그이니라.
37 그가 어찌하여 그 짧은 기간에 160권
이라는 이 장서를 써서 너희들에게 깨
우침을 전하며,
38 그가 어찌하여 짧은 시간에 그 누구도
따를 수 없는, 너희들이 평생 동안 해
도 따르지 못하는 그 경지에 올라 그
와 같이 만백성을 다스리는 그 경지에
오를 수 있겠는가?
39 너희들의 60평생을 인간 세속에 찌들
고 험난한 그 삶을 산 사람이, 너희들
이 평생을 그 엄격한 규율 속에, 너희
들의 종파의 그 가르침 속에, 그 제도
속에 숨 쉬고 잠자고 먹는 것까지도
다 규칙에 따라 움직이면서 너희들이
평생을 공부하여도 깨우치지 못한 그
경지를,
40 나의 아들은 단기간에 그를 뛰어넘었
음이니, 그 역사가 어찌하여 이루어졌
다 생각하는가?
41 너희들은 인간사에 너희들의 선배가
스승이요, 또 너희들의 조상이 선생이
었으나, 나의 아들은 창조주인 내가
선생이요, 내가 직접 그를 가르쳤음이
니,
42 여기에 너희들이 짧은 기간과 평생 동
안 깨우치지 못하는 그 경지의 변화의
차이를 본다 하면 그를 알 것이니라.
43 너희들은 160권의 장서조차도 쓸 수
없음이니라.
44 그러나 그는 단기간에 그를 써냄이니
라.
45 그게 스승으로서 가르침이요, 스승이
내려보내기 때문이니, 과연 누가 스승
이기에 그와 같은 역사를 이룰 수 있
을 것인가?
46 너희들이 이것 하나만을 생각해도 나
의 아들의 스승은 나이며, 나의 아들
이 만백성을 구하기 위하여 지금 나의
성령을 받아 내리는 것이 너희들의 구
원의 진정한 생명의 빛이라는 것을 알
아야 될 것이니라.
47 너희들은 이와 같은 이치를 알아야 될
것이니라.
48 너희들이 어려서부터 죽을 때까지 평
생을 깨우친 자, 그 종교 집단의 규율
에서, 그 테두리 안에서 살아온 자가
깨우친 그 한계와,
49 60평생이라는 세속에서 제 마음대로

거친 세상 속에서 육의 삶을 위하여 살아오던 그가 단시간 내에 너희들이 감히 넘을 수 없는 그 길을 넘어서 갔다 하면, 그 스승은 과연 누구인가 너희들은 알아야 될 것이니라.
50 그가 스스로 깨우쳤다 너희들은 말할 수 있는가?
51 이 세상에 너희들의 종교 집단의 그 누가 그를 가르친 스승이 있으면 한번 나와 보라 그리 말하라.
52 그는 나 여호와가 직접 가르쳤음이니라.
53 그의 스승은 창조주인 나 여호와이니라.
54 그리하여 그는 무섭게 변해 와 지금의 경지에 올랐으며, 그가 160권의 법전이라는 것을 세상에 낼 수 있는 그 역사를 이룬 것을 너희들은 들여다볼 줄 아는 그 지혜마저도 없음이니,
55 그것이 다 욕심이요, 너희들의 사행심이요, 눈이 가려졌으며 너희들의 아집이요, 고집이요, 자기들만이 구원을 받고 위대한 자라 생각하는 너희들이니,
56 이것이 바로 너희들이 가장 어리석은 자이니라.
57 이 이치를 깨우쳐 세상사를 들여다보는 그 현명함을 얻으라.

2,949 번째 하나님 말씀

2002년 8월 13일 23시 29분

1 사랑하는 나의 아들아!
2 "네, 아버님! 말씀하옵소서."
3 만백성 그들에게 물어보라.
4 너희들이 부가 따르며 명예가 따르며 모든 재물이 모아질 때, 너희들은 과연 어찌 변하여 가는가?
5 그와 같이 역사가 이루는 개인의 삶에 너희들은 과연 변화가 없는가?
6 종교 집단이요, 모든 종파를 이끌어 가는 지도자라 하는 너희들은 너희들 앞에 재물을 쌓은 일은 없는가?
7 너희들 앞으로 재물의 명의를 만들어 놓은 자는 없는가?
8 나의 피조물 만백성을 구원의 길로 인도한다는 너희들이 과연 나의 피조물 만백성의 피와 땀으로 모은 그 재산을 세 치의 혓바닥으로 그들을 협박하고 공갈하고 기만하여 긁어모은 재산을 너희들의 명의로 해 놓은 것은 없는가?
9 그 재산을 자기 명의로 해 놓은 자가 있다 하면 그는 사기꾼이니라.
10 그 죄는 용서받을 수 없음이니라.
11 나의 아들도 60이라는 인간 세상에서 살다가 지금 나의 뜻에 따라 그 길을 감이니,
12 그가 그 앞으로 재산을 해 놓으며 그가 더 좋은 것을 제 앞으로 해 놓으며, 그가 저 혼자만이 배불리 살며 제 자식을 위하며 제 가족을 위하며 저의 후손을 위하여 어디에 재물을 쌓으며, 그 명의로써 무엇을 가지고 있으며 제 것으로 만들었는가?
13 그는 절대로 그와 같은 역사를 하지 아니하며, 어떠한 재물도 그는 제 앞으로 하지 않을 것이며, 그것으로써 제 이름 앞으로 달아 놓고자 하지 아니할 것이니라.
14 이것이 너희들과 나의 아들과의 차별

화의 변화임을 알아야 될 것이니라.
15 지금 수천수만의 종교 지도자 너희들
은 여기서 깨달아야 될 것이니라.
16 나의 피조물 만백성을 하늘로 인도하
며 깨우친다는 자들, 그리하여 나의
백성들에게 고혈을 짜다시피 하여 수
십 년 동안 또 수백 년 동안 긁어모은
그 재산을 너희 종교 지도자 개인의
명의로 하여 가지고 있는 것은 없는가?
17 너희들 앞에 무엇을 쌓아 놓은 것은
없는가?
18 그리고 너희 자식이요, 후대를 위하여
너희들이 그들 앞으로 무엇인가를 만
들어 주고자 하였으며, 그들의 명의로
해서 투자한 돈은 없는가?
19 이와 같은 역사를 하나라도 이룬 자가
있다면, 이는 사기꾼이요, 마귀요, 사
악한 자요, 간악한 자이니라.
20 나의 피조물 만백성이 구원을 받기 위
하여 열과 성의를 다하여 너희들의 세
치의 혓바닥에 현혹되어 바쳤음이니,
그 바친 것은 그들이 하늘에 쌓고자
하여 바쳤음일 것이니라.
21 그들은 그 바친 만큼 나의 재물을 잘
못 쓴 그 죄를 받으나,
22 그 재물을 거둬들인 너희들이 그 재물
을 너희들의 명의로 만들며, 너희들의
명의로 부를 누릴 수 있는 것을 만들
며, 너희 처자식들의 이름으로써 그리
만들며 그들이 편안하게 살아갈 수 있
도록 그들에게 재물을 모아 해 줬다면
너희들은 짐승만도 못한 사악한 자들
이니라.
23 너희들이 과연 미래가 있으며, 나 여
호와에게 올라와 나로부터 구원을 받
으며 은혜를 받으며 하늘나라의 천국
의 문을 올라올 수 있는 그 깨달음을
알고 그 이치를 안다면,
24 너희들이 그 재물을 너희 앞으로 어찌
감히 해 놓을 수 있으며, 미래를 위하
여, 제 후손이요, 제 자식들을 위하여
재물을 그들의 이름 앞으로 해 놓으며
그들이 살아갈 수 있는 준비를 해 줄
수 있는가?
25 그것은 천국의 문의 이치도 모르며,
인간 중에서 재물에 눈이 어두운 가장
사악한 자며, 마귀이며, 짐승만도 못
한 자가 나의 사랑하는 피조물 만백성
의 구원의 길을 막으며, 그들로부터
고혈을 빨아 제 것으로 만드는 것이니,
26 하늘의 이치도 모르며 나에게 오르는
것도 모르며 천국이 어찌 되는지도 모
르며 천국에 올라오는 것이 무엇인지
그 길도 모르는, 짐승만도 못한 자들
이니라.
27 어찌하여 그와 같은 짐승만도 못한 자
들 앞에 나의 사랑하는 백성, 너희들
이 내가 먹고살라는 그 재물이요, 고
혈을 바치는가?
28 너희들이 바친 고혈로써 그 종교 지도
자가 제 이름 앞으로 한 톨의 재산이
라도 해 놓았으며, 제 자식들 앞으로
명의를 해 놓았으며, 저와 제 자식이
요, 후손을 위하여 육의 살아갈 수 있
는 그 재물을 모아 놓고 거기에 명예
를 얻고자 한 자가 있다면, 이는 짐승
만도 못한 자이니라.
29 이는 정녕 하늘의 뜻을 모르는 것이니
라.
30 제가 구원을 받는다 하면, 나 여호와

요, 천국의 문을 열어 주는 나 여호와
가 있는 것을 제가 믿는다면, 감히 제
앞으로 어찌 그 재물의 명의를 할 수
있으며, 그 재물에 현혹되어 제 앞으
로 무엇인가를 해 놓을 수 있는가?
31 더구나 제 자식들 앞에 그와 같이 하
는 자, 그는 짐승만도 못한 자이니라.
32 가장 사악한 썩은 고기를 먹는 그러한
더럽고 추한 짐승임을 너희들은 알아
야 될 것이니라.
33 그 썩은 것만을 찾아 먹는 더럽고 더
러운 짐승 앞에 가서 너희들이 재물을
바치며 너희 이름을 더럽히며 하늘에
오르고자 하는 그와 같은 행위를 절대
로 해서는 아니 될 것이니,
34 그와 같은 자에게 바친 것을 너희들이
다 뺏어야 될 것이며, 다 회수해야 될
것이며, 너희들은 그들에게 그와 같은
짓을 해서는 아니 될 것이니라.
35 그들에게 바친 재물을 다 너희들이 회
수하여 만백성에 나눠 주는 그와 같은
길을 가야 할 것이니 그리 알라.
36 그리하지 아니하는 자, 나의 법전을
읽고도 그리 행하지 못하는 자, 너희
들은 그들과 똑같은 자임을 알아야 될
것이니라.

2,950 번째 하나님 말씀

2002년 8월 13일 23시 39분

1 사랑하는 나의 아들아!
2 "네, 아버님! 말씀하옵소서."
3 너와 더불어 나의 법전을 공부하며 나
의 성령을 직접 들으며 너를 제 스승
이라 따르는 자들에게 말하라.
4 내가 어찌 너희들을 선택하였으며, 남
앞에 내놓을 것이 없으며 자랑할 것이
없는 너희들을 내가 선택하여 나의 아
들의 제자라 명한 그 뜻이 어디 있다
말했는가?
5 너희들은 어찌하여 내가 너희들에게
명하는 그 작은 나의 뜻을 지키지 아
니하며,
6 내가 법전에 기록하여 지키라는 것을,
너희들은 남이 지키지 않는 것은 시시
비비를 하며 그와 같은 행동을 하나,
너희들이 지켜야 될 그 대목이요, 덕
목은 어찌하여 너희들이 그리도 잊어
버리며 지키지 아니하려 하는가?
7 내가 너희들에게 뭐라 말하였더냐?
8 나의 아들이 인간이기에 인간으로서
태어나 60평생이라는 그 긴 세월을
인간으로 살아와 그가 하루아침에 변
하는 것은 그리 어렵고 힘든 길이라
말하였음이니라.
9 그리하여 내가 그를 서서히 깨우쳐 일
깨워 줘 다스려 나가며, 그 머리가 하
얀 시간이 됐을 때 그 경지에 오를 수
있다 하였음이니라.
10 그리하여 너희들에게 그를 보살피며
그를 일깨워 주며 그를 잘 다스려 나
가 그가 새로운 사람으로서 태어나는
그 옆에 같이 가는 자들이 되며 일깨
워 주는 자가 되라 하여,
11 너희들이 가장 적임자며, 너희들의 성
품과 너희들이 가지고 있는 그 모든
여건이 그와 더불어 가기에 지금으로
써 가장 적합한 자들이라 하여 너희들
을 내가 나의 아들의 제자로 명하며
선택하였다 하였으니,

12 너희들의 그 임무가 무엇이던가?
13 너희들은 60평생 인간 속에서 살아
나의 성령을 받아 변해 가고 있는 나
의 아들이 바로 설 수 있도록, 그리고
그가 변해 갈 수 있도록 보조를 같이
맞춰 주며,
14 그를 격려하고 서로 이끌어 주고 밀어
주며 그가 완벽한 사람으로 설 수 있
도록 그와 같이 하는 것이 너희들의
임무라 하였음이니라.
15 내가 그와 같이 너희들에게 확실한 임
무요, 너희들이 행할 것을 주었거늘,
16 너희들은 나의 아들이 변하여 가기도
전에, 너희들의 그 뜻에 맞지 아니하
며 나의 아들 예수와 같은 삶을 살지
못하며 그와 같이 변하지 못했다 하여
지금 등을 돌리며 나의 법전을 던지며
그리 떠나는 자가 있음이니,
17 내가 이와 같은 것을 다 예비하여 너
희들에게 명을 주었음이니라.
18 그가 인간으로 세상에 태어나 변화되
는 시간이 필요한 만큼, 너희들이 더
불어 형제처럼 그를 달래며 이끌어 같
이 변해 가는 그와 같은 것이 너희들
의 임무라, 너희들이 보좌 역이라 내
가 확실히 미리 깨우쳐 주었거늘,
19 어찌하여 그 직분이요, 내가 명한 그
것을 너희들이 망각하고 잊어버리며,
20 당장 나의 아들이 천사와 같은 자, 예
수와 같은 삶을 사는 자로서 변하며,
기적을 이루며 역사를 이루는 자가 되
어 달라 너희들이 그리 그를 핍박하
며, 그에 불평과 불만과 너희들의 욕
구를 터트리는 그와 같은 우매한 행동
을 하는가?
21 내가 뭐라 하였느냐?
22 서서히 그가 변할 때 역사를 이룰 것
이며, 기적을 이룰 것이며,
23 법전을 세상에 만들어 내면서 그가 더
불어 변해 가며 깨우쳐 간다 말하였거
늘,
24 너희들이 내가 명한 그 직분을 잊어버
리고 어찌하여 오늘과 같은 행위를 할
수 있는가?
25 그와 같은 행위를 하는 자, 나의 명을
거역한 자며, 너희들이 부여받는 영광
스런 직분이요, 책임을 버린 자들이
니, 너희들이 죽어 내 앞에 왔을 때,
그 모두의 잘못이 얼마나 크나큰 죄인
가를 알아야 될 것이니라.
26 지금이라도 그와 같은 마음을 가진
자, 나의 아들과 더불어 나의 아들의
머리가 백발이 되며 세월이 흐른 다음
에, 그리고 법전이 세상에 나오면서
나의 아들이 변하여지며, 너희들이 감
히 견주어 볼 수도 없는 그와 같은 변
화의 역사를 이루어 가는 것이거늘,
27 더불어 가라 그리했건만, 어찌하여 너
희들은 그와 같은 뜻을 잊어버리는가?
28 이제 남아서 나의 아들을 따라가며 제
자라 하여 같이 가는 너희들은 나의
아들이 서서히 변해 가는 그 모습에
같이 보조를 맞추며 같이 너희들도 변
해 가며,
29 그리하여 세월이 어느 정도 지난 다음
완벽한 나의 아들로서 일어서는 그때
너희들에게 모든 영광이 있거늘, 그를
기다리지 못하는 자가 되지 말라.

2,951 번째 하나님 말씀

2002년 8월 13일 23시 52분

1 사랑하는 나의 아들아!

2 "네, 아버님! 말씀하옵소서."

3 나의 피조물 만백성 중에 법전이 세상에 나가 이를 보는 자, 깊이 깨우쳐 내가 원하며 내가 하라는 그 뜻대로 살아가는 자만이 하늘에 오르는 그 빛을 볼 수 있다는 것을 그들의 가슴에 심어 줘야 될 것이니라.

4 지금 수천 년 동안 흘러오는 그 종교의 집단은 저희들에게 소속된 몇 사람을 구원하기 위하여, 그들만이 구원받으며 하늘에 오른다 그리하며 거기에 매달려 평생을 바치는 그와 같은 삶을 살아가느니라.

5 내가 말하기를, 나의 진리는 한 길이라 하였음이니라.

6 그리하여 너희들이 구약 시대요, 신약 시대서부터 제3의 시대까지 나의 진리는 변화되는 것이 아니요, 바뀌는 것이 아님이니라.

7 내가 지금 제3의 시대에 나의 아들을 통하여 만백성에게 깨우쳐 주어 내리는 나의 법전이나, 구약의 시대에 너희들을 바로 세우고 깨우치고자 했던 그것이나, 신약의 시대에 너희들을 바로잡고자 했던 그 모두의 역사가 일맥상통함을 알아야 할 것이니라.

8 그러나 그와 같이 하나로 흘러야 되는 것을, 너희들 스스로 왜곡되게 너희 것으로 만들어, 지금 수천수만의 종파가, 수억의 종파가 세상에 존재하는 이와 같이 험난하고 너희들이 이해할 수 없는, 그리고 너희들 자신이 지탱하기 힘들 정도로 많은 종파들이 지금 우후죽순으로 퍼져 나와 있음이니라.

9 그와 같은들 너희들의 가르침이 무엇이더냐?

10 하나의 성서를 가지고 가르치는 것도, 가르치는 자 또 배우는 자에 따라서 그 모두가 지금 뒤죽박죽이요, 일관성이 없음이니라.

11 그리하면서 너희들은 그저 소집단이든 대집단이든 너희들이 지은 그 성전에 와 너희들의 설교를 듣고 강론을 듣고 너희들 앞에 금화와 은화를 많이 바치는 자만 축복을 받는다 그리 가르치며,

12 너희들의 소수의 집단만을 위해서 기도하고 경배하는, 그리고 너희들만이 구원을 받는다는 그 착각 속에서 지금까지 살아가며 믿음을 오고 있음이니라.

13 그러나 나의 아들이 가고 있는 그 길이 무엇이던가?

14 나의 아들은 나의 법전을 받아 세상의 만백성이 하나로 깨달아 하나로써 이해하며, 그리하여 여기에는 너희들의 변조된 가르침과 너희들 뜻대로 마음대로 생각할 수도 없는, 가장 기초적인 깨달음으로써 세상에 내려보냄이니, 이 역사는 무엇을 원하는가?

15 나의 아들은 나의 법전의 160권을 가지고 이 세상을 하늘에서 이루어진 것 같이 지상에 그 낙원의 역사를 이루고자 그 위험하고 험난한 길을 가고 있으니,

16 너희들이 속해 있는 소수의 그 집단만

이 구원을 받고 하늘에 오르며 축복을
받는 그와 같은 백성이라 하여 그들을
현혹하여 너희들이 죽을 때까지 몇 사
람을 끌고 가는 그와 같은 믿음의 형
태가 과연 나 여호와의 뜻에 의하여
이루어지는 역사라 생각하는가?
17 나의 성령이요, 160권의 법전으로써
만백성을 하나로 묶어 하나의 공통어
로 만들어, 하늘에서 이루어진 그 낙
원을 지상에서 이루고자 그 힘들고 험
난한 길을 가고 있는 나의 아들이 가
는 그 역사가 너희들이 하는 것보다
못하던가?
18 너희들이 지금 이루고 있는, 너희들의
소수의 집단을 끌어가는 그 노고요,
그 형태를, 나의 아들이 만백성을 이
끌며 만백성을 구원하며 지상의 낙원
을 이루고자 이 고통스러운 길을 가는
여기에 비해 볼 때, 너희들 자신이 어
떠한 초라한 모습인가를 너희들은 한
번 돌아다봐야 될 것이니라.
19 이와 같이 그 큰 역사를 이루는 나의
아들이 가는 그 길이 너희들과 견주어
봐 과연 못하다 생각하는가?
20 이것이 나로부터 선택된 나의 목자요,
나의 아들이 가는 길이며, 내가 이루
고자 하는 뜻임을 너희들은 알아야 될
것이며,
21 지금의 흘러가는 너희들 집단의 그 종
파의 하는 행위와 그들이 이루고자 하
는 뜻과 그들이 이끌어 가는 그 방향
을 너희들은 봐야 될 것이니라.
22 모든 종교 지도자들은 자기 앞으로 어
떠한 재물의 명의를 해 놓아서도 안
된다 하였으며,
23 더군다나 저의 후손을 위해서 그를 준
비하고 쌓아 놓는다면, 나의 재산을
단 한 푼이라도 그와 같은 곳에 쓴다
면, 썩은 고기를 즐겨 먹는 가장 사악
하고 추한 짐승의 형국이라 내가 말하
였음이니라.
24 이 이치를 깊이 깨우쳐, 너희들이 그
곳에서 돌아서서 나에게 구원의 길을
보는 그 역사의 변화를 이루어야만
할 것임을 잊지 말라.
25 이와 같은 역사를 이루는 자만이 지옥
불에서 천국의 문으로 들어서는 그와
같은 영광을 얻는다는 것을 잊지 말라.

2,952 번째 하나님 말씀

2002년 8월 14일 0시

1 사랑하는 나의 아들아!
2 "네, 아버님! 말씀하옵소서."
3 네 정녕 오늘의 그 삶이 그리도 어렵
고 힘들며 고통스러운 것인가?
4 2천 년 전에 세상에 나가 만백성을 구
하고자 너희들에게 생명수의 나의 성
령을 전하던 나의 아들 예수는 죽음의
그 고통의 길을 가야 할 것을 알고 있
었음이니라.
5 그리하여 나의 아들은 그 고통스러운
한 잔의 잔을 정녕 그가 받지 아니하
면 안 되는가, 그를 피해 갈 수는 없으
며 그를 옮겨 놓을 수는 없는가 하는
처절한 눈물의 기도를 수십 번 드렸다
하였음이니라.
6 그러나 나는 그를 들어주지 아니하였
으며, 나의 아들은 그 고통스럽고 힘
든, 인간으로서 인내할 수 없는 그 길

을 선택하여 갔음이니라.
7 그는 그 잔을 옮겨 달라, 그리고 옮길 수 없는가 하여 수없이 울었음이니라.
8 그 고통의 길을 가지 않을 수 없느냐 고 아버지 나에게 그는 눈물의 호소를 하였음이니라.
9 나는 그러나 그를 듣지 아니하였음이니라.
10 너희들 만백성을 구하고자 함이었음 이니라.
11 나의 아들 네가 지금 160권의 법전을 세상에 내, 몇천 년에 걸쳐 이루지 못한 그 역사를 나 여호와가 이루고자 너에게 명하여 이 법전을 기록하건만,
12 네가 이와 같은 길을 갈 수 없으며, 이 길이 너무 고통스러워 힘들며 인내할 수 없다 하여 네 마음에 눈물을 흘린다 하면,
13 너는 2천 년 전에 예수가 나에게 그 고통의 잔을 옮겨 줄 수 없느냐 하며 눈물의 기도를 했던 것보다 더 고통스럽고 힘든 길이라 느껴지는가?
14 네가 이 잔을 또 옮겨 달라 하는 그와 같은 마음의 자세로 나에게 구원을 원한다면, 네가 지금 예수의 그 고통보다 더 어렵고 힘든가?
15 네가 어찌하여 2천 년 전에 예수가 나에게 했던 그 고통스러운 하소연을 지금 나에게 드릴 수 있는가?
16 과연 너는 그보다 더 고통스러운 길을 가고 있는가?
17 나 여호와요, 창조주인 어버이의 마음을 네가 울려서는 아니 됨을 너는 어찌하여 그리도 생각하지 못하는가?
18 너는 그보다 십 분의 일, 백 분의 일도 고통스럽지 않은 그 길을 가고 있음이니,
19 160권의 법전을 세상에 내어 나의 뜻을 이루는 길이요, 하늘에서 이루어진 것같이 이 지상에 낙원을 이루며, 나의 피조물 만백성 중에 선한 자들만이 세상에 남아 영원히 낙원을 이루고자 하는 나의 뜻에, 어찌하여 네가 나에게 그리도 아픈 말을 전하며 생각할 수 있는가?
20 두 번 다시 네가 그와 같은 마음을 가져서는 안 될 것이며, 그 역사를 포기할 수도 없으며, 그 역사를 이루지 아니할 수도 없다는 것을, 너는 이 밤, 네 가슴에 깊이 새겨야 될 것이며,
21 두 번 다시 네가 그 나약한 생각이요, 포기하며 좌절하고자 하는 그 생각을 해서는 안 될 것이며, 그를 용서치 않을 것이니 그리 알라.

2,953 번째 하나님 말씀

2002년 8월 14일 0시 06분

1 사랑하는 나의 아들아!
2 "네, 아버님! 말씀하옵소서."
3 네가 이 세상에 160권의 법전이요, 나의 성령을 전하여 대대손손 나의 피조물 만백성을 구하는 그 역사를 이루기 위하여 이 지상에 천국의 나라와 같은 소왕국을 이루는 것이 네가 또한 해야 할 일이며 대명이라 말하였음이니라.
4 너는 네가 이 지구상에 사는 지금의 너희들이 말하는, 도둑들이 우글거리며 사탄들이 우글거리며, 모든 종말의 시대요, 마지막 시대라 말하는 이 시

대에, 이 지상의 낙원에서
5 네가 나의 법전을 가슴에 안고 눈물로
써 기도하며, 나 여호와의 존재함을
알며, 내가 너희들의 구원의 길을 열
어 준 것을 감사하며 그 은혜에 보답
하고자 살아가는 나의 백성들로만 구
성되는 하나의 소왕국을 이루어 놓아
야 할 것임을 잊지 말라.
6 이 사악한 지구에 그와 같이 너희들만
의 그 세상의 천사와 같은 자들이 사
는 작은 소왕국까지 네가 이루어 놓아
야 될 것이며, 그 백성을 통제하는 왕
을 네가 만들어야 될 것이며 명해야
될 것이니라.
7 그리하여 그를 바로 세워 그들 속에서
나의 뜻을 따르며 나의 법전을 읽으
며, 법전을 내려 준 것을 감사하며, 법
전을 접한 것을 영광으로 생각하며,
법전의 내용대로 살아가는 나의 피조
물 만백성의 그 아름다운 천사들만이
사는 그와 같은 소왕국을 이 험악한
지상에 만들어야 될 것이며,
8 그리하여 나의 지상의 낙원을 시작해
놓고 네가 내 앞에 와야 하는 것을 잊
지 말라.
9 이제 그와 같은 역사를 시작할 때가
되었으며, 그 역사를 이룰 때가 되었
음이니라.
10 그 소왕국의 기틀이 잡히며, 그 소왕
국의 뿌리를 내려 가며, 그들이 나의
법전을 세상에 전하며, 나의 이루고자
하는 그 기적의 역사요, 대혁명을 이
루는 전사들로서 그들이 다시 태어날
것이니라.
11 그러니 너는 너무 두려워하지 말며,
좌절하지 말며, 네가 포기하려 하지
말며, 오늘의 이 고통을 영광으로 여
기며 네 마음을 돌리는 그와 같은 너
자신의 마음을 자리 잡아야 할 것이니
라.
12 내가 이 적은 고통으로 인하여 네가
중단하고자 하거나 돌아가려 하지 말
며, 포기하려 하지 말라.
13 네가 그런 생각을 해서는 아니 됨을
알라.
14 너는 나의 160권의 법전을 만들어 만
백성의 눈과 귀를 뜨게 하며, 그를 읽
고 깨우친 나의 백성들만이 사는 소왕
국이요, 이 험악한 지상 위에 한 거점
을 만들어 네가 그를 시작해야 할 것
이며, 기초를 다져 놓는 것이 네가 해
야 할 일이니,
15 나의 법전의 3부가 세상에 나오며 그
와 같은 역사가 더불어 변화되니, 그
많은 백성들이 너를 따를 것이며 너의
뜻에 따라 움직일 것이니,
16 곧 나의 성령을 그들이 보고 깨달을
때가 머지않았음을 너는 알아야 될 것
이니라.
17 좌절하지 말며, 포기하지 말며, 네가
두려워 160권을 기록하는 그 연필을
감히 꺾으려는 생각조차도 해서는 아
니 될 것이니 그리 알라.
18 두 번 다시 네가 그와 같은 생각을 하
며, 네가 나약해지며, 너 자신을 포기
하고자 할 때 내가 너를 용서치 않는
다는 것을 다시 한 번 명함이니 그리
알라.
19 너는 해낼 수 있으며, 이룰 수 있으며,
그와 같은 역사의 그 찬란한 빛을, 네

가 하늘과 지상과의 그 빛을 연결하며, 네가 숨을 거둘 때까지 그 모든 역사를 너는 반드시 이루어야 됨을 잊지 말라.

2,954 번째 하나님 말씀

2002년 8월 14일 0시 33분

1 사랑하는 나의 아들아!
2 "네, 여호와 하나님! 말씀하옵소서."
3 이 지상 위의 그 모든 것은 다 나의 뜻
에 의하여 나에게 속한 것이 아닌 것
이 하나도 없거늘,
4 어찌하여 나의 세상, 내가 창조한 나
의 그 모든 우주 공간 안에 너희들이
살며, 내가 너희들에게 내려 준 것, 또
너희들이 살아가며 쓰고 활동하며 행
하는 그 모든 것이 다 나에게 속하지
않은 것이 하나도 없거늘,
5 내가 주관하여 내가 이루는 이 지상에
서 살아가면서 나 여호와가 지키며 행
하여 달라 하는 것을 지키지 아니하며
행하지 아니하고 사는 너희들이 과연
어떠한 형태요, 심성을 가지고 사는가?
6 너희들이 말하길, 이 세상 모두는 나
여호와가 주관하였다 하느니라.
7 그리하여 나에게 속하지 않은 것이 하
나도 없으며, 그 속에서 살아가는 나
의 백성들이 내가 너희들에게 지키며
살라 내린 그 계명을 지키지 아니하고
산다 하면 이는 과연 어떠한 너희들의
심성에서 그와 같은 행동이 일어나는
것인가?
8 너희들은 내가 지키며 살라 명한 그것
을 나의 은혜 속에 살면서도 지키지
아니하였음이니, 지금 너희들의 그 심
성이 어떠한 형국으로 변하여져 있는
가?
9 너희들의 그와 같은 마음으로 이 세상
이 악한 자들이 지배하며 악한 것들이
이끌어 가는 그와 같은 형국에 지금
도래하였음이니라.
10 너희들은 구원을 받기 위하여 나의 아
들로부터 구원을 받았으며, 정녕 하늘
에 오르는 믿음이요, 너희들의 종파만
은 어떠한 일이 있어도 천국의 문을
열어 하늘나라에 올라갈 수 있다 그리
말하나,
11 너희들은 우선 처음의 너희들의 본성
이요, 근본이요, 너희들이 살아가는
그 형태부터 돌아다보면 너희들이 어
찌 살아가는 자들인가를 알 것이니라.
12 그리하여 이 세상에 모든 악한 자들이
다 존재하며, 악한 자들이 세상을 지
배하는 지금의 형국에 와 있음이니라.
13 이는 내가 너희들에게 말했듯이, 모든
것이 나에게 속하지 않은 것이 없으
며, 나의 은혜 속에 사는 너희들이 내
가 지키며 살라 하여 내가 내린 그 최
소의 계명이요, 율법을 지키지 아니하
고 산 너희들의 그 후손이 지금 바로
어떠한 결과를 가지고 있는가?
14 악한 자들이 이 세상을 지배하며 악한
자들이 세상에 존재하는 이와 같은 무
서운 형국이 되어 있음이니라.
15 그리하여 너희들은 나의 은혜 속에 살
며 내가 만든 지상의 낙원에서 살면서
나의 뜻을 따르지 아니하고 거역하며
살았으며, 그리하여 지금과 같은 말세
의 시대가 왔음이니라.

16 또한, 나의 백성이라 말하는 너희들이
어찌 살아가는가?
17 내가 만든 나의 지상의 낙원이요, 이
성전에서, 내가 나 외에 다른 신을 두
지 말라 하였거늘, 너희들은 수없는
우상을 섬기며 우상을 섬기는 그와 같
은 행위를 하면서 지금 살아가고 있으
며,
18 또한 우상을 섬기지 아니하며 나에게
오는 경배요, 나의 찬송과 나의 성경
과 나의 성령에 의하여 살아간다 그리
말하며 찬송을 부르며 광란의 기도를
하는 그들도 어떠한 행위를 하는가?
19 너희들의 믿음의 형태를 파고들어가
보면 너희들이 우상을 섬기는 그와 같
은 행위를 너희 스스로 해 가며 삶이
니라.
20 금화와 은화를 바치면 구원을 받으며,
너희 손으로 성전을 짓는 곳에 많이
바치면 축복을 받는다 말하니, 돼지머
리 놓고 절하는 무당들과 다른 것이
무엇이 있는가?
21 너희들은 그와 같은 이치를 깨달아야
될 것이니라.
22 너희들이 무엇을 바침으로써 복을 받
는다 생각하면, 그것이 기복 신앙의
원조라 내가 말하지 아니하였는가?
23 지금 그와 같이 자신이 가는 길이 무
엇인지도 모르며 이끌어 가는 그들의
지배를 받으며 너희들이 살아왔으며,
24 수천 년 역사가 흘러오는 그 속에서
너희들은 정녕 내가 세상에 내린 그
모두의, 내 것 안에서 산다는 그 자체
를 의식하지도 못하며 깨우치지도 못
하니, 그 근본의 뜻을 어찌 알겠는가?
25 너희들이 이 세상의 모든 것은 내가
주관하며, 나의 것 속에 너희들이 사
는 그 감사함과 그 은혜를 안다면, 너
희들은 내가 지키라 명한 그것을 감히
거부하지 못하였을 것이니라.
26 내가 지키며 살라는 그 계명을 지키지
않는 자는 내가 이루는, 내가 역사해
놓은 모든 나의 것 속에서 쓰고 먹고
살면서 나에게 감사하지 않는 그 마음
의 자세이기에, 내가 너희들에게 지키
라 내린 것을 감히 지키지 아니하고
사는 이와 같이 사악한 너희들의 심성
이 되었음이니라.
27 내가 너희들에게 내린 그 뜻을 지키지
아니하니 너희 스스로 악한 자며, 악
한 자가 또 악한 자를 낳으며,
28 내가 너희들에게 내린 십계명의 처음
에 있는 '우상을 섬기지 말라.'는 것을,
너희들은 우상을 섬기는 것을 즐거움
으로 삼으며, 또 믿음을 갖고 나에게
오르는 자들도 우상을 섬기는 기복 신
앙과 같은 행위를 하고 있음이니,
29 너희들이 그와 같은 자를 따라가며 그
와 같이 이끄는 자들을 따라간다 하면
정녕 구원을 받을 수 없음이니라.
30 세상에 온통 뭐라 말하였느냐?
31 거꾸로 보는 세상이요, 거꾸로 살아가
는 이와 같은 세상의 형국이 이루어졌
다 하였음이니라.
32 그리하여 내가 이를 바로잡고자 하여,
제3의 시대에 나의 성령이 내려가는
이 어렵고 힘든 역사를 이루어 감을
알라.

2,955 번째 하나님 말씀

2002년 8월 14일 08시 42분

1 사랑하는 나의 아들아!
2 "네, 아버님! 말씀하옵소서."
3 세상사 어떠한 것이 지배되며 어떠한 형태로 돌아가든, 아무리 그 많은 종파들이 하나가 되어 너를 공격하며 너에게 태풍의 회오리가 불어온다 해도,
4 나의 법전이요, 나의 성령이 세상에 나가 만백성을 구하는 이 길을 막을 수가 없으며 덮을 수가 없음을 너는 알라.
5 이제 내가 마지막으로 만백성을 구하기 위하여 내리는 이 성령만이 너희들의 구원의 빛이요, 생명의 빛임을 알라.
6 그 누구도 이를 덮을 수 없으며 이를 이길 수 없는 것이니라.
7 내가 너에게 일찍 말했듯이, 모든 승자는 너라 하였거늘, 어찌하여 네가 그리 작은 것에 연연하는가?
8 작은 것에 연연하는 자는 큰 것을 볼 수 없는 그와 같은 이치가 있듯이, 작은 것에 연연하는 네가 되어서는 아니 됨을 알라.
9 나의 160권의 법전이요, 이 성령이 기록된 책이 세상에 나감이니, 만백성이 구름 위에서 태양이 비치는 그와 같은 영광과 은혜의 축복을 받는 날이 머지않으며, 그들이 그와 같이 알게 됨이 머지않았음이니라.
10 다만, 때가 되어야 하는 것이며, 아직은 그와 같은 역사의 때가 아님이니라.
11 세월을 기다릴 줄 알며 준비할 수 있는 사람이 되어야 됨이니라.
12 세상에 나갈 때가 되지 아니하며 준비되지 않은 자가 나가면 모든 태풍이요, 회오리바람에 그가 쓰러지게 되어 있음이니라.
13 지금 나의 주관하에 모두를 계획하고 준비하고 있으며, 그 계획의 프로그램에 의하여 진행되고 있음이니, 너는 두려워하지 말라.
14 작은 것들에 연연하지 말라.
15 다 나의 뜻이 거기에 있음을 알라.
16 세월이 지나면 항상 네가 알듯이, 세월이 가기 전에 네가 깨닫는 그와 같은 현명함을 가져야 될 것이니라.
17 그 누구도 나의 법전 160권의 그 위대한 역사를 막을 수 없으며, 이를 거부할 수 없음이니라.
18 온 세상을 하얀 눈으로 덮듯이 나의 법전이 세상을 덮어, 만백성이 천사와 같은 삶을 사는 그날이 다가오고 있음을 알라.
19 이제 너를 도와 역사할 사람들이 시작되는 것이며, 그들로 하여금 더불어 순간적인 시간 속에 나의 법전이 세상에서 왈가왈부하게 될 것이며, 만백성이 이를 읽고자 하는 때가 머지않았음을 알라.
20 너는 그 돌아가는 것을 알고 있지 않은가?
21 "네, 아버님 알고 있사옵나이다.
22 어찌 이루어질 것이며 어찌 갈 것인지를 알고 있사오나, 그때가 언제이며 어느 쪽에서 그리 이루어질 역사인지는 아직 아버님께서 말씀을 안 하여 주시옵기에 알지 못하고 있사오나, 어

떠한 형태로 이루어지며 어찌 변하는
지는 다 알고 있사옵나이다."
23 편안히 가라.
24 두려워하지 말며, 조용히 앉아서 기다
리며, 찾아오는 자에게 내가 너에게
내리는 그 명의 뜻에 따라 전해 주기
만 하면 되는 것이며,
25 그와 같이 역사의 한 획을 긋는 일을
이룰 자들이 올 것이니 그리 알라.

2,956 번째 하나님 말씀

2002년 8월 14일 08시 47분

1 사랑하는 나의 아들아!
2 "네, 아버님! 말씀하옵소서."
3 지금까지 믿음의 종파요, 지도자로서
단상에 서서 만백성에게 저희들이 지
은 성전에 와 금화요, 은화요, 재물이
요, 시간과 그 모두를 다 바치는 자가
구원을 받는다 그리 가르치는 자들 중
에, 그를 정녕 몰라서 그리 가르치는
종교 지도자가 있으며,
4 그 방법으로 구원이 이루어질 수 없다
는 것을 다 알면서, 또 저희들이 지금
가고 있는 길이 잘못되었다는 걸 알면
서 그리 가르치는 종교 지도자가 있음
이니라.
5 이제 나의 법전의 3부가 세상에 나가
게 되니, 모든 종파의 그 종교 지도자
들이 나의 법전을 접할 때,
6 저희들이 재물을 모으고자 하며 인간
쪽에서 인간으로서 삶을 위하여 가르
치는 자들은 계속 이를 이단이요, 사
탄이라 말할 것이며, 그리고 지금의
방법과 수법을 동원하여 더 악랄한 방
법으로써 나의 피조물 만백성이 고통
의 삶을 살도록 그리 만들어 갈 것이
니라.
7 그러나 그중에서 지금까지 종교 지도
자의 역할을 했으며 성서를 가지고 가
르쳤으며 전례요, 전통에 따라 그 굴
레를 벗어나지 못하고 가르쳤던 종교
지도자들이 나의 법전을 읽으면서 깨
달음을 얻을 것이니,
8 그들은 제 앞에 재물을 쌓아 놓고자
하는 것이 아니요, 저 스스로 높고자
하는 것이 아니며, 저희 후손과 저희
들을 위해서 하는 자가 아니며, 진정
한 나의 뜻에 따라 만백성을 구원하고
자 하는 자들이 또 있음이니라.
9 그들이 지금까지 그 굴레에서 벗어나
고 싶으며 바른 가르침을 가지고 싶으
나, 그들이 만백성을 가르칠 대안이
없으며 성서에 버금가는 가르침의 교
본이 없으니, 그들이 지금의 잘못 가
고 잘못 흘러가는 그 형태에 휩쓸려
그저 저희들의 가슴 아픈 마음을 참으
며 온 자들이 수없이 있음이니라.
10 저희 육의 삶을 위하여, 저 자신을 위
하여 노력하며 이끌어 가는 그 간악한
종교 지도자가 아닌 자,
11 진정 만백성을 하늘에 오르는 길로 인
도하고 싶으나 그 방법을 모르며 그
대안을 모르기에 지금까지 흘러오는
역사 속에 그저 더불어 저희들이 조상
으로부터 배운 그 잘못된 방법을 계속
계승하여 가르치고 있는 자들이 있으
니, 그들의 마음에 고통과 괴로움을
스스로 달래지 못하는 자들이 있음이
니라.

12 그와 같은 종교 지도자가 나의 법전 3
부를 접할 때, 이것이 진정한 하늘의
하나님의 말씀이요, 성령이요, 이가
진정한 나의 선지자요, 나의 아들로서
세상에 나와 주옥같은 말씀을 전하는
것을 깨닫게 되니, 이 법전을 가지고
만백성을 구할 수 있다는 자신과 용기
를 가지게 되니,
13 그들은 어찌하여 그와 같은 용기를 갖
는가?
14 저희 자신이 재물을 모으고자 하는 사
악한 방법이 아니라, 만백성을 구하고
자 하는 애절한 마음으로 단상에 선
종교 지도자들은 이 기회를 놓치지 아
니할 것이며, 그들이 용기 있게 돌아
설 것이니라.
15 저희 육신의 삶을 위하여 재물을 모으
며, 사악한 생각을 가지고 있으며, 저
희들이 지금 가고 있는 길이 잘못 가
는 것이라는 것을 깨닫고 알면서도 그
를 더 사악한 방법으로 이끌어 가고자
하는 그와 같은 지도자는 이를 이단이
요, 사탄이라 하며 태워 버릴 것이나,
그렇지 않은 종교 지도자들이 그 횃불
이 됨을 알라.
16 나의 법전을 읽는 그 순간에 이것만이
하늘에 오르는 길이라 하여 이와 같은
삶을 그 내용대로 지키고 살아가고자
하는 종교 지도자들이 수없이 나올 것
이니, 그들이 역사를 이루는 받침의
디딤돌이 될 것이니라.
17 나의 아들아, 그리 갈 것이니 너는 두
려워하지 말라.
18 무엇이 두렵고 무엇이 네가 힘겨운가?
19 이 세상 것이 네가 다 지배하는 것이
거늘, 두려워 말라.

2,957 번째 하나님 말씀

2002년 8월 14일 09시 02분

1 사랑하는 나의 아들아!
2 "네, 아버님! 말씀하옵소서."
3 내가 너희들에게 뭐라 하여 간곡히 깨
우쳐 주었던가?
4 모든 너희들이 살아가는 그 생활 속에
서 이해관계가 얽히고설킨 그 부분의
열쇠를 열 때, 그리고 그와 같은 것을
시시비비할 때,
5 모든 것은 너희들이 손해를 보는 쪽으
로, 너희들에게 불리한 쪽으로 설명하
며 해석하며, 가장 불리한 것을 너희
들 것으로 선택하는 삶을 살라 하였느
니라.
6 성서에 있는 모든 구절구절을 분석하
고 이해하는 그것도 너희들에게 가장
불리한 쪽으로 해석을 하며, 불리한
쪽으로 해석해서 그를 행하는 자만이
성서의 깊이를 볼 수 있다 하였음이니
라.
7 나의 법전 또한 너희들이 지키고 행함
에 있어서 너희들에게 가장 불리한 쪽
이요, 악조건 쪽으로 모두를 해석하여
너희 것으로 만들어, 그 속에서 답을
찾고 노력하는 자가 정녕 나의 법전의
그 속에 있는 내용을 알 수 있다 하였
거늘,
8 너희들이 살아가는 그 마음이 어찌 그
와 같이 변화되지 못하는가?
9 너희들은 나눠 줄 수 있는 그 사랑을
모르며, 더불어 사는 그 마음 자체도

갖지를 못함이니라.
10 너희들은 주는 것보다 받는 것을 원하
며, 남에게 베풀어 주는 것보다 더 갖
기를 원함이니, 너희들의 마음의 형태
가 어떤지 아는가?
11 무거운 짐을 지고 가는 자를 보고 서
로 그것을 나누어서 지고 가고자 하는
그와 같은 수고로운 아름다운 마음을
갖는 것이 아니라,
12 무거운 자에게 더 얹어 줘 그가 쓰러
지도록 하고자 하는 것이 너희들의 심
리니, 그와 같은 형국을 더 기쁜 마음
으로 받아들이고 세상을 살아감이니,
그게 사악한 마음의 뿌리가 거기에 있
음이니라.
13 너희들은 무거운 것을 나누어 짐이 아
니요, 무거운 자에게 더 얹어 주어 그
가 지탱하지 못하도록 하는 그와 같은
마음을 가지고 살아감이니,
14 그와 같은 마음을 갖고 너희들이 나에
게 기도하며 경배하며, 너희들이 지은
그 성전에 가서 너희들의 소원을 빌며
무엇을 얻고자 하며, 나의 아들 예수
의 보혈로써 구원받은 자라 하며 그리
감사하다며 소리 지르고 울부짖으며
살아감이니,
15 너희들의 그 마음의 정립부터 해야 될
것이니라.
16 너희들이 그와 같은 이치 하나를 깨닫
고 살아간다 하면, 세상사의 그 모두
를 다시 보는 눈이 뜨이게 됨이니라.
17 너희들이 남의 어려운 것을 덜어 주며
남의 고통을 이해하며 더불어 살아가
는 그와 같은 마음을 가졌을 때, 너희
들이 감히 그의 허물을 말할 수 없으
며 그의 잘못 감을 말할 수 없는 것이
니라.
18 진정 너희들이 만백성을 돕는 천사와
같은 마음이요, 나 여호와의 심성을
갖고 사는 자라면,
19 그들이 잘못 가며 잘못되어 있음을 탓
하고 비방하는 것이 아니라, 그를 고
쳐 주며 그 아픔을 달래 주는 그와 같
은 너희들의 수고로움과 노고의 그 마
음으로 가는 것이 너희들이 행하여야
할 길이니라.
20 그와 같은 마음으로 너희들이 변했을
때, 이 세상이 아름답게 변하며, 하늘
의 천국이 지상에 이루어지는 그와 같
은 역사가 이루어질 것이며, 그와 같
은 마음을 갖는 자만이 구원의 길에
오를 수 있는 것을,
21 어찌하여 너희들은 그 마음 한자리를
잡지 못하는가?
22 내가 지금 법전을 열여섯 권을 쓰며,
또 2부가 끝나며 3부에 돌입하여 넘
어가는 이때에 너희들이 그와 같은 기
본의 마음을 바로잡지 못한다면, 그리
고 성서에, 나의 법전에 기록되어 내
가 전하고자 하는 그 뜻을 너희들이
바로 너희 것으로 만들지 못한다면 너
희들은 정녕 하늘에 오르는 그 길을
볼 수 없음이니,
23 너희들의 마음을 천사와 같은 심성으
로 돌리도록 그리하라.
24 모든 것에서 너희들이 살아가는 것을
반대 방향으로 생각하며, 반대 방향으
로 살아가며, 그와 같은 형태로 보고
깨우쳐 갈 때, 너희들이 정녕 하늘의
이치와 하늘의 뜻을 바라보게 될 것이

니라.
25 내가 모두는 너희들에게 가장 불리한
쪽으로 해석해서 너희 것으로 만들라
했던 것을 잊지 말라.
26 이 의미를 깊이 해석하면 너희들이 살
아가는 데 사람으로부터 존경받는 그
길에 들어서는 것은 아무것도 아니며,
너희들이 하늘에 오를 수 있는 기초가
다져짐을 잊지 말라.

2,958 번째 하나님 말씀

2002년 8월 14일 09시 13분

1 사랑하는 나의 아들아!
2 "네, 아버님! 말씀하옵소서."
3 네가 나에게 기도드리고자 하는 그 뜻
을 내가 알고 있음이니라.
4 네가 지금 깨우쳐 변하는 그 모습이
너 자신이 정녕 가식된 행위는 아닌
가, 위선된 행위는 아닌가 고민하며,
5 그리하여 네가 깨우쳐 가는 그 자체가
두렵고 무섭다 함을, 나 여호와는 네
마음의 그 뜻을 아느니라.
6 "네, 아버님 그렇사옵나이다.
7 제가 하나를 깨우치면 하나를 깨우치
는 것만큼 두렵고 겁이 나옵나이다.
8 하나를 깨우쳐 행하면 그것이 정녕 제
가 가식이며 위선이며, 제 인간 속에
서 판단하고 생각하여 그 길의 변화의
선택을 가는 것이 아닌가, 정녕 아버
님의 뜻에 따라 제 마음속에 보이지
않는 그 깊은 곳에서부터 성령이 임하
여 깨달은 것인가 하는 것이 감히 두
렵고 겁이 나옵나이다.
9 제가 정녕 아버님의 뜻에 따라 마음속
깊은 곳에서 진심으로 변화되며 깨우
치는 것이 아니며,
10 정녕 저의 제자요, 모든 백성들을 사
랑하며 아버님께서 창조하신 모든 백
성을 가슴에 안는 그와 같은 마음으로
살아가고자 할 때,
11 제가 살아가면서 수백 수천 가지 부닥
치는 그때그때의 그 일들이 정녕 제가
진정으로 깨우친 것이며 진정으로 변
화된 것인가,
12 그렇지 않으면 살아가는 인간의 세속
에서 저의 제자들에게 보여 주기 위하
여, 저를 찾아오는 백성들에게 보여
주기 위하여, 저의 법전을 읽고 깨우
친 백성들에게 보여 주기 위한 그와
같은 제 인간의 생각에서, 인간의 깨
우침에서 제가 그리 변하여 가는 것은
아닌가,
13 완벽하게 변하여지지 않은 것은 아닌
가, 이것이 심히 두렵사오며 제가 겁
을 먹고 있사옵나이다."
14 사랑하는 나의 아들아!
15 "네, 아버님! 말씀하옵소서."
16 내가 걸음마를 못하는 너를 종이라 불
렀으며, 네가 걷기 시작함이니 내가
선지자라 불렀으며, 네가 성장하여 달
려감이니 네가 목적지에 갈 수 있기
에 내가 나의 아들이라 불렀음이니라.
17 너는 그와 같은 마음의 불안함과 두려
움을 갖지 말라.
18 네가 변하는 것, 나의 성령에 진정으
로 변하는 것이며 네가 변화되는 것은
진정한 마음으로써 그리 변함이니,
19 너희들이 잘못 가르치는 종교 지도자
들이요, 잘못 이끌어 가는 세상의 인

간들이 하는 위선이요, 가식의 가르침
이 아니요, 가식이요, 위선으로 전하
는 말이 아님을 내가 알고 있음이니라.
20 네가 말하지 아니하였더냐, 나의 아들
아!
21 네가 큰 선물을 너에게 주는 자와 작
은 선물을 주는 자가 똑같으며, 때로
는 작은 선물을 주는 자가 더 소중한
것을 느끼며, 그와 같은 소중함을 느
끼는 것이 네가 가장 행복이요, 기쁨
이라 말하지 아니하였더냐?
22 그것은 네가 그와 같이 진심으로 깨달
으며 진심으로 변해 가기에 그 작은
선물을 가져오는 자의 깊은 마음과 그
아름다운 정성과 그 성품과 그가 이루
고자 하는 그 뜻이요, 너에게 작은 것
을 주는 그의 마음의 뜻을 네가 스스
로 알고 깨우치기 때문에, 그 마음을
알기에 그를 더 사랑하며, 그에서 얻
어지는 기쁨이 더 크다 말하였느니라.
23 인간의 심성으로써는 그리 갈 수 없음
이니라.
24 바로 네가 진심으로 변화되고 진심으
로 깨우쳐 가기 때문에, 하얀 백지 위
에 하얀 마음들이 소복소복 쌓이는 그
와 같은 변화이니라.
25 네가 말하지 아니하였더냐?
26 남들을 만나지 아니하며 대화하지 아
니하여도, 남이 종이에 글을 쓴 것을
너에게 보일 때 너는 그 내용을 보지
아니하며 읽지 아니해도 그를 쓴 사람
의 마음과 그 정성과 그 뜻을 안다 하
지 않았느냐?
27 이것이 정녕 네가 진심으로 깨우침이
며, 천사와 같은 마음으로 변하여 가
는 진실된 마음이니, 너는 너 자신을
자책하지 말라.
28 네가 그와 같은 마음을 가짐으로 인하
여 또한 그것이 너희들 세속에서 말하
는 아름다운 미덕이요, 양보하는 마음
이니, 그것이 그런 마음이니라.
29 너는 진심으로 지금 깨달아 가며, 진
심으로 나의 성령의 진실을 전하며,
거기에 살아가는 나의 소중한 아들임
을 알라.
30 내가 너에게 주는 메시지요, 수시로
주는 그 뜻을 그대로 네가 행하면 될
것이니라.
31 어찌하여 너는 너에게 유리한 것이요,
너에게 좋은 것이요, 너에게 축복의
영광을 내리는 것은 받지 않으려 하
며, 거부하는가?
32 육을 가진 네가 받아들임이요, 받아들
여야 그것이 또한 역사가 이루어지는
것을 너는 어찌 생각하지 못하느냐?
33 내가 너에게 내려 주는 그 상과 은혜
요, 내가 주고자 하는 것을 네가 감사
히 받으며, 네가 그를 받아 둠으로 인
해서 다음 단계의 크나큰 역사가 이루
어지는 것을 네가 어찌 모르느냐?
34 내가 너에게 말하지 아니하였던가?
35 백 명을 구원할 사람과 만 명을 구원
할 사람이 구분되어 있다 하지 않았느
냐?
36 내가 만 명을 구원할 자에게 상을 주
며 백 명을 구원할 자에게 상을 줄 때,
만 명을 구원할 수 있는 자가 만 명을
구원할 수 있기에 내가 그에게 상과
은혜를 미리 주나,
37 그가 받을 자격이 없으며 감히 감사하

며 그를 받지 아니하여도 제가 만 명
을 구원할 수 있다 그리 말하나, 그는
아니니라.
38 내가 내리는 것을 받았을 때, 내가 주
는 것을 받아 행할 때, 내가 주는 깨달
음을 너희들이 받아 행할 때, 그와 같
은 역사를 이룰 수 있는 것이니,
39 네가 겸손과 미덕이요, 인간으로서 생
각하는 그 마음으로써 거부하지 말라,
나의 아들아!
40 내가 내리는 작고 큰 것을 받아 네가
거기서 깨우침을 얻어야 될 것이니라.
41 너는 내가 내리는 큰 축복과 영광이
혹시나 사탄이 너를 유혹하기 위하여
내리는 것이요, 사악한 자들이 너를
유혹하기 위하여 내리는 것이 아닌가
하여 그를 겸손이요, 미덕의 마음으로
써 받아들이지 아니하고 기다리고 또
기다림이니, 그리하지 말라.
42 내가 내리는 것은 네가 받아야 다음에
더 큰 역사를 이루며, 네가 다음 단계
의 역사를 이룰 수 있음이니라.
43 물이 흘러가듯이 그리 흘러가는 것을
네가 거부하지 말라.
44 사랑하는 아들아,
45 너는 정녕 나의 아들로서 160권을 세
상에 내보내 만백성을 구할 것이니,
46 내가 너에게 채찍질을 할 때가 있으
며, 내가 너를 꾸짖을 때가 있으며, 너
를 바로 세우기 위하여 내가 너를 나
무랄 때도 있으나,
47 너의 가는 그 길에 내가 더러는 상을
내리며 네가 갈 수 있는 그 힘을 줌이
니,
48 어찌하여 너는 고통은 받아도, 그 영
광의 축복과 내가 주는 은혜는 받지
않으려 하느냐?
49 사랑하는 아들아,
50 그 모두가 다 맞물려 가는 것이니라.
51 내가 너에게 주는 채찍도 너에게 주는
양식이요, 네가 바로 설 수 있는 영광
이며,
52 내가 너에게 상과 은혜와 은총을 내리
는 것 또한 거기에 필요하기 때문이니
라.
53 그와 같은 이치를 네가 깨닫는다 하면
이제 거부하지 말며,
54 아들아, 기쁜 마음의 축복과 영광으로
써 받아들이도록 그리하라.
55 그것이 순리이니라.
56 내가 너에게 말하지 아니하였느냐?
57 이 세상에 사람을 물면 죽이는 그 벌
레나 곤충들도 그들이 다 필요하여 세
상에 만들어졌으며 그들이 세상에 나
왔다 하였음이니, 이 이치를 깨우쳐
너는 작든 크든 내가 내리는 것을 겸
손히 받아들이라.
58 감히 사탄들은 너를 유혹하고자 무엇
인가를 내리지 못하며 너를 그리하지
못함이니라.
59 오로지 나의 성령의 나의 뜻만이 네게
임함이니, 그 모두는 내가 너에게 내
리는 상이니 그를 거두어들이는 그와
같은 마음을 가져, 만백성을 구하는
데 네가 앞으로 힘차게, 그리고 용기
있게, 자신 있게 그리 달려가라.
60 주저하지 말라, 사랑하는 나의 아들아!

2,959 번째 하나님 말씀

2002년 8월 14일 09시 29분

1 사랑하는 나의 아들아!
2 "네, 아버님! 말씀하옵소서."
3 너의 제자 '이기종'에게 나의 뜻을 전
하도록 하라.
4 그가 많은 고민을 하며 많은 사람을
만나고자 함이니,
5 네 앞에 와 나의 성령을 배우고 깨우
친 자, 그리고 법전을 공부한 자, 그와
같은 자들이 너를 떠나 너를 핍박함이
니,
6 너의 제자 '이기종'에게 그리 전하라.
7 그들에게 아무 말도 하지 말며 갑론을
박을 하지 말며, 다만 이 한마디를 물
어보라 그리 말하라.
8 '당신들이 정녕 나의 선지자요, 나의
선생을 핍박하고자 여기서 말을 한다
면, 당신들이 나무뿌리를 뽑아내듯이
여러분의 마음속에 사악한 마음을 다
뽑아냈는가? 그리고 하나님의 말씀대
로 살아갈 수 있는 그 마음만이 존재
하며, 질투하고 시기하고 음해하는 마
음, 인간의 욕심의 그 마음을 뽑아냈
는가?' 그리 물어보라 하라.
9 '여러분이 정녕 나무를 뽑아서 다 파
내듯이 그 잔뿌리까지도 드러내는 그
와 같은 마음으로 사악한 여러분의 생
각을 가슴에서 다 뽑아냈다 하면, 여
러분이 나를 여기서 난도질한다 해도,
나는 나의 스승이요, 나의 선지자요,
하나님의 아들을 위하여 그를 다 받을
것이며, 나의 선생이 잘못된 것이며
내가 여러분께 고개 숙여 사죄를 열
번 백 번 하겠나이다.
10 그러나 여러분이 가슴에 손을 얹고 여
러분의 인간의 생각이요, 욕심이요,
그 여러분의 사악한 마음을 정녕 나무
의 잔뿌리까지 다 드러내듯이 여러분
의 마음에서 드러내지 못했다 하면,
여러분 자신이 그를 놓고 말할 수는
없음이 아닙니까?' 말하라 하라.
11 내가 너의 제자 '기종'이에게 이리 전
하는 것은,
12 너희들이 서로 인간 세상에 갑론을박
하며 맞고 그르다며 시시비비를 한다
면 서로 자기주장이 맞다 함이니, 그
를 아는 자가 갑론을박하면 거기서 무
엇이 이루어지는가?
13 차라리 그 너의 제자에게 모두를 다
시인하며 인정하며, '나의 스승의 잘
못 간 것은 잘못됐다.' 그리 말하는 것
이 나을 것이니,
14 제가 그 말을 하기에 제 마음에 아프
며 제 마음에서 용서하지 아니하며 이
를 옳고 그름의 시시비비를 가리고자
생각한다면, 그 말을 먼저 물으라.
15 그리하여 그들이 그와 같이 뿌리를 다
뽑아냈다 하거든 그들의 말을 경청하
라.
16 그리고 변명하지 말라.
17 다만 제가 할 수 있는 말은, '나의 스
승이요, 나의 선지자요, 그를 하나님
의 아들이라 하며, 세상의 누구도 이
룰 수 없는 160권을 세상에 만들어 내
니, 그 구절구절에 더럽고 추한 말이
없음이니, 나는 이를 하나님 말씀이라
하여 따르며, 나는 나의 선지자요, 나
의 스승을 따라감이니, 나의 스승을

욕되게 하는 말을 삼가 주시며, 나의
스승이 잘못되었다면 이 제자 또한 그
죄인이니 나를 용서해 달라.' 하며 제
뺨을 내밀라,
18 그리하여 그들이 그의 뺨을 때리거든
맞을 것이며, 갑론을박 시시비비를 하
지 말라 하라.
19 그것이 그가 행하여야 할 것이며 그들
을 만나 그리 대화할 것이니,
20 내가 명하는 이 뜻을 절대로 거역하지
말라 전하라.
21 세월이 흐른 다음에 그 답이 있을 것
이니라.
22 너희들은 만백성을 구하는, 나로부터
알곡식으로 구해진 자들이니, 너희들
의 그 마음이 얼마나 넓고 아름다워야
하겠는가?
23 모두를 다 넘어가야 함을 알아야 할
것이니라.
24 그보다 더 큰 태풍과 더 큰 회오리바
람으로써 나의 선지자를 갈기갈기 찢
어 버릴 때 그를 지킬 것은 너희밖에
없음이니,
25 너희들이 지금서부터 그와 같은 훈련
과 그와 같은 마음을 갖고 가지 아니
한다면 갈 수 없음이니, 그리 알라.

2,960 번째 하나님 말씀

2002년 8월 14일 11시 18분

1 사랑하는 나의 아들아!
2 "네, 아버님! 말씀하옵소서."
3 너의 제자들의 마음이 어디까지 와 있
는가?
4 많은 사람들이 서 있는 곳에 좌석이
없을 때, 너희들은 남을 위하여 너희
가 서 있으면 다른 사람이 그 좌석에
앉을 것이라 그리 생각하며 양보하는
그와 같은 기초의 마음까지는 와 있음
이니,
5 그 또한 인간 세속에서 살아가는 그
속에서 너희들의 그 깨달음을 내가 높
이 사랑하며, 너희들이 그리 변화된
것은 보통 사람들이 넘을 수 없는 그
고개를 넘는 그와 같은 깨우침이니라.
6 그러나 너희들은 여기서 하나를 더 깨
우쳐야 될 것이 있음이니라.
7 너희들이 과연 자리를 양보하며, 남들
이 앉도록 너희들이 서 있을 때,
8 재물이요, 경제적으로 손해가 있고 또
한 너희들의 명예에 손상이 있다 생각
할 때도 너희들이 남을 위하여 그 자
리를 양보할 수 있는가?
9 금화 몇 푼의 손실이 있고 너희들이
손해를 본다 해도 그 자리를 앉지 않
고 남에게 양보할 수 있는 마음의 한
계에 가 있는가?
10 이것은 너희들이 깨우치면서 깨달아
야 될 것이니라.
11 너희들이 재물에 그 아무런 손해가 없
으며 피해가 없을 때, 너희들은 남을
위하여 그 자리를 양보하며, 너희가
서 있으면 다른 사람들이 앉을 수 있
다는 그 아름다운 마음으로 그리하나,
12 재물에 손해가 좀 있다 하여도 그 자
리를 양보할 수 있는 마음의 깨우침까
지 과연 너희들이 가 있는가?
13 너희들은 그러할 때도 그 자리를 양보
할 수 있는 마음의 자세가 되어 있는
가 돌이켜 봐야 될 것이니라.

14 지금 나의 피조물 만백성은 어찌 살아
가는가?
15 수천 년 동안 흐르는 그 역사 속에서
종교 지도자들은 나에게 복을 달라,
구원을 달라 하며 기복 신앙의 대표적
인 것으로써 그리 왔음이니라.
16 내가 줄 자격도 없으며 줄 필요도 없
으며 받을 자격도 없는 그들이 달라,
구원하라, 저희들의 소원을 이루어 달
라 그리 갈구하는 것이 지금의 종교의
믿음이요, 그 대표적인 믿음의 근본이
니라.
17 그리하여 너희들은 남에게 내려 주라,
더 주라, 더 줄 것이다, 축복이 있을
것이라는 그와 같은 말로 나의 피조물
만백성을 쇠사슬로 묶어 놓았으며, 그
소리를 듣는 그것 때문에 그곳을 떠나
지 못하는 나의 어리석은 백성을 너희
들이 그리 유혹하여 끌고 감이니,
18 당나귀에게 당근을 주는 것처럼 너희
들이 그리 유도하고 감이니라.
19 그러나 나의 아들이 가는 길을 들여다
보라.
20 내가 나의 아들에게 많은 은혜와 영광
을 주고자 하나 그는 그를 거절하고
있음이니라.
21 그는 받으려 하지 아니함이니라.
22 그를 받아 그가 오만해질까 그를 경계
하며, 또한 이와 같이 받음으로 사탄
의 마음이 침투하여 나의 아들의 마음
을 흔들어 놓을까 하여 그는 내가 주
고자 하는 그 상을 받지 않고 있음을
제자 너희들은 모를 것이니라.
23 내가 작고 큰 상을 나의 아들에게 내
려 주나, 그는 그를 거부하고 있음이
니라.
24 오로지 그 고통과 시련 속에서 감에
깨우침이 있으며,
25 그를 받아 그 마음이 흐트러지며 누그
러질까, 또 쓰러질까,
26 사랑하는 제자 너희들의 그 마음을 그
가 알고 있음이니, 그 마음에 고통과
시련을 겪으려 하는 것은 제가 나로부
터 받는 그 은혜와 영광을 거부하며
고통의 길을 감으로 인하여 너희들에
게 그 영광과 영화의 기쁨이 빨리 올
수 있는 것이 아닌가 하여,
27 나의 아들은 말을 하지 아니하나, 그
를 받지 아니하고 있음이니라.
28 이것이 너희들과 그와의 차별화임을
알라.
29 받을 자격이 없는 자가 달라 울고불고
하며 구원한다 그리하는 자와, 나 여
호와요, 창조주가 주겠다 하나 그를
받지 않는 나의 아들과의 차이가 어떠
한 것인가?
30 너의 제자들의 마음이 그와 같은 쪽으
로 가야만 되는 것이니라.
31 그 마음으로 가지 아니하면 너희들이
마음을 비우지 아니함이니, 이를 어찌
하겠는가?
32 내가 오늘 지금 깊은 밤에 나의 아들
에게 명하였느니라.
33 '너는 내가 내리는 것을 받음으로 인
하여 다음 단계의 역사가 이루어짐이
니, 이를 두려워하지 말며 받으라.' 하
였으며,
34 '작고 큰 것을 내려 줄 때 너는 그를
그저 감사한 마음으로 받는 것이 네
본분이요, 네가 그를 받지 아니하며

네가 고통 속에 살아가며, 그와 같이 네 마음이 흔들릴까 염려하며 두려워하는 그 마음을 지우라.' 내가 그에게 명하였음이니라.

35 그리하여 내가 너희들에게 나의 아들의 그 심성을 전해 주는 것이니, 과연 너희들도 그와 같은 마음으로 살아갈 수 있는가?

36 나의 성전에 와 공부하며 배우는 나의 혈통이요, 나의 아들딸이요, 내가 알곡식으로 선택한 너희들이 과연 육신의 편안함을 위해서 재물을 너희들 앞에 쌓아 놓기를 바라며, 그를 기도하며 그를 원하지 아니하였는가?

37 너희들은 과연 내가 준다 하여도 받지 않을 수 있는 백성으로 지금 자리 잡았는가?

38 나의 성령이요, 하늘에 오르는 나의 법전이요, 나의 아들을 통하여 너희들에게 깨우침을 내리는 그 구원의 성령의 양식을 받는 것만으로써 너희들이 세상을 다 얻은 것이요, 그보다 더 큰 영광의 은혜를 받은 것을 너희들 마음 속에 진심으로 깨우쳐,

39 너희들이 육의 생활에 재물을 내가 너희들에게 준다 하여도 감히 나에게 두려워, 너희들의 마음이 흔들릴까, 또는 나의 법전을 읽는 데 너희들의 마음이 흔들릴까, 나의 성령을 깨닫는 데 너희들이 바로 듣지 못하며 바로 보지 못할까 하여 너희들이 내가 내린다는 재물의 축복을 거부할 수 있는 자가 있으며 거부하는 기도를 드린 자 있는가?

40 이와 같은 기도를 드리지 아니하였으며 그와 같은 마음으로 너희들이 살아가지 아니한다면, 수천 년 동안 암흑 속에서 잘못 믿어 온 그 기복 신앙의 대표자들이 가는 것과 무엇이 다른가?

41 너희들은 어찌하여 차별화의 그 깨달음을 모르며, 똑같은 조건에서 살아가며, 너희들이 똑같은 무엇인가를 얻고자 하는가?

42 이것이 너희들이 생각하는 길이며 너희들이 깨달아야 하는 길이거늘, 과연 너희 마음이 지금 어디 있는가?

43 나의 아들은 내가 그에게 내려 주는 은혜요, 영광이요, 축복의 작은 것까지도 거절하며, 받지 아니하며, 그 마음이 흔들릴까 두려워 그 자신이 지키며 싸우고 가고자 하는 것이니,

44 그 마음을 너희들은 과연 어디까지 보았으며 어디까지 읽었는가?

45 너희들이 육의 삶을 위해서 부귀와 영화를 줄 때, 과연 거절할 수 있는 마음의 준비가 되어 있는가?

46 그것이 준비되어 있지 않다면 너희들은 내가 너희들을 선택한 자식의 그 영광이요, 나의 나라에 올 수 있는 그 은혜마저도 저버린 자들이며, 그것을 모르는 자라는 것을 깊이 깨우쳐, 너희들이 이와 같은 것을 너희 살과 뼈로 만들어,

47 모든 나의 법전에 내리는 나의 뜻을 깊이 깨우치고 연구하여, 하얀 마음이 되는 나의 백성으로 돼야 될 것이니,

48 그와 같은 이치를 너희들이 깨달을 때, 천사의 마음으로 변할 수 있음을 알아야 할 것이니라.

2,961 번째 하나님 말씀

2002년 8월 14일 16시 18분

1 사랑하는 나의 아들아!
2 "네, 아버님! 말씀하옵소서."
3 내가 너에게 뭐라 일렀던가?
4 불안해하지 말며 조바심하지 말라하
였음이니라.
5 네가 나의 심성으로 살고자 피나는 노
력을 하며, 천사의 마음같이 변하고자
노력함이니, 그 상을 내가 너에게 내
린다 하였음이니라.
6 내가 3부가 세상에 나왔을 때 모든 변
화가 이루어지는 그 역사가 시작된다
하였음이니,
7 이 3부가 세상에 나와 만백성이 나의
법전을 접할 때, 그때 그들이 돌아가
는 눈의 보는 것과 생각하는 모두가
달라지게 됨이니라.
8 그리하여 그 변화의 프로그램에 의하
여, 나의 계획에 의하여 지금 진행되
며 그리 가고 있음이니라.
9 너는 네 생각으로써 무얼 생각하며 계
획하지 말라 그리 말하였음이니라.
10 네가 나의 성령을 받아 만백성을 구하
고자 하는 그 마음이 내가 계획한 그
것보다 네가 더 앞에 가고자 육의 노
력을 아끼지 아니함이니, 내가 너를
내려다보는 그 마음의 기쁨이 한량없
음이니라.
11 내가 너에게 작은 것도 지키라 말했듯
이, 작은 것부터 큰 것까지 네가 지키
고자 그리 노력하니, 내가 너에게 모
든 명한 것은 다 그리 이루어짐을 알
라.
12 너는 아직도 너 자신의 마음의 불안함
을 갖고 있음이니, 그 마음을 지우라
내가 그리하여도, 어찌 그리 네가 마
음을 지우지 못하는가?
13 너의 앞에 와 네가 쓸 수 있는 사람을
위해 네가 기도함이니, 내가 그의 모
두를 가르쳐 너에게 전해 주니, 너는
그 자체가 너무나도 놀라워 두려워하
는 것도 나는 알고 있음이니라, 아들
아!
14 그러나 너는 예수가 행했듯이 그저 행
하면 되느니라.
15 어찌하여 그런 부분에 대해서 네가 불
안해하며 걱정을 하는가?
16 너는 네가 이루는 것이 아님을 잘 알
고 있지 않은가?
17 나 여호와가 너를 통하여 깨우쳐 주고
자 하는 자, 구원하고자 하는 자, 병든
자 고쳐 주고 싶은 자, 고침을 받을 자
격이 있는 자, 그리고 꼭 고쳐서 구원
을 받아야 할 자를 내가 너에게 명하
여 그리 행하도록 하지 않는가?
18 모든 사람의 과거의 삶이요, 제가 전
생에 어찌 살았으며 또한 다음 세대에
어찌 살아갈 것이며 지금의 살아가는
그 형태가 어떤가를 내가 너에게 알려
줌이니, 너는 그리 필요한 사람에게
전해 주면 되는 것을,
19 너는 어찌하여 나의 뜻을 전하면서도
마음의 불안함을 그리 감추지 못하며,
그 신비 속에서 네가 왜 방황하는가?
20 그리하지 말라, 아들아!
21 네가 성령으로 세상에 나가지 아니하
였으며, 육으로 살아 네가 60평생이
라는 인간 세속에 살았기에, 네가 나

의 아들이라 명하는 그 부분조차도 네
가 감히 두려워하고 있음이니,
22 너는 차라리 내가 너를 종으로 부름이
편안하며, 그보다 선지자라 부르는 것
이 조금 나았으며, 가장 불안한 것이
아들이라 부르는 것이며, 그를 네가
제일 두려워함이니, 어찌하여 너는 그
리 생각하는가?
23 너는 내가 아들이라 부르는 것을 두려
워하며, 선지자라 부르는 것을 편안하
게 생각하며, 종이라 부르는 것을 가
장 편안하게 생각함이니, 너는 어찌하
여 그러한 심성을 갖고 있는가?
24 내가 아들이라 부르면 네가 그만큼 부
를 자격이 있으며 나의 아들이기에 부
르거늘, 거기에 대한 불안한 생각을
하지 말라.
25 너는 그저 나의 아들로서 내가 명하는
역사를 이루게 될 것이며, 이루어 놓
을 것이니라.
26 네가 변하여 가는 것을 두려워하고 있
음을 내가 아느니라.
27 네가 높이 변하면서 내가 너에게 내리
는 은총이요, 영광의 그 기적의 역사
하는 것을 너는 두려워하고 있음이니
라.
28 과연 그 역사가 언제까지 집행될 것이
며, 어느 한계까지 집행할 것인가를
너는 두려워하느니라.
29 죽은 자 앞에 그를 살리라 할 때, 너는
그를 두려워하며 그를 행하지 아니하
는 마음을 갖지 말라.
30 네가 죽은 자 앞에 일어서라 하면 일
어서게 될 것이며, 네가 병든 자 고치
라 내가 명하여 네가 말하면 고쳐질
것이니,
31 너는 그리 행하여 그 역사를 보면서도
어찌하여 그와 같은 깨달음으로써 만
백성을 구하는 그 역사의 기적을 받지
않으려 하며 그와 같은 것을 행하지
않으려 그리하느냐?
32 이제 서서히 네가 움직일 때가 되었음
이니라.
33 그러니 너는 자신 있게 내가 명함을
그리 행하면 되나,
34 네가 조심스럽게 가는 그것이 미덕이
아니요, 그것만이 나를 위하는 길이
아니거늘, 어찌하여 지금 네 마음이
그리도 조심스러우며 겸손하며 모두
를 행하지 아니하려 그리하는가?
35 오로지 너는 법전을 써 세상에 내는
것으로 나에게 모두를 다 바치는 것이
나의 내린 은혜요, 감사함을 갚는 길
이라 생각하나, 내가 너에게 내리는
은혜도 네가 행하는 것이 더불어 같이
가는 것이니, 주저하지 말고 내가 명
하는 것을 행하라.

2,962 번째 하나님 말씀

2002년 8월 14일 22시 12분

1 사랑하는 나의 아들아!
2 "네, 아버님! 말씀하옵소서."
3 너희들이 살아오면서 지금까지 그 짜
인 기본의 틀을 벗지 못하는 믿음의
세계의 형태로 흘러내려왔음이니, 너
희들이 정녕 하늘에 오르는 그 참된
빛을 보지 못하고 살아가고 있음을 알
아야 될 것이니라.
4 너희들이 살아오면서 지금의 젖어 있

는 그 기본의 틀만이 하늘에 오르는
길이요, 정녕 너희들이 구원을 받는
길이라 그와 같이 굳건히 믿고 감이니,
5 그리하여 그 기본의 틀을 벗어나지 못
하는 자, 너희들이 아무것도 볼 수 없
는 자임을 알아야 될 것이니라.
6 그 기본의 틀을 벗어나서 좌우 앞뒤를
볼 때, 너희들이 정녕 그를 바라볼 수
있을 때, 너희들의 잘 가고 잘못 감을
너희들이 평가할 수 있음을 알아야 할
것이니라.
7 너희들이 망망한 바다에 또 푸른 강에
노를 젓고 간다 하자.
8 너희들이 노를 젓고 갈 때, 경쟁자가
없이 너희들 혼자 그저 노를 젓고 간
다면, 그 노가 빠른지 늦은지 그 속도
를, 너희들은 자신을 모르게 됨이니라.
9 그리하여 그저 안일한 방법으로써 그
노를 저어 타고 가는 것이 너희들의
습성이 아니던가?
10 그러나 노를 젓는 다른 사람이 있을
때 너희들은 그 빠르고 늦음을 알게
됨이니, 너희들이 늦으면 따라가고자
할 것이며 빠르면 속도를 늦추며 조절
할 수 있는 그와 같은 변화의 흐름을
알 수 있음이니라.
11 그러나 너희들은 그 틀 속에서 그와
같이 변화할 줄을 모르기에 너희들이
가는 속도를 모르고, 너희들이 지금
어디로 가는 것인지, 너희들이 원하는
곳으로 가는지 정녕 원하지 않는 곳으
로 가는지 그를 돌아다보지 못함이니
라.
12 너희들이 혼자서 망망한 그 바다 위에
노를 저어 가는 배처럼 경쟁자가 없으
며 너희들과 더불어 그 속도에 도전할
상대방이 없음이니 너희들이 어찌 가
는지를 모르듯이,
13 너희들이 바깥세상이요, 깨달음의 그
문밖을 나와 보지 못하고 너희들이 정
해져 있는 그 틀 속에서 그것만이 하
늘에 오르는 길이요, 구원의 길이라
하여 그 길만 달려가는 자, 너희들은
정녕 깨달음을 얻을 수 없음이니라.
14 너희들이 그와 같은 틀 속에서 안일하
게 가는 그 믿음, 조상으로부터 내려
온 전통에 따라, 그 의식에 따라 그리
행하며 살아가는 그 믿음으로는 정녕
너희들이 옳고 그른 것을 볼 수 없음
이니라.
15 혼자 노를 저어 가는 자는 빠르고 늦
음을 볼 수 없듯이, 너희들이 그러한
형태이니라.
16 이제 너희들의 그 종파 속에서 너희들
이 가는 길이 구원을 받는 길이며, 너
희들만이 정녕 하늘에 오르는 길이며
선택된 백성이라는 그 착각 속에 사는
너희들이 그 종파의 틀을 벗어나며,
그 계보를 벗어나며, 그 전통적인 행
사와 그 가르침과 너희들이 행하는 모
든 틀이 짜인 그 속에서 과감히 벗어
나,
17 좌우를 보며, 남들이 가는 길을 보며,
그리고 내가 제3의 시대에 마지막으
로 너희들을 구하기 위하여 내리는 이
법전을 접하여 깨우쳐 볼 때, 너희들
이 과연 어떠한 형국인가를 알게 됨이
니라.
18 너희들이 그와 같이 그 지금의 기본
틀에서 벗어나지 못하며, 그 틀을 깨

지 못하며, 그저 짜인 그 프로그램에
의하여 그대로 순종하며 따라가는 너
희들의 그 길이 정녕 하늘에 오르는
길로 가는 것인지 너희들이 죽음의 지
옥 불로 가는 그 역사를 이루고 있는
것인지 그 자체를 모름이니라.
19 그러니 너희들이 틀을 깨고 밖을 바라
보는 그와 같은 깨달음을 얻으며 그와
같은 용기를 가져야 할 때가 지금임을
알라.
20 너희들이 믿는 그 종파만이 아니요,
다른 종파의 행함과 믿음이요, 그들이
갈구하는 것을 너희들이 한번 들여다
보아, 너희들이 가고 있는 그 틀 속에
젖어서 끌려가는 그 믿음을 견주어 보
는 그와 같은 너희들의 경쟁의 시대를
열 때, 너희들이 지금 가고 있는 그 믿
음의 잘 가고 못 가는 것을 알게 될 것
이니라.
21 그리고 내가 마지막 시대에 나의 피조
물 만백성 너희들을 구하고자 내리는,
하얀 눈처럼 소복소복 쌓이는 나의 법
전을 너희들이 이단이요, 사탄의 장난
이라 그리하지 말며,
22 그 책장을 열고 읽고 깨우치며, 거기
에서 원하는 것이 무엇이며, 너희들에
게 전하고자 하는 것이 무엇이며, 너
희들에게 강요하는 것이 무엇이며, 너
희들이 하늘에 오르는 길의 그 안내가
기록된 것을 정독하여, 너희들의 생활
과 너희들의 그 믿음의 형태와 견주어
보는 그와 같은 형태를 갖지 아니한다
면 정녕 구원의 길을 볼 수 없음이니,
23 너희들은 이제 너희들의 기본 틀에서
벗어나, 너희들이 한번 세상의 넓은
그 변화와 이루어지는 그 형태를 바라
볼 때, 너희들이 얼마나 초라한 존재
며, 어리석은 존재며, 우매한 존재였
으며, 너희들의 믿음이 얼마나 어리석
게 간 것인지를 알게 될 것이니,
24 그를 깨우치는 자만이 영광된 하늘의
그 빛을 볼 수 있음을 알라.

2,963 번째 하나님 말씀

2002년 8월 14일 23시 15분

1 사랑하는 나의 아들아!
2 "네, 아버님! 말씀하옵소서."
3 인간 세상에서 너희들이 살아가면서
무어라 하느냐?
4 모든 것은 뿌린 대로 거둬들이는 것이
너희들이 살아가는 이치라 그리 깨우
쳐 너희들은 그리 알고 있음이니라.
5 그러나 너희들은 무어라 말하는가?
6 나에게 오르고자, 나에게 구원을 받고
자 너희들이 수천 년 동안 믿어 왔으
며 너희들이 살아가는 그 가르침 속에
서 너희들은 지은 대로 죄를 받는다는
그 자체를 말로는 그리 말하나 그를
잊어버리며,
7 너희들이 지은 죄에 대한 모든 대가를
너희들은 너희 손으로 지은 그 성전에
가서 기도하며 재물을 바치며 말로써
그 죄의 용서를 빌면 사랑의 나 여호
와가 그를 다 용서해 주며 구원해 준
다 그리 말하니,
8 너희들은 이와 같은 말에 현혹되어 너
희 조상서부터 너희들까지 지금 그 수
많은 죄를 짓고 살아왔음이니,
9 너희들을 깨우쳐 바른길로 인도하여

하늘에 오르며, 그 영광의 축복을 얻
고자 하는 너희들의 갈망을 들어준다
하며 인도한다 하는 그들이 그와 같이
말로써 너희들을 잘못 가르쳤기에
10 너희 조상에서부터 너희들까지, 너희
후손들까지 죄를 지으며 그 사악한 너
희들이 지은 죄의 대가를 치르는 그
고통이 얼마나 엄하고 두려운 것인가
를 너희들은 모르느니라.
11 너희들은 너희 스스로 행하여 지은 죄
를 나의 아들 예수의 보혈로써 용서해
줌도 아니요,
12 너희 손으로 지은 그 성전에 가 울며
불며 광란의 짓을 하며 기도를 드리며
너희들을 가르치는 종교 지도자의 세
치 혓바닥에 현혹되어 '아멘!', '할렐루
야!'를 찾으며 너희들이 가지고 있는
재물을 아무리 갖다 바친다 해도 너희
들은 말로써 용서받을 수 없음을 알아
야 할 것이니라.
13 너희들은 어떠한 방법이든 너희들 자
신이 죄를 받지 않을 그 위안을 받으
며 너희들의 육의 삶을 살아가는 데
너희 자신이 편하며 너희들이 고통을
스스로 벗어나고자 하여 그와 같은 잘
못 가르치는 종교 지도자의 그 말을
믿고 그리 행동하나,
14 너희들은 여기서 죄를 지은 대로 그
지은 죄의 대가는 반드시 너희들이 받
는다는 엄연한 사실을 알라.
15 그를 벗어날 수도 없으며, 너희들이
그를 피할 수도 없으며,
16 그를 너희들이 떨쳐 버리고 싶어 하나
그를 떨쳐 버릴 수 없음이니라.
17 너희들은 나 여호와에게 와 그 죄를
반드시 받는다는 것을 잊어서는 안 될
것이니, 너희들이 살아가는 그 삶의
방향을 지금서부터 바로잡지 못하면
아니 됨을 알라.
18 내가 나의 아들을 통하여 너희들에게
무어라 전하였느냐?
19 하나의 사과를 훔친 자가 그 열 개를
도로 갖다 놓았을 때 그가 제로인 상
태가 된다 하였으니,
20 너희들이 알면서 지은 죄, 그 모두는
열 배 이상으로 갚아야 되는 그와 같
은 법칙을 따르지 아니하고, 너희들이
말로써 갚는다 그리고 용서받았다 그
리 말하는 것은,
21 스스로 죄지은 그 고통 속에서 벗어나
고자 하는 너희들을 그와 같이 그곳에
서 말로써 죄가 벗겨진다 하며 너희들
에게 그 많은 대가를 거둬들이는 것이
지금 사악한 종교 지도자들이 가는 형
태이니라.
22 너희들이 죄를 짓지 아니하고 살 수
없는 그 마음을 다스리지 못하며, 너
희들이 천사와 같은 마음으로 살아갈
수 없어 너희 스스로 알게 모르게 짓
는 그 많은 죄를 너희들이 나에게 심
판받는 그 두려움과 공포 속에, 너희
들이 견디기 어려운 그 삶의 역경 속
에서 너희들에게 무어라 말하느냐?
23 너희들은 기도하며 경배하면 그 죄를
다 용서받는다 하니,
24 너희들은 도저히 용서받을 수 없으며,
너희들이 지은 죄의 대가를 치러야 한
다는 그 공포감에 너희들은 재물을 바
치며 손으로 지은 성전에 가 잘못 가
르치는 종교 지도자의 그 앞에 너희들

이 경배하고 눈물 흘리면 그 죄를 사
해 준다 하여 너희들을 그리 고통 속
에 이끌고 감이니라.
25 그러나 지금은 너희들이 편안한 것 같
으나 그 대가는 반드시 받아야 되며,
그 고통을 열 배로 받아야 된다는 것
을 잊지 말라.
26 그와 같이 잘못 가르치는 자들이 말로
써 너희들을 유혹하며 너희들을 기만
하며 거짓으로 너희들에게 재물과 시
간을 거둬들여 저희들이 편안한 삶을
살며 저희들이 제왕 같은 행동을 하고
자 하는 그 사악한 자들 앞에 너희들
이 두 번 다시 속아서는 아니 될 것이
니라.
27 내가 너희들을 똑같이 깨우치며 너희
들을 다 같이 사랑하기에 나의 아들을
통하여 밤과 낮을 가리지 않고 너희들
을 구원하고자 나의 법전을 기록하여
세상에 냄이니,
28 나의 법전이 세상에 나갔을 때, 이를
읽지도 않고 이를 깨우치지도 아니한
자, 정녕 구원을 받을 수 없음을 알라.
29 나의 법전을 접하는 자만이 구원을 받
을 수 있음이니, 이 법전을 읽은 많은
나의 피조물 만백성, 너희들은 나의
법전을 전하여 너희 형제들이요, 이웃
을 구하는 데 게을리해서는 절대로 아
니 됨을 알라.
30 그것이 나의 법전을 읽은 자가 행해야
할 길이며, 나의 법전을 읽고 깨우친
자가 많은 백성들에게 이를 전하며 그
들을 구원하는 것이 너희들의 가장 큰
축복이요, 영광임을 알라.
31 이를 행하지 아니하는 자, 영영 구원
받을 수 없음을 알라.

2,964 번째 하나님 말씀

2002년 8월 14일 23시 20분

1 사랑하는 나의 아들아!
2 "네, 아버님! 말씀하옵소서."
3 내가 너희들에게, 구약 시대의 백성들
이 그 광란의 짓을 하였음이니, 그리
하여 너희들이 나로부터 천국 문을 닫
게 하였다 하였으며,
4 신약 시대에 또한 너희들이 그와 같은
행위로써 내가 너희들을 구원하는 그
천국의 문을 열었던 것을, 그 문을 너
희들 스스로 나로부터 닫게 하였다 하
였음이니라.
5 그리하여 내가 지금 나의 법전을 세상
에 내려보내어 내가 직접 통제하는 이
시대를 이끌어 감이니,
6 나 여호와는 나의 뜻을 순종하며 나
여호와가 존재함을 믿으며 나 여호와
의 뜻이요, 나의 성령을 신뢰하며, 나
의 심성과 같이 살아가고자 하는 나의
백성들을 내가 직접 찾아, 그들로 하
여금 내가 선택하여 내 역사를 이루는
데 그들을 쓰고자 함이 나의 뜻임을
알라.
7 나에게 선택되어 쓰임을 받는 영광을
받은 백성이 나의 아들의 제자, 너희
들인 것을 알라.
8 내가 나의 뜻에 의하여 순종하며 나
여호와가 존재함을 신뢰하며 나의 법
전을 믿으며 나의 심성대로 살며 나의
아들을 믿는 백성, 너희들을 선택하며
내가 쓰고자 함이니,

9 지금 곧 너희들이 나의 백성들이요,
나의 아들의 제자를 따라 같이 공부하
며 나의 법전을 연구하며 나의 성령을
받아 깨우침의 단계를 오르며 만백성
을 구하고자 하는 자들이 바로 내가
찾아 쓰고자 하는 나에게 선택된 백성
임을 알라.
10 그리하니 너희는 나 여호와가 쓰고자
나에게 부름을 받은 자들이며, 나에게
선택을 받은 자들임을 알라.
11 나의 성전에 와 나의 법전을 공부하
며, 나의 아들을 통하여 내리는 그 강
론을 들으며, 나의 법전을 듣고 동서
남북 만백성을 구원하고자 움직이는
자,
12 너희들이 바로 내가 찾아 쓰고자 하는
나의 백성들이요, 내가 불러 쓰는 자
들이니, 너희들은 이를 잊지 말아야
될 것이며, 너희들의 소중함을 알아야
될 것이니라.
13 너희들은 지금 스스로 자신이 능력이
없으며, 힘이 없으며, 만백성을 구하
는 그와 같은 일을 할 수 없는 자라 그
리 너희 자신을 평가함이니라.
14 그리고 지금 이와 같은 형태로써 만백
성을 구하는 그 능력을 발휘하는 그
자체도 너희들은 불가능하다 생각하
며 이룰 수 없다 생각함이니라.
15 세상에 나의 법전으로 공통어가 되며,
이 세상 만백성이 하나의 언어를 쓰
며, 기도하는 방법을 같이하며, 살아
가는 그 형태가 하나로써 이루어지는
그 역사를 이루는 것은 너희들이 중심
이 되며 너희들의 힘으로, 너희들의
주관으로 하여 이루어진다는 것을 너
희 스스로 믿지 못하며 너희 스스로
인정하지 않으려 하나, 너희들은 두려
워하지 말라.
16 나에게 순종하는 백성이요, 나의 법전
을 신뢰하며 나의 아들을 믿으며 내가
존재함을 믿는 너희들은 내가 선택하
며 부름에 의하여 내가 너희들을 쓰고
자 함이니,
17 너희들이 어떠한 기적이요, 능력을 보
여야 할 때, 또 너희들이 힘을 발휘할
때, 너희들이 어떠한 나로부터 영광의
빛을 만백성에게 보여 줄 때, 그때 내
가 다 너희들에게 능력을 임하여, 너
희들의 행함이 손색이 없으며 부족함
이 없으며 만백성의 지도자로서 너희
들이 바로 설 수 있도록 내가 그리 쓰
고자 하는 것이 너희들임이니,
18 너희들은 너희 스스로 평가해서 두려
워하지 말라, 사랑하는 나의 백성들아!

2,965 번째 하나님 말씀

2002년 8월 15일 0시 41분

1 사랑하는 나의 아들아!
2 "네, 아버님! 말씀하옵소서."
3 너를 따르는 너의 제자들과 나의 법전
을 읽고 나의 성전에 와 공부하며 깨
우치는 그들에게 이르라.
4 너희들이 아무리 힘들고 어려운 길이
라 하여도, 나의 아들 예수가 고통스
럽게 죽어 간 그 죽음의 고통만큼 그
고통의 세월 속에서 지금 견디며 살아
가는가 물어보라.
5 어찌하여 나의 아들은 그와 같이 고통
스러운 속에서 그리 죽어 가는 그 고

통을, 너희들은 그가 왜 그 길을 가야
되며 그와 같이 나로부터 그 잔을 옮
길 기회를 달라 기도했던 그 나의 아
들의 아픈 마음을 어찌 깊이 생각하지
못하며, 그저 흘러가는 생각으로써 그
와 같이 죽어 갔으려니 이 생각만 하
고 있는가?
6 그가 죽어 갈 때 그 고통과 그가 그를
인내했을 때 그 시련의 아픔을 너희들
은 과연 얼마만큼 생각하며, 얼마만큼
깨닫고 너희들이 믿음의 길을 가는가?
7 하물며 너희들은 나의 아들의 흘린 피
로써, 감히 그 보혈로써 은혜를 받았
다 함이니,
8 나의 아들 예수가 얼마나 고통스러우
며 얼마나 시련 속에서 그 죽음의 길
을 갔으며, 그가 그리 처참히 죽어 갔
는가?
9 그리고 그는 그 잔을 옮길 수만 있다
면 옮겨 달라 목메어 나에게 기도하였
음이니,
10 그와 같은 아픈 마음의 상처를, 그 고
통을 과연 너희들은 얼마나 생각하며
지금 믿음의 길을 간다고 수천 년 동
안 흘러왔는가?
11 지금 나의 피조물 만백성 너희들이 하
늘에 오르는 길이요, 사악한 죄를 짓
고도 너희 손으로 만든 그 성전에 와
재물을 바치고 용서를 빌면 구원해 준
다 그리 말하며,
12 너희들이 지금 나의 아름다운 지구의
성전에서 너희들 자신을 위하여 손바
닥만 한 그와 같은 두꺼비집 같은 집
을 지어 놓고 그 속에 와야 구원을 받
는다 하여 그 속에 들어오는 자만이
예수의 보혈로써 구원받는다 말하는
너희들 자신이,
13 나의 아들 예수의 그 고통의 시련을
너희 가슴으로 얼마나 체험했으며, 너
희들이 얼마만큼 그것을 알고 그리 가
고 있는가?
14 너희들은 그 고통은 그러려니 하며,
너희들은 그 피로써 그냥 구원받는 백
성이며,
15 내가 나의 아들을 던져 너희들을 선택
하고 구원하고자 하였음이니 너희는
그저 축복이요, 구원의 길을 받은 자
라 하는 그와 같은 착각을 하고 사는
것이 지금 수천 년 동안 믿어오는 나
의 종교 지도자들이요, 가르치는 자와
배우는 자들이 뒤범벅되어 그와 같은
형국으로 흘러왔음이니라.
16 그리하여 내가 너희들에게 말하기를,
구원의 길이 아니요, 지옥의 길을 향
하여 너희들이 두 주먹 쥐고 달려가는
그와 같은 삶을 살았다 내가 수백 수
천 번 나의 법전에서 그리 강조함이니,
17 너희들은 그와 같은 이치를 한 번도
깊이 깨우쳐 보지 않으려 함이니라.
18 이제 내가 너의 제자와 너를 따르는
백성들이며 나의 성전에 와 공부하는
너희들에게 이르나니,
19 너희들이 힘들고 어렵다 하여 그 고비
마다 나 여호와를 원망하며 나의 아들
을 원망하며,
20 너희들이 나의 성전에 와 나의 아들에
게 몇 날이나 그 성령의 가르침을 들
었으며, 내가 너희들에게 나의 법전을
정독하여 세 번 이상 읽으라 하였음이
니, 너희들이 과연 몇 번이나 이 법전

을 정독했으며, 그 깊이 있는 뜻을 얼마나 깨우쳤는가?
21 그와 같은 형태로써 너희들 스스로 가며, 나에게 축복과 은혜와 영광을 내려 주지 아니한다 원망하며,
22 나의 아들로부터 만백성 앞에 기적을 보여 너희들이 금화와 은화를 그저 챙기는 자로서, 너희들이 금화와 은화의 근심 걱정이 없는 그와 같은 육의 삶을 위하여 거기에 초점을 맞추고 살아가고자 하는 나의 아들의 제자라면,
23 너희들은 일찍이 나의 제자 앞에서 그 너희들이 받은 명패를 거두어 놓고 떠나야 할 것이니라.
24 너희들이 아무리 고통스럽다 해도 나의 아들 예수의 죽음보다 더 아프고 고통스러운 것인가 그것을 너희들은 생각해 봐야 할 것이니라.
25 내가 말하였느니라.
26 욥의 고통만이 너희 것이요, 그의 영광과 그 후에 얻은 그 축복은 너희 것이 아니라 하였음이니라.
27 너희들은 그 욥의 구절을 읽어 보라.
28 과연 욥이 어떠한 시련과 고통 속에서 견디었으며, 사탄과 사악한 자들이 그를 시험할 때 그가 어떠한 환경까지 견디어 갔는가?
29 너희들은 욥이 견디는 그 환경에 몇 퍼센트를 거치고 지나왔는가, 몇 가지나 너희들이 시험에서 이기며 왔는가?
30 너희들이 훈련과 시험에서 과연 욥과 같은 시험을 했을 때, 너희들은 몇 가지를 버티고 견디며 갈 수 있는가?
31 욥이 준 그 시련만큼 너희들이 겪고 견디었을 때 그만큼 은혜와 상을 받을 수 있음이니라.
32 욥이 겪은 그 고통 중에 너희들은 한두 가지도 인내할 수 없는 마음 자세며 그와 같은 너희들의 지금의 믿음의 길이라면, 너희들이 어찌 무엇을 받을 수 있으며 무엇을 얻을 수 있다 하는가?
33 나의 아들이 너희들 앞에 기적을 보여 너희들에게 편안한 육의 삶을 살게 하며, 만백성 중에 선택된 자로서 부귀와 금화의 그 영광을 너희들이 얻는 그와 같은 삶을 생각하면서 너희들이 나의 성전에 와 공부를 하며 나의 아들을 따르며,
34 나의 성령을 태워서 밤과 낮을 가리지 않고 나의 아들에게 내려보내어 법전이라 하여 책으로 만들어 너희들에게 전함이니, 그것을 접한 너희들의 마음이 그렇다 하면, 정녕 너희들은 나의 아들 옆에 서 있을 자격이 없는 자이니라.
35 어떠한 고통과 시련이 너희들에게 온다 하여 나의 아들을 원망하며 나 여호와를 원망하며 너희들이 믿음의 자세의 그 한계에 도달했다 생각하는 자, 너희들은 정녕 너희들이 얼마만큼 고통이요, 시련과 시험을 견디고 이겼는가 생각해 보라.
36 욥의 시험을 너희들이 생각해 보라.
37 그리고 예수의 그 고통을 한번 생각해 보라.
38 그리고 나 여호와가 너희들을 구하기 위하여 나의 아들을 통하여 밤과 낮을 가리지 않고 그에게 나의 성령을 내림이니,

39 내가 그 시간에 깨어 있음이며 내가
나의 아들과 같이 가고 있음이니,
40 나의 아들을 통하여 내가 성령을 내려
보내며 나의 뜻을 전할 때, 너희들은
겨우 따뜻한 방에서 잠을 자며 너희
가족들과 희비애락 하는 그와 같은 시
간을 가지고 생활하지 아니하는가?
41 그와 같은 안일한 속에서 너희들이 살
아가면서 어찌하여 무엇을 얻고자 하
며 무엇을 이루고자 하는가?
42 너희들의 가슴에 손을 얹고 생각해 봐
야 될 것이니라.
43 여기에서 너희들이 정립을 해야 될 것
이니라.
44 예수의 고통이요, 욥의 그 시험이요,
45 내가 직접 나의 아들과 시간을 같이하
며 내 성령을 내려보냄이니, 나의 아
들에게 나의 성령을 내려보낼 때 나
여호와가 그를 지켜 주고 그와 같이
있음이니,
46 내가 지금 가고 있는 그 길은 어떠한
길이며, 나는 어떠한 고통의 길을 가
고 있으며, 나의 아들은 어떠한 시련
을 견디고 이기고 가는가?
47 너희들이 감히 옆에서 보며 그 뜻을
깨달았으며 그가 가고 있는 그 어려운
길에 대하여 너희들의 마음속에 한번
심어 본 적이 있는가?
48 그러면서 너희들이 무엇을 이루고자
한다니, 너희들에게 내가 아무것도 내
릴 수 없음을 알아야 될 것이니라.
49 너희들의 마음의 자리를 다 비우라.
50 너희들이 세상을 볼 줄 알아야 될 것
이니라.
51 '내가 아닌 남의 입장'에서 바라보는
그와 같은 삶을 너희가 살아야 될 것
이니라.

2,966 번째 하나님 말씀

2002년 8월 15일 0시 47분

1 사랑하는 나의 아들아!
2 내가 나의 아들을 통하여 나의 성령을
태워 세상에 내려보냄이니, 내가 너희
들에게 그 대명이 무어라 말하였는가?
3 너희들이 천 년에 걸쳐 이 세상에 선
한 자가 살아올 수 있도록 나의 법전
을 만들어 만백성에게 전하며,
4 천 년의 역사가 흐른 다음에 하늘에서
이루어진 것과 같이 지상에 낙원이 너
희들이 원하는 대로 이루어질 것이며,
그곳에는 나의 천사와 같은 완벽한 백
성들이 살 수 있으며 그리 산다 말하
였음이니라.
5 그리하여 그 새로운 시대를 열기 위하
여 내가 오늘에 나의 아들과 더불어
밤과 낮을 가리지 아니하며 너희들이
읽고 깨우칠 법전이요, 나의 성령을
세상에 내려보낸다 하였음이니라.
6 이를 받고 접하는 나의 피조물 만백성
너희들은 과연 그와 같은 역사가 이루
어질 수도 없을 것이며, 설마 이루어
지려나 그리 생각할 것이니라.
7 그리고 하나의 나의 아들이 세상에 내
려가 어찌 만백성을 천 년에 걸쳐 다
통일하며 하나로 갈 수 있을까, 너희
들은 그리 생각할 것이니라.
8 너희들은 한번 구약 시대에 모세의 그
역사를 돌이켜 보라.
9 모세는 나에게 선택되어, 나에게 선택

된 백성들을 모세가 인도할 때 그들의
뿌리요, 그들의 족보는 어찌 되었으
며, 그들의 역사는 어찌 되었던가?
10 모세가 나의 뜻에 따라 선택된 나의
백성들을 나의 나라로 인도하기 위하
여 그 길고 어렵고 고통스러운 여정을
행함에 있어서, 그는 어떠한 백성들을
어떠한 형태로써 그리 이끌어 나왔으
며,
11 나에게 선택된 모세가 나로부터 선택
된 그 백성들을 내가 내려 주는 그 나
라로 이끌어 가는 그 여정을 했을 때,
그 백성이 과연 얼마나 되었으며, 그
와 같이 셀 수 없는 많은 백성들이 그
와 같이 내가 내린 그 땅으로 가는 여
정을 시작한 그 백성들의 뿌리는 어떠
했던가?
12 너희들은 그들을 알 것이니라.
13 나의 모세를 따라서 내가 내려 준 그
선택된 나라로 가는 그 조상의 뿌리를
돌이켜 보면, 그는 한 가족이요, 한 가
족의 단위가 한 나라에 가 정착을 하
였음이니, 그 세월이 몇백 년밖에 안
되었음이니라.
14 몇백 년밖에 안 된 그 세월 속에 한 가
족이 이루어졌던 그 백성들이 그리 헤
아릴 수 없이 많은 백성으로서 구성되
어 그 후손이 뿌리를 내려, 그들을 데
리고 모세는 내가 선택해 준 그 영광
의 나라로 가는 그 여정의 길을 인도
했음이니라.
15 그러니 너희들은 여기서 그 시대를 돌
아다볼 것이며,
16 지금 내가 나의 아들을 통하여 이루고
자 하는 그 역사를 너희들이 비추어
볼 때, 너희들이 좌절하며 불안해하며
힘들어할 이유가 하나도 없음이니라.
17 나의 아들은 나의 성령을 들어 나의
법전을 가지고 만백성을 일깨워 줌이
니, 나의 법전이 곧 한 사람의 지도자
의 역할을 하며, 그 한 사람이 수백 수
천 명씩 깨우쳐 가는 이와 같은 역사
가 지금 이루어짐이니,
18 모세가 그 백성을 이끌고 나올 때까지
그들이 살아온 그 기간이 몇백 년밖에
안 되는 그 세월 속에 그 많은 나의 백
성들이 형성되었으며 뿌리를 내렸듯
이,
19 내가 천 년이라는 역사 속에 하늘에서
내리는 눈처럼 나의 법전이 세상을 덮
어 가며, 그를 근거하며, 그를 가르쳐
만백성을 인도하는 수많은 나의 백성
들이요, 나의 전사가 그와 같은 역사
를 이룰 것이니, 천 년 후에 그와 같은
변화가 이 지상에 이루어지는 것은 당
연한 사실이며,
20 너희들이 불안해 걱정하는 것처럼 그
와 같이 어렵고 힘든 그 여정을 가면
서도 너희들이 이루지 못하는 역사가
될까 봐 불안해하지 말라.
21 그 역사는 반드시 이루어짐이니라.
22 모세가 인도했던 그 조상들의 뿌리는
한 가정의 뿌리가 한 나라에 정착하여
몇백 년 만에 그 많은 자손의 뿌리를
내렸음이니,
23 그보다 더 수천수만 배 나은 조건으로
써 많은 자들이 나의 피조물 만백성을
구하여, 이 지상에서 아름다운 하늘의
낙원을 이루기 위한 가르침이요, 깨우
침이요, 인도하는 역사가 계속 반복되

고 있음이니,
24 너희들은 천 년에 걸쳐 그 역사는 당연히 이루어지는 결과라는 것을 알아야 될 것이며, 너희들이 두려워하지 말라.
25 나의 법전이 한 사람의 지도자의 역할을 하여, 그 법전이 깨우치는 그 수도 헤아릴 수 없음이니 걱정하지 말며, 너희들의 임무에 최선을 다할 때, 그와 같은 역사가 다져짐을 알라.

2,967 번째 하나님 말씀

2002년 8월 15일 01시 07분

1 사랑하는 나의 아들아!
2 "네, 아버님! 말씀하옵소서."
3 나의 피조물 만백성 너희들이 생명을 받아 세상에 나갈 때, 가장 아름답고 순결한 마음으로써, 하얀 눈보다 더 깨끗한 너희들의 심성을 나로부터 받아 가지고 세상에 나감이니라.
4 그리하여 너희들은 살아가면서 악과 선의 그 기로에서 너희들의 마음이 흔들리며, 또한 너희들이 육의 삶을 위하여 그 삶에 따라서 너희들의 마음이 갈라짐이니라.
5 그리하여 너희들이 인생을 살아가면서 육의 삶에 의하여 그 기준에 맞추어 사는 삶이 있으며, 너희들이 구원을 받고자 하는 영혼에 대한 그 삶이 있음이니라.
6 그러나 너희들은 삶에 있어서 악한 속에서 살아가면서 그 악한 속에 즐거움이 있으며, 악한 자의 살아가는 그 속에서 또한 행복을 느낌이니라.
7 인간 너희들은 육의 삶에서 악한 속에서 악함의 즐거움과 행복을 느끼며 그와 같이 살아가는 너희들의 삶이 있는가 하면,
8 너희들의 영혼을 위하여 구원을 받는다는 그 깨달음을 가져 천사와 같은 아름다운 마음이요, 천국에 오르고자 하는 그와 같은 마음으로써 살아갈 때 선한 자의 마음에 또 즐거움과 행복이 있는 것이니라.
9 그리하여 너희들은 악한 자로서의 행복과 즐거움이라는 것이 있으며, 선한 자로서 선한 즐거움과 행복함이 있는 이와 같이 두 줄의 길을 가고 있음이니,
10 너희들이 어떠한 길을 선택하여 어찌 살아가느냐가 너희들에게는 하늘과 땅의 차이임을 알아야 될 것이니라.
11 그러나 너희들은 육의 삶에서 그 악한 마음속에 젖어들어 악한 삶 속에서 즐거움과 행복을 얻고 살아감이니, 너희들이 지금은 그와 같은 삶을 살아가는 것이 어떠한 형태이며 어떠한 길로 가는 것인가를 모르고 있음이니라.
12 그리하여 너희들은 악의 삶에 빠지며, 악의 삶의 즐거움에 너희들의 마음이 들어가면 너희들은 정녕 그곳에서 벗어날 수 없으며, 선한 자의 천국을 향하여 사는, 선한 천사와 같은 자의 행복함과 즐거운 그 마음을 알 수 없음이니라.
13 그리하여 지금 나의 피조물 만백성이 선한 삶의 즐거움을 위하여 사는 자는 하늘에 오르는 길이요, 나에게 올 수 있는 길의 삶에 들어선 자들이며,

14 너희들이 똑같이 살아가되 육의 속에
서 벗어나지 못하며 악의 삶에 의하여
즐거움과 행복함을 얻는 그와 같은 속
에서 인생을 살아가는 자는 지옥으로
가는 길로 달려가고 있음을 알아야 될
것이니라.
15 그리하여 너희들은 지금 악의 믿음 속
에서 악의 즐거움과 악의 행복을 위하
여 그 길을 살아갈 것인가, 선의 믿음
과 선의 즐거움과 선의 행복 속에서
천사요, 천국에 오르는 그 삶을 위해
살아갈 것인가,
16 너희들이 지금 스스로 자신을 돌아다
보며 너희들 자신이 마음의 깨달음의
경종을 울림을 얻어야 될 것이며, 너
희들이 눈을 떠야 하는 지금의 시점에
와 있음을 알아야 될 것이니라.
17 너희들은 똑같은 삶 속에서 악의 즐거
움이요, 악의 행복을 위하여 악 속에
서 살아가는 그 기쁨을 맛본 자는 그
를 돌이킬 수 없음이니, 그는 너희들
이 어떠한 길로 살아가는 것인가를 너
희들이 죽어 왔을 때 알 수 있음이니
라.
18 이와 같은 이치를 너희들이 깨달아,
천사요, 천국에 오르는 삶의 행복과
즐거움을 느끼며 살아가는 그와 같은
자가 되어야 할 것이니라.
19 지금은 너희들이 그를 모르고 있으나,
너희들이 한 시점의 인생의 육의 삶을
살아 너희들이 스스로 한 단계에 이르
렀을 때, 너희들은 그때 알게 됨이니,
20 그때 너희들은 후회하고 통곡해도 돌
이킬 수 없는 그와 같은 형국에 너희
들이 처해 있음을 알게 될 것이니라.

2,968 번째 하나님 말씀

2002년 8월 15일 01시 20분

1 사랑하는 나의 아들아!
2 "네, 아버님! 말씀하옵소서."
3 너는 너의 제자들과 나의 법전을 읽고
깨우친 백성, 그리고 나의 성전에 와
하늘에 오르고자 기도를 드리는 자,
그리고 나의 법전의 그 뜻을 깨우쳐
바로 살아가고자 몸부림치는 나의 백
성들,
4 그리고 정녕 너희들의 지금 육의 그
세상 속에서 살아왔던 그 뿌리를 다
뽑지 못하여 그저 몸부림치며 그 뿌리
를 뽑고자 몸싸움을 하며 몸부림치는
사랑하는 나의 백성들,
5 그리고 깨우침 앞에 진실 앞에 저희
모두를 다 들추어내어 그 진실 속에
나 여호와의 음성을 들으며 하늘에 오
르는 것이 구원의 길이라 하여, 저희
들이 넘을 수 없는 그 길을 넘겠다고
몸부림치고 사는 나의 선택된 백성들,
6 수천 년 동안 흘러오면서 수억의 그
믿음을 가지고 가는 백성들이요, 지도
자들이 나의 계명대로 살 수 없으며,
도둑질하지 아니하고 간음하지 아니
하며 거짓 하지 아니하며 살 수 없으
며, 그래서 십계명은 허무한 것이며
십계명은 환상이며 지킬 수 없는 것이
라며 그와 같이 거부하는 자들,
7 나의 백성이요, 나의 아들이요, 나에
게 구원을 받아 하늘에 오르겠다 말하
는 그들이 십계명이 허황된 것이며 지
킬 수 없는 것이라 말하니, 이는 내가
지킬 수 없는 것을 내려보낸 자라 말

하며 나 여호와가 존재함 그 자체까지
도 인정하지 않는 그와 같은 백성들이
지금까지 살아왔으며 이 세상을 지배
해 왔음이니라.
8 그리하여 진정한 믿음의 길이 무엇이
며 저희들의 구원의 길이 무엇이며 내
가 무엇을 원하는지를 모르며, 나 창
조주가 너희들이 구원의 길에 오를 수
있는 그 정답을 다 내려 주었건만, 그
정답은 답이 아니요, 오답이라 하며
버려 버리고, 저희들이 정녕 오답을
가지고 정답이라며 하늘을 향하여 몸
부림치고 부르짖음이니,
9 그는 오답이기에 그들이 부르짖는 그
답으로 하늘에 와 있을 수가 없으며
점수를 받을 수가 없음이니라, 나의
아들아!
10 하늘을 향하여 수천 년 동안 울부짖으
며, 구원의 길이요, 축복이요, 영광의
그것을 얻었다 말하는 너희들이 그와
같이 그 길을 올 수 있으며 영광을 얻
을 수 있으며 구원을 받을 수 있는 것
은, 내가 명하며 지키라 한 그 십계명
을 지키고 사는 자 외에는 아무도 정
답을 가진 자가 아니니,
11 하늘나라에는 정답을 가진 자만 올라
올 수 있으며 정답에 따라 살아가는
자만 올라올 수 있음이니라.
12 내가 하늘의 천국의 문을 열어 그 길
을 통과해 들어올 수 있는 자는 정답
을 가진 자만이 들어올 수 있으며, 오
답을 가지고 있는 자는 올라올 수 없
음이니, 감히 저희들이 옆에 근접할
수도 없음이니라.
13 오답을 가지고, 오답을 배운 그것을
가지고 하늘에 오를 수 없다고 내가
너희들에게 수천수만 번 부르짖고 가
르쳐 줌은,
14 너희들이 육으로 존재하며 육으로 살
고 있기에 나에게 용서를 빌 수 있으
며 회개할 수 있으며, 너희들이 몸부
림쳐 정녕 회개하고 깨우쳤을 때 구원
을 받을 수 있는 그와 같은 영광과 특
혜요, 축복 속에 너희들이 존재함이니
라.
15 그러나 내가 너희들에게 육에 있을 때
구원을 받으라고 수천수만 번 나의 법
전에 기록하여 전하였으니, 그를 듣지
않고 그를 보지 아니하는 자, 그는 정
답을 듣지 않고 오답을 듣는 자이니,
16 오답을 들은 자, 너희들이 지금은 나
에게 구원받고자 하며 용서 빌며 회개
할 수 있으며 나에게 울고불고 매달릴
그 기회라도 있으나,
17 너희들이 죽어 나에게 왔을 때 그 천
국의 문 앞에 펄펄 끓는 그 뜨거운 빛
에 감히 근접하지도 못하며 눈을 뜨지
도 못하며 천국의 그 문을 바라볼 수
도 없는 그와 같은 비참한 형국으로
가는 것이니,
18 나의 십계명이요, 나의 성령의 뜻을
지키지 아니하고 내가 성경에 기록해
놓은, 너희들이 지키고 가야 할 어려
운 그 길들을 행하지 아니하는 자, 그
러한 자는 감히 근접할 수도 없음이니
라.
19 지금 나의 십계명대로 지킬 수 없다
말하는 자, 너희들이 죽어 왔을 때 너
희들은 정답이 아닌 오답을 듣고 있음
이니, 감히 천국의 찬란한 그 뜨거운

빛에 너희들이 눈도 뜨지 못하며 지옥
불로 갈 것이니, 그때 가서 후회하지
말라.
20 그때는 너희들이 천만 번을 울부짖으
며 나에게 구원을 원한다 해도 너희들
이 구원받을 수도 없으며, 나에게 지
금처럼 너희들이 용서를 빌 수도 없으
며,
21 그리고 사랑의 어버이요, 어버이 나라
에 갈 수 있다 하여 너희들이 회개하
고 깨우치는 것은 지금뿐이니,
22 그때는 아무리 너희들이 깨우치고 발
버둥치며 천사가 된다 하여도 너희들
을 받아 줄 수가 없는 그와 같은 상황
임을 너희들은 알아야 될 것이니라.
23 나의 피조물 만백성 너희들이 지금 믿
음의 길이요, 너희들의 구원의 길이
요, 살아가는 그 형태며, 종교 지도자
의 가르치는 것과 그를 배우는 자들의
삶이 어떠한지 아는가?
24 너희들은 인간 세속에, 인간의 삶의
악 속에서 악의 즐거움이요, 사악한
자의 즐거움이요, 사악한 자의 행복이
요, 그 모두를 삶 속에서 찾으며 그와
같이 지금 가는 자들이니라.
25 선한 천사 쪽에서 너희들이 즐거움이
요, 행복을 얻는 것이 아니라, 악한 쪽
에서 악 속에서 악으로 행해지는 그
속에서 즐거움과 행복을 얻고 그리 바
라고 살아가는 것이 지금 너희들의 살
아감임을 알아야 될 것이니라.
26 그리하여 지금 악 속에서 그 행복의
즐거움이란 무엇을 말하는가?
27 인간의 육신을 가진 자가 육신의 세상
에서 더 이상 바랄 수 없는, 가장 큰
향락과 즐거움과 만행을 다 저지르며
살아가는 것이 지금 악 속에 즐거움을
얻으며 살아가는 것이니라.
28 그리하여 악의 삶의 그 행복이요, 악
속에서 너희들은 그 향락을 얻고 살아
감이니, 너희들은 결국 언제 가서 그
것을 깨달을 수 있겠는가?
29 곧, 너희들이 심판을 받을 때 그때 그
것을 알게 됨이니, 너희들이 심판을
받을 때는 용서를 빌 수 없으며 용서
를 받을 수도 없으며,
30 다만 그때는 너희들의 지은 죄에 대한
결과에 비극적인, 형용할 수 없는 그
무서운 재판 앞에 너희들은 그 무서운
죄를 짊어지고 지옥으로 갈 것이니,
그때에 너희들이 얼마나 비극적이고
비참한가를 알게 될 것이니라.
31 지옥으로 가는 자, 너희들은 지옥의
그 상상할 수 없는 고통 속에 살아감
이니,
32 여기에서 천사와 같은 아름다운 마음
으로 살며 나의 계명을 지키며 하늘에
오르는 그들과는 반대로 그와 같이 지
옥에 떨어지는 자, 너희들은 정녕 천
국의 그 아름다운 삶이며 천국의 행복
이요, 낙원의 그 행복함이 무엇인가도
깨닫지 못하고 보지도 못하고 그 자체
도 알지 못하며, 영원히 사는 그 고통
의 세계에서 너희들이 지은 죄의 대가
를 받으며 살아가는 것이 너희들이 앞
으로 가야 할 길임을 알아야 될 것이
니라.
33 너희들이 지금 살아 있어 천국과 지옥
이라는 말을 쉽게 함이니라.
34 그리고 지옥과 천국이라는 말을 너희

들이 쉽게 뇌까리며 그리 말하며, 지
옥과 천국의 차이가 얼마나 무서우며
얼마나 너희들이 상상할 수 없는 그
차이점을 가지고 있는 것인가, 그리고
천국의 나라와 지옥의 나라의 그 차이
를 너희는 알지 못함이니라.
35 그리하여 너희들은 지옥과 천국이라
는 말을 함부로 말하느니라.
36 지금 여기서 지옥과 천국이라는 것을
한 입으로써 그저 두 단어를 뇌까리는
것으로써 너희들이 그리 생각하나,
37 너희들이 말로써 그 단어를 가지고 지
옥이다 천국이다, 천국이다 지옥이다
그리 말하는 것은 너무나도 쉬우며 간
단한 말이라 생각하나,
38 그때 지옥과 천당이 구분되어 지옥에
간 자, 그 고통과 행함에 대한 죄를 다
받음은 너희들이 상상할 수도 없는 것
임을 알라.
39 그리고 천국에 이른 자, 천사와 같은
마음으로 나의 나라의 천국에 오른 자
의 그 행복과 그가 느끼는 그 인생의
삶의 향락은 너희들의 인생사에서 도
저히 상상할 수도 없으며 느낄 수도
없는 그와 같은 행복 속에 살아가니,
40 너희들이 말로써 지옥과 천국이라 쉽
게 부르는 것이 그만큼 무서운 차이가
있음을 알아야 될 것이니라.
41 너희들은 이제 그 악의 육의 삶에서
향락과 즐거움을 얻는 그와 같은 삶
을, 너희 자신을 돌아다보아야 될 것
이니라.
42 그와 같은 삶이 얼마나 무섭고 비극적
이고 처참한 형국으로써 심판대에 서
며, 그 심판을 받아 그 죄의 대가를 영
원히 치르는가 이를 깨달아,
43 지금 너희들이 지옥과 천국에 오고 갈
수 있으며, 바로잡는 자는 천국에 가
며 잘못 간 자는 지옥을 가고 있음이
니,
44 지금 너희들이 어찌 행하며 어찌 살아
가느냐에 따라서 너희들은 지옥에 가
는 길을 그대로 지옥에 갈 것이며, 너
희들이 상상할 수 없는 하늘의 낙원이
요, 천국이요, 천사들이 살며 나 여호
와가 존재하는 나라로 올 수 있는 그
선택의 길은 자유이며, 너희들이 선택
의 그 길 앞에 매일매일 하루하루 살
아감이니라.
45 천사와 같은 아름다운 삶으로 살아 하
늘의 그 아름다움을 느낄 것인가, 그
렇지 않으면 그 육신의 악한 즐거움과
행복 속에 그 길을 추구하여 지옥 불
로 영원히 갈 것인가, 지금 너희들이
그 기로에 서 있음이니, 선택은 너희
들의 마음과 행동에 달렸음을 잊지 말
라.

2,969 번째 하나님 말씀

2002년 8월 15일 01시 34분

1 사랑하는 나의 아들아!
2 "네, 아버님! 말씀하옵소서."
3 너희들이 이 세상을 살아오면서 가장
갈구하는 것이 하늘에 오르는 길이 아
니던가?
4 나의 아들 예수가 세상에 나와 그가
숨을 거두고 간 2천 년의 역사가 흐르
는 동안에 수만, 수억의 종파들이 세
상에 우후죽순처럼 생겼으며,

5 그들은 그 종파를 따라가는 것만이 구
원을 받는 길이라 그리 말하며,
6 나의 피조물 만백성으로부터 갖은 협
박과 공갈 비슷한 그와 같은 행위로
써, 영수증이라 하여 너희들이 받은
자에게 제출해 주는 것을 써 주는 것
도 없이, 수없이 거둬들이는 그와 같
은 형국의 형태로써 지금 존재하였음
이니,
7 그와 같은 믿음의 종파들은 나 여호와
와 전혀 관계가 없는 것이라 내가 세
상에 말하고 전함이니, 너희들은 이
무서운 사실을 깨달아야 될 것이니라.
8 내가 나의 아들을 통하여 너희들을 위
대한 종교 지도자요, 위대한 믿음이
요, 너희들이 가는 길이 구원의 길이
라 그리 말을 한다면 오죽이나 좋겠는
가?
9 그러나 그와 같이 말을 하지 못하는
나 여호와의 아픈 마음을 너희들이 아
는가?
10 너희들이 바라고 갈구하는 그 말이,
정녕 그것이 사실이라면, 어찌 나 여
호와가 성령으로써 내려보내며 너희
들이 지금까지 오는 것이 잘못된 길이
라 말하겠는가?
11 너희들이 오는 길이 바른길이라 하여
너희들의 마음을 편안하게 해 주며 너
희들이 삶의 축복을 누릴 수 있도록
그리할 수 있으나, 이는 엄연히 잘못
가는 길이며 잘못되었기에 내가 지금
너희들에게 잘못 가는 것이라 명함이
니,
12 너희들은 지금 믿음이요, 구원의 길에
달려가며 살아가는 그 삶을 다시 한
번 되돌아보며 너희들 자신을 분석해
보고 깨우쳐 볼 때가 왔음을 잊어서는
안 될 것이니라.
13 너희들은 정녕 잘못 가고 있음이니라.
14 그리고 잘못 흘러가고 있음이니라.
15 수많은 종파가 생긴 그 자체도 우선
제일 잘못된 것이요,
16 그 종파들 속에서 작든 크든 그 집단
들이 다 저희들에게 속하는 것만이 하
늘에 오르는 길이라 하는 것도 둘째로
잘못된 것이며,
17 그 조직이요, 집단을 이끌어 가기 위
하여 나 여호와요, 나의 아들의 이름
을 수없이 팔며 재물을 거둬들임이니,
그것이 또한 셋째로 너희들이 잘못된
것이며 잘못 가는 것이라 내가 수없이
너희들에게 깨우쳐 주었음이니, 나의
법전에 기록되었음이니라.
18 너희들은 정녕 지금 잘못 가고 있음을
알라.
19 창조주인 나 여호와가 너희들에게 잘
못 간다 말하면, 너희들은 그것을 분
석하며 돌아다보는 그와 같은 시간을
갖고, 너희들이 거기서 다시 한 번 되
짚어 봐야 할 것을 잊지 말라.
20 사랑하는 나의 백성들아, 내가 너희들
에게 무어라 말했는가?
21 너희들의 열 손가락 안에 드는, 내가
너희들에게 내린 그 십계명을 지키고
사는 것이 하늘에 오르는 길이요, 영
광의 길이라 하였으며, 너희들의 생명
의 빛이라 하였음이니라.
22 그리하였으니 너희들은 이것을 지키
면 되는 것이며,
23 또한 너희들이 나의 율법을 지키며 나

의 법전에 실어 너희들에게 내려보낸
그 내용대로 지키고 산다 하면 그것이
나 여호와에게 가까이 오는 가장 큰
영광이요, 너희들의 행복이요, 행운이
라 내가 너희들에게 말하였음이니라.
24 그러나 지금 육의 세상에 사는 너희들
은 나의 십계명이요, 율법이요, 나의
법전대로 살아가는 것은 많은 손해요,
잃는 것이 너무 많으며, 억울하고 손
해 보는 삶을 사는 것과 같은 마음이
들 것이며,
25 선하고 착하게 나의 십계명이요, 나의
율법이요, 나의 법전대로 살다 정녕
하늘에 와 심판을 받는 일이 없으며
나 여호와가 존재하지 아니하면 너희
들은 얼마나 어리석고 억울한 삶을 사
는 것이냐 하는 그와 같은 불안과 공
포 속에서, 너희 스스로 다스리나 자
신하지 못하여 남에게 너희들이 뒤지
고 속고 손해 보는 삶을 살지 않으려
고 그리 몸부림치며 가고 있음이니라.
26 그러나 너희들은 여기서 알아야 될 것
이니라.
27 나의 율법이요, 나의 법전이요, 나의
십계명을 지키고 순종하며 사는 자,
그는 한 발짝 한 발짝 하늘나라에 오
는 것이며 나에게 다가오는 것이니,
28 나에게 한 발짝 다가와 거리가 좁혀지
는 것이 얼마나 큰 행복이며 위대한
행운인가를 너희들은 알지 못하니, 지
금 지상에서 사는 이 속에서는 너희들
이 알 수 없음이니라.
29 그러나 너희들이 육의 삶을 마쳐 죽음
에 임하여, 세상과 하늘이 분류되는
그 시점에서 육은 흙으로 가고 영혼은
나의 나라에 올라올 때, 그때서야 너
희들이 계명을 지키고 살았던 것이 어
리석고 손해 보는 것이 아니요, 얼마
나 위대한 삶을 살았는가가 나타나기
시작하는 것을 알게 될 것이니라.
30 지금의 삶은 너희들이 손해 보며 억울
하고 바보 같은 삶을 산다 그리 말하
나니, 너희들이 계명을 지키는 자가
그와 같이 이 세상에 발붙일 데가 없
으며, 너희같이 선하고 착한 사람이
살길이 없다 그리 말하며 되는 대로
살아가는 그와 같은 삶을 삶이니,
31 그와 같은 삶을 사는 자, 너희들은 죽
어 와 나에게 얼마나 무서운 심판을
받는 것인가를 알아야 될 것이니라.
32 그러나 손해 보는 듯이 사는 너희들이
지상에 사는 그 세상 속에서는 너희들
에게 그 은혜가 나타나지도 않으며 영
광이 나타나지도 않으며 행운도 보이
지 아니함이니라.
33 그러나 너희가 죽어 심판을 받게 되었
을 때, 나로부터 얼마나 크나큰 영광
이 따르게 되는지를, 너희들은 곧 그
를 알게 될 것이니라.
34 곧, 세상에 육의 죽음이 너희들을 맞
이할 때, 계명을 지키며 나의 법전대
로 살아온 너희들의 그 삶이 얼마나
위대하고 영광과 축복이 너희들에게
내려지는 것인가를 알게 될 것이니,
그리 알라.

2,970 번째 하나님 말씀

2002년 8월 15일 09시 10분

1 사랑하는 나의 아들아!

2 "네, 아버님! 말씀하옵소서."
3 이 세상에 나의 피조물 만백성이요,
종교 지도자요, 위대한 자라 추앙을
받는 자, 학문이요, 지식으로써 만백
성에게 추앙을 받는 자, 그러한 사람
들의 살아오는 부류가 있으며, 또 그
속에서 무엇인가를 얻고 깨우쳐 하늘
에 오르고자 하는 백성이 있음이니라.
4 그러나 그들이 지금 살아가는 형태가
어떻더냐?
5 수천 년 동안 흘러오는 종교 지도자들
은 나의 피조물 만백성에게 무엇을 달
라, 구하라, 그러면 이루어질 것이며
내려 줄 것이라, 그것이 하나님이라
그리 말하며, 저희들은 또 어찌 기도
하는가?
6 온갖 것, 축복과 영화를 다 그저 내가
저희들에게, 소낙비가 쏟아지는 것처
럼, 저희들이 말하면 그저 내려 주고
부어 주는 것처럼, 무엇을 내려 주십
사, 누구에게 어떤 소원을 들어주십사
하면서 그리 저희들이 말로써 기도하
나니, 너는 과연 그들의 기도를 어찌
보는가?
7 "네, 아버님! 그것이 너무나 추한 모
습이며, 그들이 하나님의 이름 자체도
부를 자격이 없는 자들이며, 창조주
아버지가 계신 하늘을 쳐다볼 수도 없
는 그와 같이 불쌍하고 추한 모습들임
을 알았습니다.
8 감히 저희가 무엇을 달라 어찌 기도하
며, 무엇을 주라 어찌 기도할 수 있나
이까?
9 제가 저의 제자들에게 일깨워 말하기
를, '너희들은 기도하기를, 세상에 태
어난 것을 감사하며 너희 죄를 용서해
달라 그리 기도하며, 하늘의 뜻을 알
게 되어 구원의 빛을 보며 법전을 읽
고 성령을 들어 구원의 길을 알려 주
신 것을 감사한다.' 그리 기도하라 하
였사옵나이다.
10 그것이 아버님의 아들이요, 아버님의
심성을 가지며, 천사와 같은 심성을
가지며, 아버님을 따라 만백성을 구하
는 백성들이 가야 할 길이라, 그리 제
가 단상에 서서 그들에게 가르쳤음이
니, 그 죄 또한 부끄럽사오며, 그와 같
이 제가 제자들에게 가르친 것이 얼마
나 오만이며 잘못되었는가를 이제 깨
닫고 있사옵나이다."
11 사랑하는 나의 아들아!
12 "네, 아버님! 말씀하옵소서."
13 그것이 네가 변하는 길이며, 네가 나
에게 오를 수 있는 자이며, 나의 아들
임이니, 너는 그래서 나의 아들이요,
만백성을 구할, 세상에 하나밖에 없는
나의 아들이니라.
14 네가 지금 3부의 법전을 기록하며 깨
우침이 이리도 높아 가고 있음이니,
너의 노고가 헛되지 않음을 알라.
15 "아버님! 이 죄 많고 어리석은 자를
용서하여 주옵소서.
16 감히 저의 죄를 용서해 달라는 기도를
저와 저의 제자들은 드려서는 아니 되
며, 그 용서를 받는 삶을 살아서는 아
니 되는 것을 알았사옵나이다."
17 무엇을 깨달았기에 네가 이 아침, 그
리 눈물을 흘리는가?
18 "아버님! 부끄러워 고개를 들 수 없사
옵나이다.

19 아버님께서 그 성령의 말씀을 내려 주
시며 법전 한 권을 대하는 것이 소낙
비가 쏟아지는 속에 아버님께서 내리
시는 황금의 빗방울 한 방울을 감히
저희가 손에 받은 그 영광을 얻었다
하며, 그와 같이 축복을 받았다 하여
아버님의 법전을 읽고 또 읽었으며 성
령의 말씀을 듣고 또 들은 저희들이,
20 만백성의 그 고통과 그 죄를, 아버님
께 받은 영광으로써 그 죄를 다 지고
갈 수 있도록 모든 죄를 저희들에게
내려 주시고, 그 불쌍한 만백성을 구
원하여 주시고, 그들이 지은 죄를 용
서하여 주옵소서.
21 그 모두의 죄를 저와 저의 제자들이
받아 짊어지며, 그 죄의 대가를 저희
들이 스스로 받아 그들을 용서해 주시
는 아버님이 기쁨을 얻으시며, 그들이
지은 죄를 저희들이 짐으로 인하여 만
백성을 구할 수 있는 그 길을, 아버님
의 기쁨의 그 마음을 헤아리지 못하
고, 그와 같은 기도를 드리지 못한 저
와 저의 제자들을 용서하여 주옵소서.
22 아버님께 받은 그 은혜와 영광을 생각
할 때, 그 모든 백성들을 용서해 주옵
시고 그들의 그 죄를 다 저희들에게
내리시어, 고통스럽고 죽음보다도 더
한 형벌이라 해도 저희들이 스스로 받
겠다는 그와 같은 마음과 그와 같은
기도를 드리지 못한 저희들을 용서하
여 주옵소서.
23 아버님! 그리 기도드려야 당연한 것
이며, 그리 가야만 당연한 것이라는
것을 이제야 깨달았사옵나이다.
24 아버님! 만백성을 용서해 주옵시고,
만백성, 저희 형제들이 지은 그 죄를
저희들에게 다 씌워 주옵소서.
25 그리하여 저희들이 그 죄를 안고 지옥
불로 가 저희 스스로 타 없어지는 것
이, 그것이 저희들이 가야 할 길이며
행하여야 할 길이며, 아버님께 받은
그 은혜와 영광에 보답할 수 있는 길
이라 그리 생각하고 그리 기도하여야
함을 이제야 깨달았사옵나이다.
26 누구도 미워할 수 없으며, 그 어떤 사
람이 지은 죄도 저희들이 짊어지며,
그 죄를 돈으로 살 수 있으면 저희들
이 사 짊어져야 될 것이며, 노동력으
로써 그 죄를 저희들이 짊어질 수 있
으면 그 사람의 죄를 저희들이 다 짊
어지는 그와 같이 변한 자로, 그와 같
은 마음의 형태로써 세상사를 살아가
야 하는 것이 저희라는 것을,
27 아버님께 아들이요, 아버님의 혈통을
받은 자요, 그와 같은 영광의 축복을
받으면서도 그것을 모른 저희들을 용
서하여 주옵소서.
28 저의 제자들에게 그리 전할 것이며,
그리 가라 할 것이옵나이다.
29 모든 자들의 죄를 대신 질 수 있는 그
와 같은 위대한 깨우침과 그와 같은
변화된 마음으로써, 천사와 같은 마음
이요, 아버님의 그 심성이 무엇인가
깨닫고, 모두의 죄를 대신 짊어지고
고통의 세계로 갈 수 있는 그것이 아
버님의 아들이요, 아버님의 혈통을 받
은 백성이 할 길이라는 것을 알았사옵
나이다.
30 예수님께서 그 모두의 죄를 다 짊어지
고 가셨다는 그 뜻과 그 의미를 이제

야 깨달았사옵나이다.
31 그것이 바로 저희들이 가야 할 길이
며, 저희들이 행하여야 할 것이며, 저
희들이 부귀와 영화요, 편안함과 육신
의 행복과 구원을 받는 그 길을 달라
기도하는 것이 얼마나 큰 죄인가 하는
것을,
32 오로지 아버님께서 행하라 하신 대로
따르는 것이요, 저희들은 그 죄를 대
신 아버님께 받아 하늘에 오르는 길의
그 영광을 얻은 것으로써 그 모두의
죄를 저희들이 대신 짊어지고 가겠다
는, 그리고 그를 짊어지고 가고자 하
는 그 굳건한 마음가짐이 아버님을 향
하는 자식이요, 그 혈통을 가진 자들
이 가는 길이라는 것을,
33 예수님의 그 고행의 길을 이제야 들여
다볼 수 있는 이 죄인을 용서하여 주
옵소서, 아버님!"

2,971 번째 하나님 말씀

2002년 8월 15일 17시 16분

1 사랑하는 나의 아들아!
2 "네, 아버님! 말씀하옵소서."
3 너희들 인간 세속에 살아가면서 너희
들 삶에도 자기 분수에 맞지 아니하는
욕심을 부리면 그것이 얻어지고 성취
되는 것이 아니요, 도리어 화를 부른
다는 말이 있음이니라.
4 '올라가지 못할 나무는 탐내지 말라.'
는 그와 같은 말이 있으며, 너희들이
인간사의 세속에 살아오면서도 삶이
서서히 변하여 가는 것이 아니던가?
5 너희들은 60평생 너희들과 같이 인간
의 세월 속에서 살아온 나의 아들에게
하루아침에 천사와 같이 변화되는 모
습을 바라며 요구함이니, 이는 너희들
의 욕심인 것이니라.
6 나의 아들은 지금 나의 뜻에 따라 서
서히 변하여 가고 있음이니라.
7 내가 너희들에게 말하기를, 그가 변하
는 동안에 시간이 필요하며 그가 깨우
침이 필요함이라 내가 말하였음이니
라.
8 너희들 인간의 삶에서 학문을 터득하
는 자도 기초 학문부터 그가 성장하면
서 같이 변하여 가는 것이 인간의 도
리이니라.
9 너희들은 너희들과 같이 60평생을 세
속에서 온 인류가 살아가는 방법으로
살아온 그가 모두를 다 버리고 하루아
침에 예수요, 천사와 같은 자로서 변
해 주기를 바라며 그리 가야만 된다
그리 말하느니라.
10 그러나 이 세상 속에 살아가면서 수천
수만 가지의 부닥치는 그 속을 그가
체험하지 못하였으며 그가 겪지 못하
였음이니라.
11 그리하여 그가 살아가면서 깨우침이
무엇이며 믿음이 무엇이며 하늘에 오
르는 길이 무엇이며 믿음을 가는 자가
어떠한 형태로 가는 것인가 그를 하나
하나 그에게 내가 주입시켜 달래며 깨
우쳐 그와 같이 가고 있음이니,
12 나의 아들이 세상에 법전이 3부가 나
오며 4부가 나오며 10부가 나왔을 때,
그때 가서도 나의 아들이 법전대로 지
키지 못하며 나의 계명대로 살지 못하
며 나의 뜻에 의하여 살지 못한다 하

면 너희들은 등을 돌리고 떠날 수 있
다 하나,
13 너희들은 어찌하여 지금 초등 학문도
겪지 못한, 10부의 법전 중에서 기초
적인 열여섯 권의 법전을 낸 나의 아
들에게 세상에 다시없는 그와 같은 삶
을 요구하는가?
14 40이요, 50이요, 60이라는 그 세월에
살아온 너희들이, 내가 나의 아들에게
성령을 내려보내는 것이나, 나의 아들
이 너희들에게 성령의 가르침과 나의
법전을 공부하고 또 공부해서 너희들
이 깨우쳐 오는 것이, 다 그 길은 같음
이니라.
15 그러하거늘 너희들은 과연 얼마만큼
마음이 변해 있으며 너희 스스로 다스
려져 있는가?
16 너희들이 과연 천사와 같은 심성으로
얼마만큼 가 있으며, 나 여호와와 같
은 마음으로써 너희들이 어찌 변하여
왔는가?
17 너희들 자신을 몇십 퍼센트도 바꾸지
못하면서 너희들과 똑같이 살아온 나
의 아들에게 하루아침에 완벽한 삶을
살아가라 한다면, 그는 지쳐서 갈 수
가 없으며 지탱할 수가 없음이니라.
18 그가 서서히 살아가며 법전을 쓰는 그
양에 따라서 1부를 쓰고 2부를 쓰고
3부를 쓰면서 그 3부에 따라 변하며 4
부를 쓰며 또 깨달음을 얻고 거기서 5
부를 쓰며 그와 같이 그가 부수를 맞
추어 감에 따라서 깨달음을 얻으며 변
하여 감이니라.
19 그리하여 그가 지치지 아니하며 나 여
호와의 전지전능함을 알며, 내가 내리
는, 그때그때 맞는 그 체험을 또 그는
기적을 이루며, 그와 같이 훈련된 시
간 속에 그가 완벽한 사람으로 일어설
수 있는 것이거늘,
20 너희들은 어찌하여 너희 자신이 그와
같이 노력하며 너희들 스스로 마음을
비우는 것은 몇십 퍼센트의 마음도 비
우지 못하면서 나의 아들에게만 완벽
히 변해 주기를 원하며 바꿔 주기를
원하는가?
21 그리하여 등을 돌리고 떠나는 자, 그
리고 나의 아들에게 활을 쏘며 떠나는
자, 너희들은 내가 법전에 기록한 그
내용을 보라.
22 세월이 흐르면서 나의 아들이 변한다
하였으며, 그가 눈과 같이 백발이 되
었을 때 완벽하게 선다 하였거늘, 어
찌하여 그 약속 하나도 너희들이 지키
지 못하고 그와 같이 가는가?
23 지금 내가 너희들에게 전하고자 함이
니라.
24 추하고 더러운 자, 악한 행위를 하며
악한 일을 하며 살아가는 자, 그 마음
이 사악한 자는 사악하고 더러운 것만
눈에 보임이니라.
25 선하고 선하게 살아가고자 하는 자 그
는 마음속에 모두 선한 것을 갖고자
함이니,
26 악한 생각을 가지고 있는 자는 사탄이
그를 지배하게 되며, 선한 마음을 갖
고자 너희들이 살아가고 생각할 때 천
사가 너희들을 또 지배하여 너희들과
같이하게 되는 것을 알아야 될 것이니
라.
27 너희들이 천 가지, 만 가지로 변명을

하나, 악한 마음을 가지고 사는 자는
사탄이나 마귀가 그들을 환영하며, 천
사와 같은 마음으로 살고자 하는 자,
선한 쪽에 살고자 하는 자는 천사가
그들을 끌어안음이니, 이는 너희들이
변명할 여지도 없으며, 이는 한 치도
틀리는 오차가 없음을 알아야 될 것이
니라.
28 너희들이 무어라 하였건, 나의 성전에
와 공부한 자들, 나의 법전을 읽고 깨
우친 자들, 너희들이 거기서 이유와
변명을 달며 떠나간다는 것은 너희들
이 나의 성령의 깊이를 제대로 공부하
지 아니하였으며 나의 아들을 통하여
내리는 성령을 하나도 제대로 받아 너
희 것으로 만들지 못하였음이니라.
29 너희들은 어찌하여 나의 아들이 가는
그 원심의 깊은 뿌리의 마음을 모르
며, 그가 걸어가면서 옷에 스치는 것,
그의 손발에 스치는 것, 작고 작은 것
에 그리 연연하여 시시비비를 하며,
가장 큰 줄기의 변하는 것을 못 보는
가?
30 그는 너희들의 마음이 그리 사악한 것
이며 너희들의 마음이 어둡기 때문임
을 알아야 될 것이니라.
31 어찌하여 너희는 금화 한 닢을 가지고
따지며, 은화 한 닢을 가지고 따지며,
나의 아들이 한 끼의 식사를 하는 것
을 따지며, 그가 걸친 옷을 가지고 그
리 따지는가?
32 어찌하여 그 마음속의 변함이요, 그가
행하며 지키고 가고자 하며, 나 여호
와에게 경배하며 천사와 같은 마음이
요, 나와 같은 성령의 마음으로 그가
변해 가는 그 역사의 이루어지는 것을
너희들이 보지 못하고,
33 어찌하여 작은 것을 가지고 시시비비
를 하며 그리 싸우고 다투며, 너희들
이 나가 새로운 종파를 이루고자 하는
그와 같은 사악한 행위를 하는가?
34 그와 같은 자, 너희들이 마음을 비우
지 못한 자들이며, 악한 자 속에 악한
것만 보이며 악한 성령이 임하듯이,
너희들의 사악한 마음속에 사악한 영
이 임했음을 알아야 될 것이니라.
35 선하고 착한 마음이요, 모두를 사랑으
로 볼 때, 천사와 같은 마음이 너희들
에게 임한다는 것을 깨우치지 못하는
자, 영원히 구원의 길을 볼 수 없음을
알라.

2,972 번째 하나님 말씀

2002년 8월 15일 17시 23분

1 사랑하는 나의 아들아!
2 "네, 아버님! 말씀하옵소서."
3 구약의 그 긴 세월과 신약의 그 세월
속에 내가 만든 이 세상에 거쳐 간 나
의 피조물 만백성의 그 수를 헤아릴
수 없음이며, 앞으로 또한 그 수를 헤
아릴 수 없이 지구가 존재할 때까지
그들은 영원히 이 지상에 존재할 것이
니라.
4 그러나 그 많은 나의 백성들이 무엇을
위해서 살았던가?
5 그들은 구원을 받기 위하여 살았으며,
하늘에 오르고자 하였으며, 천사들이
사는 그 세상에 와 살고자 그와 같이
기도하며 경배하며, 저희들의 모든 시

간과 재물을 바쳐 가며 오로지 구원의
그 빛을 보고자 그들이 살아왔음이니
라.
6 그러나 이제 그들이 잘못 깨우쳤으며
잘못 가고 있음을 내가 누차 너희들에
게 말하였음이니,
7 나의 법전을 읽으며 나의 성령을 직접
들으며 나의 성전에서 공부하는 너의
제자들에게 너는 이와 같은 이치를 반
드시 일깨워 주라.
8 너희 인간들이 살아감에 있어서 천사
와 같은 심성으로, 천사와 같은 마음
으로 뚜렷하게 그 자신이 갈 수 있을
때, 너희들이 그와 같은 마음을 가지
고 천사와 같은 심성이요, 나 여호와
와 같은 심성으로 살아가고자 굳은 결
심과 뚜렷한 소신 속에서 행하며 그
삶을 엮을 때, 스스로 너희들은 그 변
화되는 것을 알게 되는 것이며,
9 너희들이 그와 같이 전진하여 변화되
는 그 삶을 너희 자신이 깨닫고 느낄
때, 그보다 너희들에게 더 큰 행복과
영광이 없으며,
10 너희들이 사악한 자들의 말에 넘어가
지 아니하며, 천사의 음성을 들으며
너희들이 변하여 하늘에 오를 수 있을
것이니라.
11 뚜렷한 소신을 갖고 천사와 같은 그
마음의 형태를 갖고자 그와 같이 살아
가는 자만이 나 여호와에게 가까이 오
게 되는 것이며, 내 품에 한 발짝 한
발짝 다가오는 그와 같은 삶을 살아가
는 것임을 알아야 될 것이니라.
12 천사와 같은 그 심성으로 살아가는
자, 이 세상의 육의 삶 속에서 그 아름
다운 지혜를 얻게 되며, 그리고 나에
게 오는 그와 같은 지혜의 삶을 얻게
되며, 그 속에서 모든 나의 백성들이
얻지 못하는 하늘에 오르는 빛을 보며
변하여 가기 때문이니,
13 그와 같이 변하여 가는 자, 너희들만
이 진정 내가 원하는 선한 사랑의 깨
달음을 알아, 또 행할 수 있는 그 지혜
를 얻게 됨을 알아야 될 것이니라.
14 너희들이 천사와 같은 심성으로 확고
한 믿음을 갖고 그리 변할 때 나에게
점점 가까이 오게 되는 것이며,
15 가까이 오는 자, 너희들은 하늘에 오
르는 변화되는 그 슬기로운 지혜를 얻
게 되는 것이며, 나에게 한 발짝 한 발
짝 다가오는 그 영광의 길을 볼 수 있
는 인간의 그 경이로운 지혜를 하나하
나 나로부터 얻게 됨이니라.
16 그리하여 참진리의 빛과 너희들의 생
명의 그 구원의 빛을 보게 됨을 알라.
17 너희들이 뚜렷한 믿음과, 나 여호와가
존재함과, 세상에 지금 마지막 제3의
시대에 만백성 너희들을 구하기 위하
여 밤과 낮을 가리지 아니하며 나의
아들을 통하여 내리는 성령이요, 그가
너희들을 구원하기 위하여 강론하며
나의 성령을 전해 주는 그와 같은 나
의 성전에 와 그 깨달음을 얻지 않는
자, 그를 보지 못하는 자, 너희들은 확
고한 신념을 세울 수가 없음이니라.
18 너희들이 몇천 년 동안에 종교 지도자
에게 배우며 구원받고자 기도를 하며
아무리 너희 손으로 지은 그 두꺼비집
같은 성전이라는 곳에 가 울고불고 기
도하고 광란의 믿음으로써 오로지 그

것이 구원의 길이라 발버둥쳐도, 너희
들이 그 문을 나올 때 허전하고 두려
움을 알 수 있음이니라.
19 내가 나의 아들을 통하여 너희들에게
말하였느니라.
20 수십억 인구들이 존재하며 살아가는
곳에 너희들이 지은 작은 성전에, 그
몇십 명의 나의 백성들만 들어갈 수
있는 그곳에서 설교하는 그 종교 지도
자만이 위대한 자이며, 그 성전에 오
는 자만이 구원을 받으며 하늘에 오를
수 있다는 그와 같은 너희들이,
21 너희들 자신의 초라한 모습과 너희들
의 현 위치도 알지 못하며, 백사장의
몇 알의 조약돌만도 못한 너희들만이
구원의 길을 가는 것이며 참진리를 찾
아간다는 환상에서, 믿음의 착각 속에
서 깨어나지 아니하는 자, 구원을 받
을 수 없다 하였음이니,
22 너희들이 천사와 같은 마음으로 살아
가고자 확실하고 뚜렷한 그와 같은 신
념을 가지고 갈 때 하늘에 오르는 빛
과, 악과 선을 바라볼 수 있는 지혜로
움을 얻게 됨이니라.
23 그렇지 아니한 자, 정녕 구원을 받을
수 없다는 것을 알아야 될 것이니라.
24 나의 법전 속에 기록된 것이 무엇이던
가?
25 참진리요, 그를 깨우쳐 하늘의 구원을
보는 것이요, 선한 마음으로써 선한
사랑을 행하고 살 수 있는 너희들의
마음의 지표요, 너희들이 깨달을 수
있는 모두를 그곳에 다 기록하여 전하
였음이니라.
26 나의 법전 속에 너희들이 살아가는 지
혜가 있음이며 깨달음이 있음이니라.

2,973 번째 하나님 말씀

2002년 8월 15일 17시 58분

1 사랑하는 나의 아들아!
2 "네, 아버님! 말씀하옵소서."
3 나의 피조물 만백성, 이 지상의 온 인
류요, 생명을 가지고 있는 그들이 그
리 원하고 소원하는 것이 무엇이던가?
4 천국이라는 곳에 오르고자 하는 것이
그들의 목적이고 목표이며, 그를 위하
여 그들이 그리 살아감이니라.
5 그러나 내가 그 답을 간단하게 세상에
내려보내 나의 법전에 기록하여 전해
주었음이니, 그 길만이 하늘에 오르는
길임을 그들에게 깨우쳐 전해야 될 것
이니라.
6 내가 너에게 160권의 법전을 세상에
내보내는 것은 나의 수십억 백성들의
그 성격과 그 깨우침과 각자가 보고
느끼는 모든 것이 다르기에,
7 의사가 처방하는 것처럼 각각 아픈 사
람에게 각자 다른 약과 처방을 내리듯
이 그와 같이 하여 나의 법전을 160권
으로써 세상에 내보내니,
8 거기에 네가 기도한 하나의 내용을 읽
고 깨우치며 한 번의 묵상의 기도를
보고 깨우치는 자들이 있고, 그 160권
을 다 읽어도 깨우치지 못하는 자들도
있으니,
9 그리하여 각자의 그 처방을 내가 이와
같이 내려보냈음이니라.
10 또 이와 같이 160권의 법전이 세상에
내려가는 것이 바로 무엇이던가?

11 너희들이 그리 천국에 오르고자 하는
그 목적을 달성하는 것을 이 속에 다
기록하였으니, 그 뜻이 무어라 내가
말하였던가?
12 내가 너에게 일러 말하지 않았던가?
13 하늘에 오르고자 하는 자, 나의 심성
과 같은 마음으로 변하는 그것만이 오
를 수 있는 길이라 하였음이니라.
14 천사와 같은 마음으로 변하는 그것만
이 너희들이 천국의 그 문에 들어설
수 있는 것이라 내가 너희들에게 그리
말하였음이니라.
15 천사가 사는 천국에 천사가 아니면 그
문에 들어올 수 없으며, 나 여호와가
사는 나의 나라에 나와 같은 심성을
갖지 않은 자는 들어올 수 없다 말하
였으니,
16 너희들이 곧 그와 같은 삶을 살며, 하
나님 나의 심성을 닮은 자요, 천사의
심성을 닮은 자요, 그와 같이 되고자
노력하며 그 길을 달려오는 자만이 구
원을 받을 수 있다고 내가 정답을 내
렸음이니라.
17 그러나 지금 너희들은 어찌 살아가고
있는가?
18 너희들이 과연 너희 마음을 다스렸으
며, 천사와 같은 마음으로 너희들의
사악한 마음, 그 욕심이요, 그 근원의
뿌리들을 다 버리고 살았다 말할 수
있는가?
19 내가 만든 이 자연의 성전이요, 이 지
구가 성전이라 하였으니, 이 지구에서
너희들이 나에게 기도하고 반성하고
회개하며 나의 십계명이요, 나의 법전
대로 읽고 깨우쳐 나와 같은 심성이
되고자 그리 노력하는 자만이 하늘에
오를 수 있다 하였으나,
20 너희들은 그 길을 간다 말하면서, 너
희들이 죽을 때까지 너희 손으로 만든
그 두꺼비집 같은 성전에 가 기도하고
경배하는 자만이 구원을 받을 수 있다
그리하여 나의 피조물 만백성을 불러
모아, 나의 뜻이요, 나의 근본과는 전
혀 반대되는 역행하는 것으로써 그들
을 다스리고 깨우쳐 지옥 불로 인도하
는 그와 같은 역사를 이루고 있다 하
였음이니라.
21 이제 나의 법전을 접하는 만백성 너희
들은 들어야 될 것이니라.
22 너희 손으로 궁궐보다 더 호화롭고 아
름답게 지어 놓은 그 두꺼비집 같은
성전보다 더 위대하며 자연의 순리대
로 흘러가며 자연의 순리대로 이어 가
며 존속해 가는 내가 만든 이 지상의
성전인 자연 속에서 너희들이 나에게
기도하고 경배하되,
23 너희들이 선한 마음이요, 천사와 같은
마음을 갖고자 변하고 노력하는 자,
선한 것을 보는 자는 선한 것만 보이
며, 선한 행동을 하는 자는 선한 행동
을 하게 되며, 또 거기에 선한 행동에
따라 선한 행동을 하며 선한 것을 보
게 되고 또 선한 것을 보게 되는 것이
너희들이 살아가는 그 형태요, 너희들
의 마음 자세라 내가 그리 일깨워 주
었으니,
24 너희들이 나와 같은 심성으로 살고자
노력하는 그것만이 하늘에 오르는 길
이라는 것을 오늘 내가 너희들에게 다
시 한 번 나의 법전에 기록하여 전함

이니,
25 나의 법전을 전하는 나의 만백성 너희
들은 이와 같은 것을 받아들여 너희
것으로 만들어 행하는 삶을 살아야 될
것이니라.
26 너희들이 믿음에 게으르며, 깨달음에
게으르며, 반성하는 데 게으른 그와
같은 삶을 살아서는 천사와 같은 심성
을 가질 수 없으니, 하늘나라에 오를
수 없다 하였음이니라.
27 내가 너희들이 나무를 뽑아 올릴 때
잔뿌리까지 다 쏙 뽑아 올리는 것처
럼, 하나의 잔뿌리도 끊어지지 않도록
뽑아 올리듯이, 너희들의 가슴속에 있
는 그 사악한 마음을 그리 다 뽑아 제
거하지 아니하면 너희들은 하늘나라
에 올 수 없다 하였음이니, 이것 하나
를 깨우쳐 이대로 행하는 마음을 갖고
살라.
28 그리하여 너희들이 1년, 2년 안에 그
와 같은 마음 자세로 변하여 살아가게
된다면,
29 너희들이 평생을 너희들이 지은 그 성
전에 가 구원을 받았다며 그저 다람쥐
쳇바퀴 돌듯이 가르침을 듣고 또 듣다
지옥으로 가는 그와 같은 삶에서, 너
희들이 단 1, 2년의 그 깨우침으로써
구원의 빛이요, 영광된 그 빛을 따라
하늘에 오르는 그 삶을 살 수 있는 영
광이 여기 있음이니, 이를 잊지 말고
행하도록 그리하라.

2,974 번째 하나님 말씀

2002년 8월 15일 18시 30분

1 사랑하는 나의 아들아!
2 "네, 아버님! 말씀하옵소서."
3 지금 수천 년 동안 흘러오는 그 속에
다져지고 다져진 그 종파의 뿌리들이
얼마나 강하며 얼마나 방대하게 내려
져 왔는가?
4 그리고 그 뿌리에서 또 뿌리가 흘러나
오면서 너희들이 최초에 나로부터 받
아 깨우치고 가르치고자 했던 그 모든
가르침은 퇴색되고 변질되어, 최초에
내가 너희들에게 내렸던 그 뜻과는 전
혀 관계없는 방법으로 지금 전해지고
또 전해져 내려오면서 서서히 변질되
고 또 변질되는 그와 같은 삶을 살아
가는 것이 지금 너희들이며,
5 믿음의 구원을 가고 있는 것도 또한
너희들이 그런 형태로 가고 있음이니
라.
6 그와 같은 형태의 가르침과 깨우침을,
너희들이 지금 믿고 있는 그것을 바로
잡고자 하는 것이 나의 뜻이며,
7 또한 너희들이 수많은 종파 속에서,
그 방대한 조직에서, 그 말단의 조직
에서 종교 지도자라 하여 가르치는 그
들이 얼마나 방대하고 많은 숫자를 가
지고 있는가?
8 그들에게 한번 물어보라.
9 너희들이 하늘에 오르는 길은 내가 무
엇이라 말하였으며, 영혼의 구원은 무
엇이라 말하였느냐?
10 육의 삶은 60이라는 그 점수 안에 너
희들이 살도록 다 내려와 있으며, 그

리고 계명은 너희들이 죽어 와 나의
하늘에 오르는 양식이요, 근본이라 내
가 말하였음이니라.
11 그리하였거늘 너희들은 어찌 가는가?
12 지금 밤과 낮을 가리지 아니하며 나의
법전을 쓰고 있는 나의 아들이 나의
성령이요, 내가 불로 직접 써 내려 너
희들이 지키고 살아야 된다는 그 계명
을 마음속에 새기고 또 새기면서 얼마
나 암송을 하며 또 그를 외우는가?
13 거기에는 무엇이 있는가?
14 내가 불로 직접 써 내린 것이니, 너희
들이 공부하는 구약이요, 신약의 그
성서는 변질될 수 있으며 나의 법전
또한 기록하고 또 전하는 자의 감시
감독이 소홀하여 또 틀리고 변질될 수
있고 변화될 수는 있으나, 내가 내린
그 십계명은 원액이니라.
15 변화될 수도 없으며 고쳐진 것도 없으
며 너희들이 잘못 그 뜻을 이해하고
가르치는 것도 없음이니라.
16 그것은 바로 내가 하늘에 오르는 근본
의 양식이라 하였으니, 그것이 가장
소중한 것이니라.
17 그러니 그 소중한 것을, 나의 아들은
그저 한 쪽의 나의 성령을 받아 책으
로 낼 때도 그를 암송하며 그를 기록
함이니라.
18 그러니 그 내용들이 과연 어떠한 것이
더냐?
19 내가 내린 것이며, 나 여호와가 만백
성을 구하기 위하여 직접 불로 써 내
린 것이니, 그걸 암송하며 그걸 지키
겠다고 몸부림치며 그와 같이 살겠다
하여 하루에도 수십 번씩 암송하며 마
음을 다지는 나의 아들이 과연 그 마
음속에 사탄이요, 사악한 뿌리가 내릴
수 있다 너희들은 생각하는가?
20 너희들은 여기서 지키고 스스로 깨달
아야 될 것이니라.
21 나의 아들이 하루에 수십 번씩 나에게
'아버님께서 불로 써 내린 그 계명은
절대적인 성령의 구원의 길이니 그를
지키겠습니다, 그리고 그리 지켜 가겠
습니다, 그 속에 있는 진실한 그 뜻을
깨우쳐 바로 행하겠습니다.' 그리 그
가 고통 속에서 암송하고 외워 나에게
전달함이니라.
22 그와 같은 것을 나의 아들이 아니면
과연 그리할 수 있는가?
23 나에게 선택된 목자가 아니면 그와 같
이 나의 계명을 암송하며 나에게 경배
의 기도를 드릴 수 없음이니라.
24 너희들이 나의 아들을 사탄이요, 이단
이요, 사악한 자라 그리 말하며, 너희
들은 진정한 구원의 길을 가는 백성이
라 말하며 선택된 믿음을 가는 자라
말하느니라.
25 그러나 너희들은 내가 직접 불로 써
영혼의 구원이라는 그 십계명을 얼마
나 암송하는가?
26 10년 동안 너희들은 그 앞에 얼마나
다짐을 하는가?
27 나의 아들이 죽어 간 그 십자가는 우
상이라 하였음이니라.
28 그리하여 나무로 깎은 것은 나무 우상
이요, 쇠로 깎은 것은 쇠의 우상이라
하였으니,
29 너희들이 그 십자가 앞에서 기도하며
경배하는 것은 수없이 그 우상 앞에

절하며 수천수만 번을 시도 때도 없이
그리하면서, 내가 불로 써 지키라는
나의 계명을 암송하며 그를 지키고자
몸부림치는 그와 같은 삶을 살아가는
그것은 보이지 아니함이니라.
30 그렇다면, 십계명 앞에 너희들이 과연
왜 지키지 아니하는가?
31 너희들이 십계명을 바로 지키고 살아
야 한다고 만백성에게 깨우쳤을 때,
그들은 정녕 그를 지킬 수 없다 하여
너희 손으로 만든 그 성전에서 등 돌
리고 떠나갈 것이 두렵고, 너희들에게
주어지는 금화와 은화를 거둘 수 없으
며 너희들이 떡과 생선을 거둬들일 수
없기 때문에 너희들은 그리 지키라 말
하지 아니하며, 스스로 너희들이 기도
할 때마다 그것을 암송하지 아니하며,
32 그를 나의 피조물 만백성에게 가르치
지 아니하며, 그리 살지 않는 자는 구
원을 받을 수 없다 그리 말하지 않음
이니,
33 거기에 너희들은 '네 부모를 공경하
라.'는 그것 한 구절만 가지고도 너희
가슴이 뜨끔하며 써늘함을 느낄 것이
니라.
34 신본주의요, 주일을 지키며 모든 재물
과 금화를 너희들이 지은 성전에다
바치라 그리하며, 너희를 길러 준 부
모는 뒷전이라 그리 말함이니라.
35 나의 십계명에 '네 부모를 공경하라.'
하였음이니, 부모를 먼저 공경하며,
형제간의 우애를 돈독히 함이 하늘에
오르는 길이라 성서에 기록되어 있거
늘,
36 그것도 그들이 그리 행함으로써 금화
와 은화를 너희들에게 바치지 않을까
두려워 그와 같은 것을 가르치지 아니
하며, 나의 십계명을 지키지 아니하고
살아도 구원을 받을 수 있다 그리 말
함이니라.
37 성서에도 기록되어 있음이니라.
38 형제간에 반목하는 자는 지옥 불에 간
다 하였으니, 그 부모를 핍박하는 자
가 과연 어디로 갈 것인가 너희들은
깨달아야 할 것이니라.
39 그와 같은 이치 하나도 깨닫지 못하는
너희들이 어찌하여 지금 나의 피조물
만백성을 구원하여 하늘에 오르는 길
로 인도한다 그리 말하는가?
40 너희들은 들어야 할 것이니라.
41 너희들이 그리하여 나의 백성들의 영
혼의 양식이요, 구원을 받을 수 있는
그 십계명은 그들에게 암송시키지 아
니하며, 너희들 스스로 그를 암송하고
지키기가 부끄럽고 너희 자신의 죄가
두렵고 무서워 너희들은 그를 암송하
지 아니하며 그를 지키고 살아가려 하
지 아니함이니라.
42 다만, 너희들이 보혈로써 모든 죄를
사해 주었으며, 너희들을 구원의 길로
인도한다는 나의 아들이 고통스럽게
죽어 간 그 십자가를 나무로 깎고 돌
로 깎고 쇠로 깎아 그를 붙여 놓고, 거
기에 너희들은 구원받는다며 나의 아
들의 이름을 부르고 광란의 짓을 하고
있음이니, 그것은 어떠한 것이냐?
43 그로부터 너희들이 죄를 사하여 주었
으니, 재물과 은화를 바치도록 하기
위하여 너희들은 나의 피조물 만백성
을 편안하고 쉬운 방법으로써 그리 이

끌어 감이니,
44 그리하여 나의 아들이 죽어 간 그 형
상을, 내가 보기에도 가슴이 아프며
내 마음이 찢어지게 아픈 그 십자가를
놓고 너희들은 거기에 기도하고 경배
하며 우상과 같이 그를 숭배하고 가는
것이니라.
45 나무 조각을 숭배하며 쇳조각을 숭배
하며 돌 조각을 숭배하면서 그리 가느
니라.
46 그 행위도 너희들이 금화와 은화요,
너희 생활에 육신이 편안하고자 하는
그 삶을 위하여 그리 행함이니라.
47 그러나 나의 아들은 어찌 말하는가?
48 나의 십계명을 그가 시도 때도 없이
암송하며 지키고자 하니,
49 너희들이 나에게 '바른 자식으로서 아
버님의 뜻에 따라 살겠다.'는 그 약속
을 나의 아들의 몇만 분의 일도 지금
못하고 있음이니라.
50 나의 아들이 한 장의 법전을 기록할
때마다 그를 암송하며, 그리고 만백성
을 위하여 기도할 때에도 십계명을 암
송하며, 한 사람의 어렵고 힘든 자를
위하여 기도할 때에도 십계명을 암송
하며 그가 나의 뜻을 받아 그들에게
깨우쳐 주고자 함이니, 이것이 너희들
과 나의 아들과의 차이임이니, 이는
하늘과 땅의 차이니라.
51 그는 말하느니라.
52 십계명을 지키지 아니하는 자는 하나
님의 성전이라 말하는 저희들이 있는
그 성전에 들어올 수 없으며, 내가 가
르치는, 나의 아들을 통하여 내리는
성령의 소리를 들을 수 없으며, 나의
법전의 책을 열어 깨달아 하늘에 오를
수 있는 기초가 되지 아니함이니,
53 먼저 십계명부터 배우며 그를 지킬 수
있는 마음부터 가지며, 하나하나 마음
을 변하고 또 깨우쳐 나 여호와 하나
님에게 한 발짝 한 발짝 다가가는 그
와 같은 변화되는 삶을 살지 못하거든
그곳에 들어오지 말라 그리하느니라.
54 그는 그리하여 말하느니라.
55 '하나님의 종으로서 실천하는 것은 천
가지 만 가지 다 많은 백성들에게 본
이 되어야 되며 그들에게 거울이 되어
야 된다.' 그리 가르침이니,
56 길거리에 그가 생선 한 토막을 사며
과일 하나를 사더라도 썩고 나쁜 것,
부패한 것을 제가 먼저 사가 일찍 먹
는 그와 같은 마음으로 살며,
57 그리고 그것을 팔지 못하는 그 장사꾼
의 가슴 아픔을 생각해서 그리하며,
그 마음의 자세를 그리 가라 그리 깨
우치니,
58 그리하여 그를 전하여서 그를 행하지
아니하는 자는 그 성전에 와 나의 성
령을 듣지 말라 함이니, 이게 곧 행함
이니라.
59 너희들은 무어라 말하는가?
60 믿음이라는 것은 행함이 아니요, 그저
너희 손으로 지은 그 두꺼비집과 같은
그곳에 와 예수의 이름으로, 보혈로
구원을 받았다 하며, 찬송을 부르고
금화의 재물을 바치면 다 용서를 받는
다 그리 그들을 가르치며 너희들이 이
끌어 가고 있느니라.
61 그리하여 믿음이 먼저요, 행함이 먼저
가 아니라 너희들은 그리 말하느니라.

62 아무리 스승이 너희들에게 가르쳐 주
고 머릿속에 그 좋은 학문을 넣어 주
어도, 그 제자가 배우지 아니하고 제
것으로 만들지 아니하면 아무 쓸모가
없으니,
63 사회에 나가서 그가 그 배운 것을 가
르칠 수 없으며 그를 따르는 백성을
구제할 수도 없는 것이니라.
64 그저 가르치는 선생의 뜻에 따라 그대
로 행해야 하는 것이니라.
65 부모가 바르게 살라 가르치는 것을,
평생 동안 가슴을 졸이며 피가 마르도
록 바르게 살라 가르치는 그 뜻을 들
으면서도 그를 거역하는 자는 어떤 인
간이 되겠는가?
66 부모가 지키라는 것을 지키고 그와 같
은 것을 제 것으로 만들어 행했을 때
그에게 깨달음이 있다 말하지 아니하
였는가?
67 나의 성령이 그러하니라.
68 내가 수천수만 가지를 너희들에게 지
키고 살라 명하여 나의 법전에 기록되
었으며, 그 구약과 신약의 총체적인
것을 지키도록 하기 위하여 십계명으
로 요약하여 만들었으며,
69 그리하여 구약과 신약은 십계명을 지
키는 그 역사를 이루기 위한 받침인
것이며, 그의 연습장이며, 그의 답을
가지고 있는 그와 같은 것이 바로 구
약과 신약인 것이니라.
70 그 십계명을 지키지 아니하고 너희들
이 구원을 받을 수 없음이니라.
71 이와 같은 이치를 깨우쳐, 너희들이
나의 피조물 만백성에게 십계명을 지
키는 것만이 구원을 받는 길이라 그리
가르쳤을 때, 오늘과 같이 무서운 시
대요, 사악한 종말의 시대는 되지 아
니하였을 것이니,
72 그 죄는 다 지금 수천 년 동안 많은 집
단을 가지고 나의 피조물 만백성을 이
끌어 사랑을 베풀며 나눔을 베풀며 선
하게 살아 하늘에 오르는 길을 간다며
말로만 가르치는 너희들의 죄이며, 너
희들이 그와 같은 지금의 세대의 원흉
임을 가슴 깊이 깨우쳐,
73 나의 법전을 보고 지금이라도 구원을
받는 그 길을 달리는 자, 너희들이 영
원히 생명의 빛을 보게 될 것이니 그
리 알라.

2,975 번째 하나님 말씀

2002년 8월 15일 20시 37분

1 사랑하는 나의 아들아!
2 "네, 아버님! 말씀하옵소서."
3 너희들 인간사의 세속에서 남에게 폐
끼치지 아니하며 남에게 누를 끼치지
아니하며 살아가는 자, 그는 그만큼
스스로 노력한 자며, 또 연구한 자며,
4 남들이 쉬는 시간에 자기의 목적을 위
해서 쉬지 않고 노력한 사람들이 남으
로부터 저주받지 아니하는 그와 같은
삶을 살아가는 것이니라.
5 모든 인류의 공익을 위하여 일하는
자, 그리고 과학의 문명이라 하여 무
엇인가를 개발하여 너희 인류의 삶에
보탬이 되어 그 이름을 남기는 자, 그
와 같은 자들이 하루아침에 이루어진
것이 아님이니라.
6 하나의 역사를 이루는 데는 아이들의

장난으로부터, 또 아이들의 생각으로
부터, 또 지나다 머릿속에 떠오르는
어떠한 생각으로부터 그를 기초로 하
여 하나의 역사요, 하나의 명품이요,
작품을 세상에 만들어 내는 것이 인간
세상에 너희들이 살아가는 것이며, 그
리하여 또 지구가 이와 같이 형성되어
있음이니라.
7 그러니 너는 여기서 들어야 될 것이니
라.
8 지금 네가 가는 길이, 네가 나의 법전
을 기록하여 만드는 것이, 이 세상의
창조주인 나로부터 성령을 들어 만백
성을 구하는 그 역사의 사업을 이루고
자 하는 네가 어찌 간다 생각하는가?
9 하나의 인간 세상의 과학이요, 무엇인
가를 만들어 인류에게 공헌한 자도,
처음서부터 부수고 만들며 또 시련과
고통 속에서 그가 창의력을 발휘하며
나로부터 지혜를 받아 무엇인가 역사
를 이룰 수 있는 것을 창조함이니라.
10 어찌하여 너는 하루아침에 나의 법전
을 세상에 전하여 만백성을 구하는 그
와 같은 너만의 그 꿈을 가지고, 그것
이 실현되지 아니하며 그게 빠른 시간
에 이루어지지 아니한다 하여 너 자신
이 두려워하며 주저앉으려 하는 그와
같은 마음을 갖는가?
11 네가 그와 같은 생각을 할 때 내가 너
를 용서하지 아니한다 하였거늘, 어찌
하여 네 마음이 그리도 나약한가?
12 수천 년 역사가 흐르면서 나에게 오르
고자 많은 나의 백성들이 저희들의 그
뿌리의 종파에 몸담아 기도하고 경배
하며 하늘에 오르고자 하느니라.
13 이 세상에 그 많은 종파요, 그 집단들
이 어찌 가는가?
14 나의 피조물 만백성을 저희 집단에 끌
어들여, 저희들을 숭배하며 저희들이
가르치는 그 설교를 귀담아듣게 하여
그들에게 각종 헌금을 거둬들이는 방
법으로, 하늘에 오르는 그 성령의 가
르침보다도 재물을 긁어모으는 곳에
더 신경을 쓰며 그것을 더 연구하며
생각하는 것으로 그들이 지금 지탱함
이니라.
15 그들은 나의 성령이요, 나의 뜻을 한
시간을 가르친다 하면, 몇십 배의 많
은 시간을 나의 피조물 만백성으로부
터 재물을 긁어모으는 것을 연구하고
깨우치는 데 소모하는 양립된 그와 같
은 삶을 살아감이니,
16 이는 정녕 진정한 길을 갈 수 없으며,
진정한 깨우침을 나의 피조물 만백성
에게 전할 수 없음이 여기에 있음이니
라.
17 그리하여 그들은 양면의 두 가지 길을
가게 됨이니, 하늘에 오르는 깨달음이
요, 나에게 오르는 참된 진리를 깨우
쳐 주며 하늘에 오르는 빛을 그들에게
비춰 그들이 광명의 길을 찾도록 하는
것보다,
18 그들이 저희들의 집단이요, 저희들이
속해 있는 손으로 지은 성전을 더 크
게, 더 아름답게, 더 호화롭게 지으며
저희들이 남들 앞에 제왕적인 그 삶을
영위하기 위하여 그곳에 더 많은 신경
을 쓰며, 그들이 그 금화를 거둬들이
고자 수없이 밤잠을 자지 않고 노력하
고 연구함이니,

19 그들은 성서를 가르치는 그 공부의 시
간보다 저희들이 재물을 긁어모으는
데 더 많은 시간을 보내고 있다 하면
너는 이를 믿겠는가?
20 그들이 정녕 진정한 믿음을 가르칠 수
있겠는가?
21 그들은 수천 년 동안 나의 피조물 만
백성으로부터 금화와 은화를 거둬들
였으며, 그들의 모두를 다 동원하여
수단과 방법을 가리지 않고 거둬들였
으니, 그 거둬들이는 명목도 머리가
천재가 아닌 이상 그 종류를 외울 수
없을 만큼 많은 숫자의 명분을 갖다
붙여 거둬들였음이니라.
22 그러나 너는 어찌하여 두려워하는가?
23 네가 나의 피조물 만백성으로부터 나
의 성전을 이끌어 가기 위해 금화를
긁어모아야 되며, 네가 만백성에게 나
의 법전을 전하며 만백성을 깨우치고
자 하여 금화와 은화를 거둬들이기 위
하여 네가 너의 제자들이요, 너를 따
르는 백성들에게 무엇을 내라 말하며,
그를 거둬들이기 위해서 네가 한시라
도 연구를 하는가?
24 너는 그저 내가 하늘에서 내려 주는
나의 성령이요, 내가 법전이라 명한
그 책을 가지고 네가 어떠한 것이든
다 이룰 수 있는 그 많은 분량의 금화
와 은화의 재물을 계속 내려 줌이니,
25 너는 이걸로 법전을 만들어 만백성에
게 전하면 그 전하는 만큼 스스로 네
가 나의 법전을 전하고 또 전할 수 있
는 그 역사가 이루어지게 되어 있음이
니, 그들과 너의 차별화가 하늘과 땅
보다도 더 엄격한 차이가 있음이니라.
26 그들은 남의 주머니에 들어 있으며 그
손에 들고 있는 그 금화와 은화를 세
치의 혓바닥으로 거둬들여 저희 것으
로 만들려 하니, 그 노고와 고충이 얼
마나 심한가 네가 한번 들여다보라.
27 너는 지나가는 너의 형제들에게, 그들
의 주머니에 들어 있는 금화와 은화를
힘으로, 물리적으로 한번 강탈해 보라.
28 그러면 어떻게 되는가?
29 모든 지나가는 사람들이 너에게 돌팔
매질할 것이며, 너를 사악한 무리라
말할 것이니라.
30 너희 손에 들고 있는 금화를 남이 빼
앗을 때 많은 사람들이 그에게 도둑이
요, 강도라 하며 돌팔매를 던지는 것
이니,
31 그보다 더한 지독하고 간악한 방법으
로써 금화와 은화를 거둬들이는 그들
의 노고가 얼마나 고통스러우며, 그들
이 얼마나 견디기 힘들며, 그들이 저
희 성전을 지탱하기 위하여 얼마나 고
통의 세월을 가는가?
32 너는 무슨 고통의 세월이 있는가?
33 내가 너에게 내려 주는 성령이 곧 금
화와 은화로 변하여 너를 도와주며,
네가 가고자 하며 네가 역사하는 것을
다 내려 주거늘,
34 어찌하여 네가 오늘의 나의 성령을 받
아 160권의 법전을 만드는 그 길을 어
렵고 힘들다 그리 말하는가?
35 내가 너에게 깨우쳐 주지 않았던가?
36 예수가 만백성의 그 죄를 지고 죽음으
로 인해서 구원받는 그 백성들을 보고
나 여호와가 즐거워하며 기뻐할 것을
대신하여 그가 많은 사람의 죄를 짊어

지고 죽고자 그 길을 갔음이니라.
37 너 또한 어찌 기도하며 어찌 가라 했
던가?
38 네가 기도하기를, 만백성의 죄를 네가
짊어지고 그를 안고 지옥 불로 갈 것
이니, 그리하여 그 많은 백성을 구원
하는 것을 보는 것이 나 여호와의 즐
거움이요, 기쁨이며, 네가 나 여호와
에게 받은 모든 은혜에 보답하는 길이
며,
39 네가 영광의 구원의 길에 오를 수 있
으며 네가 나로부터 받은 그 모두를
보답하는 것은 네가 그 많은 백성들의
죄를 가슴에 안고 지옥 불로 가는 것
이 가장 나를 기쁘게 하는 길이기에
그리 행한다 하느니라.
40 네가 말은 그리하나, 나의 피조물 만
백성의 죄를 안고 네가 그 지옥 불로
과연 내려갈 수 있는 마음이 되어 있
는가?
41 네가 정녕 그와 같이 갈 수 있으며, 너
의 제자들에게 그리 가르쳤으니 너의
제자들 또한 그리 갈 수 있는가 네가
한번 돌이켜 보라.
42 너는 그보다 몇천 배 간단하고 쉬운,
그저 네가 십계명을 외우며 나에게 기
도를 하고 경배할 때 내가 너에게 모
두를 통제할 수 있는 나의 성령을 내
려보내 주며, 그 성령으로 하여금 만
백성 중에 그를 읽고 깨우친 자, 그를
또 전하고 만백성을 구하기 위하여 전
하니,
43 이 지상의 몇십억의 인구가 동요할 것
이며 그들이 움직일 것이니라.
44 그들에게 네가 재물이요, 금화를 가져
오라는 것이 아니라, 그들이 나의 성
령인 법전을 읽고 '이는 구원의 길이
요, 창조주께서 내린 글이라' 하여 그
를 접한 것을 스스로 감사하며,
45 그리하여 그들이 그 법전을 전하고 또
전하는 그 속에 네가 하늘에서 이루어
진 것 같은 작은 천국의 소왕국을 세
상에 이루어 놓고 나에게 올 것이니,
그를 보고 너의 후손들이 세상을 그와
같이 만들도록 내가 이룬다 하였거늘,
46 어찌하여 오늘의 너 자신이 그리도
쓰러져 가는 그와 같은 나약한 형태로
써 너 자신을 나약하게 바라보는가?
47 네가 너의 제자들에게 말하지 아니하
였던가?
48 지금의 너의 제자들이 나약하여 볼 것
이 없으나, 그들에게 내가 임하여 그
들이 증거할 수 있으며 역사할 수 있
는 자들이기에 내가 선택하였음이니,
49 나의 아들인 네가 그와 같이 쓰러져
갈 때, 그 누구도 나의 뜻에 따라 하늘
에 오르는 그 역사요, 내가 천 년에 걸
쳐 새로 이루고자 하는 이 지상의 낙
원을 이룰 수 없음을 알아야 될 것이
니라.
50 아들아!
51 "네, 아버님! 말씀하옵소서."
52 누가 너에게 말하든, 너는 나의 성령
을 받아 기록하면 될 것이니라.
53 너의 제자들이 말할 것이니라.
54 내가 너에게 내려 기록한 그 성령의
뜻을 네 임의대로, 네 뜻대로, 네가 생
각나는 대로, 네 머리에서 계산되어
그와 같이 만드는 것이 아니냐 그리
말할 것이며, 그들은 그리 의심할 것

이며,
55 세상의 많은 백성들이요, 지금의 종교
지도자요, 그 종교 집단에서 하늘에
오르고자 구원의 길을 달려가는 그 모
두가 다 너를 그리 핍박할 것이니라.
56 이는 정녕 인간으로서 저 스스로 제
체험이요, 제 경험이요, 제가 생각나
는 대로 지어낸 것이지, 창조주의 말
씀이나 구원의 말씀이 아니라 그리 말
할 것이니라.
57 그러거든 너는 말하라.
58 '만백성 너희들은 한 장의 글을 써내
기 위하여 십계명을 과연 그 앞에 얼
마나 외웠는가? 이 법전은 장장마다
십계명을 외웠으니, 너희들이 이 짧은
기간에 이 말씀의 기록을 세상에 만들
어 낼 수 있는 자 있거든 나와 보라.'
말하라.
59 그 누구도, 이 세상에 어떤 나의 피조
물 만백성도, 이 짧은 기간에 나의 성
령이요, 너희들의 빛이 되는 나의 뜻
을 이와 같이 많은 양을 기록하여 낼
사람이 과거와 현재와 미래에도 없을
것임을 너는 알라.
60 그리하여 내가 너에게 3부를 넘기라
하였음이니라.
61 지금의 백성들이 열여섯 권의 나의 법
전을 보고 시시비비를 하며, 일부의
법전을 가지고 감히 그들이 너에게 공
박을 하느니라.
62 네 생각이요, 네가 사악한 자요, 네가
성서의 공부를 평생 동안 하며 아무도
모르는 깊은 산중에 혼자 연구하고 연
구하여 도가 튼 자며,
63 그리하여 지금의 모든 믿음의 길을 가
고 있는 그들을 공격하기 위한 사탄으
로서 세상에 왔으며, 둘도 없는 왕 사
탄이요, 마귀가 세상에 왔다 그리 말
하게 될 것이니,
64 그리하여 네가 3부를 넘기면 그때서
부터 그 누구도 나의 법전을 보고 감
히 이를 인간의 머리로 썼다 말하지
못할 것이며, 4부요, 5부요, 10부가 세
상에 나왔을 때, 그들은 거기에 변명
함이 없음이니라.
65 지금 네가 열여섯 권의 법전의 1부를
가졌으니, 종교 지도자들이 말하기를,
저도 쓸 수 있으며 제가 기도하는 그
것을 기록해도 이보다는 나은 책이요,
이보다 더 많은 양을 쓸 수 있을 것이
다 그리 말할 것이니라.
66 그들이 1부인 열여섯 권 분량의 기도
내용을 쓸 수 있을는지도 모를 것이니
라.
67 저희들이 허구한 날 기도하며 나에게
경배하며 남에게 무엇을 주라 내려 주
라는 그와 같은 내용을 써 봐도 두어
권의 책을 쓰지도 못해서 저희들은 반
복하는 이야기를 기록하지 아니하면
뒤에 쓸 수 없을 것이니라.
68 그저 주라, 던져 주라 하니, 그가 성씨
별로 바꿔서 박씨에게도 주고 이씨에
게도 주고 강아지에게도 주고 소에게
도 주고 돼지에게도 주라 그리 써 붙
이며 그저 주라 주라 하여 그 책을 두
권이나 세 권은 쓸 수 있을망정, 열여
섯 권의 나의 법전 1부의 분량도 쓸
수 없을 것이니라.
69 그러나 아직은 그들이 열여섯 권을 쓸
수 있다 말함이니라.

70 그는 두 손으로 들고 너희 마음대로
던지고 주무를 수 있는 양이기 때문에
그러느니라.
71 나의 피조물 만백성, 저희 신도라 하
는 자들을 이리 우롱하고 지금은 달랠
수 있으나, 이는 손으로 하늘을 가리
는 것이니라.
72 너희들이 두 손으로 들 수 없는 그와
같은 무게의 나의 법전이 세상에 나왔
을 때, 제 몸의 높이보다 더 많은 법전
이 세상에 나왔을 때, 저는 감히 이를
쓸 수 없다 말할 것이니,
73 스스로 제가 이와 같이 나의 법전의 1
부를 쓸 수 있다 말한 자, 그들의 키보
다 더 많은 나의 법전이 세상에 나와
그 빛을 발할 때, 제가 오늘의 한 이야
기가 부끄러워 스스로 제가 설 자리를
잃게 될 것이니라.
74 그와 같은 역사를 이루는 네가 어찌하
여 3부의 그 고비를 넘지 못하고 오늘
의 그 고통과 시련 속에 가는가?
75 내가 너를 보좌할 너의 제자들을 보내
며, 너와 더불어 가는 제자들이 있으
며, 그와 같은 자들이 같이 있거늘,
76 내가 너에게 그리 많은 상을 내려 네
가 지탱할 수 있는 축복을 다 내려 주
거늘, 어찌하여 네가 그리도 흔들리며
마음 약한 소리를 하는가?
77 그래서는 안 될 것이니라, 나의 아들
아!
78 천 년에 걸쳐서 나의 피조물 만백성을
구하는 그 역사를 이루지 않는가?
79 모세가 이끌어 나온 그 백성들이 얼마
나 되는가?
80 한 가족의 집단이 몇백 년 만에 그와
같이 헤아릴 수 없는 그 많은 후손들
이 내려졌으니,
81 지금 나의 법전이 세상에 뿌려지니,
그것이 사람의 후손을 양성하는 것처
럼, 나의 성령이 내려가 육신에 성령
을 넣어 그들이 성령을 받아 성령으로
써 태어난 사람으로 바뀌는 그와 같은
역사가 이루어짐이니라.
82 한 가족이 몇백 년 만에 헤아릴 수 없
는 그 후손을 이루었듯이, 나의 법전
을 가지고 세상의 만백성을 구하는 너
는 천 년에 걸쳐서 그 역사가 어찌 변
화될 것인가?
83 너는 지금 상상할 수 없으나, 천 년 후
에 천사와 같은 자들만이 이 세상에
존재함을 알라.
84 이것이 이루어지는 것이며, 나의 역사
이며, 내가 이루고자 함을 너는 알아
야 될 것이니라.
85 그 가는 길에 어렵고 힘든 그 고비 고
비마다 네가 좌절하며 네가 주저앉으
며 등 돌려 도망가려 한다 하면, 과연
이 일을 누가 하겠는가?
86 나의 아들 예수는 죽음으로써 그 임무
를 다했음이니라.
87 너 또한 나의 아들임이니라.
88 나의 아들인 너는 어찌하여 예수와 같
은 그 고통의 시간 속에서 피하려 하
는가?
89 예수가 죽기 전에 제가 받아야 할 그
잔을 다른 데로 옮길 수는 없으며 받
지 않으면 아니 되겠나 하여 그 기도
하는 마음을 내가 아느니, 네 마음을
이해할 수 있음이니라.
90 그러나 너는 내가 내리는 이 잔을 거

부할 수도 없으며 쏟을 수도 없으며
도망갈 수도 없음이니, 네가 받아 마
시는 그 길밖에 없음을 알라.
91 너의 제자들도 그와 같은 각오의 마음
으로 너를 따르는 자는 길이 남을 것
이니, 그리 알라 전하라.

2,976 번째 하나님 말씀

2002년 8월 15일 21시 18분

1 사랑하는 나의 아들아!
2 "네, 아버님! 말씀하옵소서."
3 이제 너희들이 수천 년 동안 그리도
부르짖고 왔던 '삼위일체'라는 그 교
리를 깨달을 때가 되었으며, 너의 제
자들과 나의 법전을 읽는 만백성 너희
들은 깨달아야 할 것이니라.
4 너희들은 창조주인 나 여호와 아버지
도 전지전능하며, 나의 아들도 하나님
과 같이 전지전능한 자며, 성령이요,
성신 또한 나처럼 전지전능한 하나님
이라 똑같이 그리 말하는 너희들의 삼
위일체의 그 교리를 이제는 중단할 때
가 되었음을 알아야 될 것이니라.
5 너희들은 말하기를, 이 세상의 창조주
는 나 여호와 아버지라 말하며, 내가
존재한다, 그리고 내가 다 창조했다
그리 말함이니라.
6 그러나 너희들은 어찌하여 삼위일체
라는 그 교리를 가지고 나의 피조물
만백성을 혼란케 하는가?
7 너희들이 세상에 살아가는 그 진리가
정녕 위대한 것이며 그 진리는 하나이
거늘, 그 진리가 둘이요, 셋이 내려간
다면 너희들의 그 혼란한 그 상태를
걷잡을 수 없을 것이니라.
8 하나의 정답이 세 개요, 네 개의 정답
으로써 비춰져 나온다면 그는 정답이
아님이니라.
9 그리하여 그 혼란은 막을 수도 없는
것임을 너희들은 알아야 될 것이니라.
10 창조주인 나 여호와를 전지전능한 하
나님이라 말하며, 아들이 또한 전지전
능한 하나님이며, 또 성신이 전지전능
한 하나님이라 하는 그와 같은 교리를
이제는 너희들이 더 이상 끌고 갈 생
각을 해서는 아니 됨이니라.
11 창조주인 나 여호와가 나의 성령의 법
전에 제3의 시대에 이를 밝힘이니,
12 창조주는 나 하나며, 위대한 참진리를
세상에 전하는 것 또한 나 여호와 하
나뿐이라는 것을 너의 제자들과 나의
법전을 읽는 백성들은 깨우쳐야 될 것
이니라.
13 내가 오늘 이 깊은 밤, 밤과 낮을 가리
지 아니하며 나의 아들 한 사람을 통
하여 160권의 법전을 내려보내며, 그
가 죽을 때까지 하늘의 이치를 기록하
고 또 기록하여 너희들에게 전하는 그
역사를 이룸이 어찌하여 그리 이루어
지는가?
14 내가 너희들에게 하늘의 비밀을 말하
지 아니하였던가?
15 이 160권이라는 법전이 10부로 나누
어짐이니, 이게 1부가 백 년 동안 너
희들을 가르치며, 2부가 백 년을 가르
치며, 그리하여 10부가 세상에 나오
는 것은 천 년 후에 이루어짐이니,
16 그리하여 만백성을 깨우쳐 하늘에서
이루어진 것같이 지상에 이루고자 한

다 하지 아니하였는가?
17 그러나 나의 아들이 천 년을 살 수가
없으며, 나의 아들이 오래 살아 백 년
마다 1부의 16권씩 만들어 낸다면 너
희들은 더 이상 말할 수 없으나, 나의
아들은 33년이라는 내가 그에게 명해
준 그 시간을 넘길 수 없음이니,
18 그가 그 안에 천 년에 걸쳐 백 년마다
나와야 할 그 1부씩 10부까지 160권
을 지금 다 만들어 세상에 내보낸다
하였음이니라.
19 그 이치의 뜻이 무엇인지 알겠는가?
20 내가 진리를 가지고 나의 피조물 만백
성 너희들을 일깨워 주되, 한 사람에
게 진리를 내려보내야 되는 것이요,
21 두 사람에게 가르치면, 내가 가르칠
때는 정확하게 가르쳤으나 받아들이
는 사람이 셋이요, 넷일 때 받아들이
는 자가 생각하기에 따라 다르며, 또
받아들인 자가 전할 때 그 전함이 문
제요,
22 그리하여 진리는 둘이 될 수 없으며,
이 세상의 모든 백성을 하늘에 구원하
는 나의 법전을 만드는 것이 두 사람
이 있을 수 없고 오로지 나의 아들 한
사람으로써 이루어지며,
23 그리하여 나의 아들이 죽어 나에게 오
르기 전에 세상에서 천 년에 걸쳐 나
가야 할 160권의 법전을 다 만들어 그
가 전해야만, 한 사람이 만든 것이기
에 너희들이 하나로 모일 것이니,
24 너희들이 이것은 '박'씨 것이요, '이'씨
것이라 하여 너희들이 성씨마다 붙여
가지고 그 성씨가 진짜라 하여 박씨는
박씨대로 그리 모이고, 이씨는 이씨
것이라 부르짖는 거기에 모이는 그와
같은 형국을 내가 막고자 하여 내가
너의 사진을 넣었으며 그리하라 하였
음이니라.
25 그런데 하물며 너희들이 지금 삼위일
체라 그리 말함이니, 이는 너희들이
깊이 깨우쳐야 될 것이며,
26 너희들은 창조주가 전지전능한 여호
와 아버지인 나 하나뿐이라 말로써는
그리하면서, 어찌 그와 같은 어리석은
것으로써 나의 피조물 만백성을 그리
우롱하는가?
27 이제 너희들은 그와 같은 것을 닫아야
될 것이니라.
28 너희들은 천 년이요, 2천 년의 역사가
흐르는 동안에, 그 몇천 년 동안에 그
성서를 몇 사람이 만들고 또 기록하여
나올 때, 그들의 그때 환경과 그 여건
에 따라서 변조되어 기록되었음을 이
제 내가 나의 아들을 통하여 너희들에
게 3부에서 밝힘이니라.
29 내가 이와 같은 것을 1부나 2부에서
일찍이 확실히 너희들에게 밝혔다면,
너희들은 나의 아들을 이 세상에 존재
치 못하게 했을 것이며, 이 법전이 세
상에 나오지 못하게 했을 것이니라.
30 그러나 3부가 세상에 나오면 너희들
이 막을 수 없음이니, 내가 너희들에
게 밝힘이니라.
31 몇천 년 동안 이 성서를 기록하며, 이
성서를 너희들이 말하는 믿음의 제왕
이라고 자칭하는 자들만이 가지고 있
었으며, 일반 서민이요, 일반 백성들
은 보지도 못하며 공부도 못하고 깨우
치지도 못하도록 하였으니, 그 속에서

무수히 변해 오며 저희들의 입에 맞도
록 고쳐진 부분이 수없이 있음을 알아
야 될 것이니라.
32 이는 그때 환경에 따라 변조된 것이
있었으니, 너희들이 그리하여 성서의
깊은 속을 모르며, 내가 원하는 그것
이 그대로 흐르지 못하여 중간에 바뀐
부분이 있으니,
33 그것이 하나의 맥락을 이루지 못하여,
듣는 자도 마음대로 들으며 가르치는
자 또한 제 뜻대로 해석하고 가르치는
이와 같은 역사의 변천이 이루어져,
지금 하나도 제대로 하늘에 오르는 그
길을 볼 수 없다 하였음이니라.
34 너희들이 그와 같이 변조되지 아니한
부분이 있었다면, 너희들은 십계명은
불로 쓴 것이니 죽어도 그를 지키라
했을 것이며,
35 구약 시대라는 것은 십계명을 지키기
위하여 존재했으며, 또 신약의 시대가
그를 받치고 그를 제대로 시행하고 살
아갈 수 있도록 그를 보좌하며 다스려
나가고 너희들을 깨우치기 위하여 열
렸다는 것까지도 너희들은 알게 될 것
이니라.
36 너희들이 임의로 변조하며 신약 시대
에 모두를 맞춰 그리 나갔음이니, 중
간중간에 너희 뜻대로 변조한 그것 때
문에 그 맥락이 끊어졌음이니라.
37 물이 위에서 아래로 흐르되 그 물을
중간에 막고 고이게 해서 또 흐르게
한다면, 과연 그 물이 위에서부터 밑
에까지 반듯이 흐르는 그 역사를 할
수 있는가?
38 그 물은 이리도 가고 저리도 가고 수
없이 흘러 갈라질 것이니, 지금 이와
같이 수천 수억의 종교 지도자들이 여
름밤에 개구리 울부짖듯이 그리 부르
짖으며, 제 앞에 오면 구원을 받으며
하늘나라에 가며 축복을 받는다 하는
그와 같은 형국이 되었으니,
39 내가 제3의 시대에 나의 성령을 태워
서 마지막으로 이를 바로잡고자 함이
여기에 있음이니라.
40 나의 법전의 이를 보고 깨우치고 이를
보고 공부하는 자, 나의 성전에 찾아
오는 너희들이 얼마나 위대한 자들인
가를 알아야 할 것이니라.

2,977 번째 하나님 말씀

2002년 8월 15일 21시 58분

1 사랑하는 나의 아들아!
2 "네, 아버님! 말씀하옵소서."
3 너희들 인간이 나로부터 생명을 받아
세상에 나가 살아감이니, 너희들이 살
면서 악하고 추하며 사악한 행위를 하
고 살면 사탄이요, 사악한 영이 너희
들을 잠식하게 되어 너희들은 사악한
마귀요, 악마로서 그리 변하며, 용서
받을 자도 용서받지 못할 자로 살아가
고 변화되는 것이니,
4 너희들 인간의 삶이 그와 같이 변하여
사는 길이 있음이니라.
5 선하고 착하고 아름답게 살면 천사의
영이 너희들에게 임하니, 너희들은 천
국에 오를 수 있는 그 영광의 길을 얻
고 살아가는 자가 됨이니라.
6 너희들이 악한 영을 받아들여 죄를 지
으며 사악한 생각을 하고 사는 추한

인간으로서 살아갈 것인가, 선한 성령
이 너희들에게 임할 수 있도록, 천사
와 같은 성령이 임할 수 있도록 너희
들이 그리 살아갈 것인가?
7 선택의 길은 너희들에게 있음이니라.
8 그는 누가 너희들을 그리 인도하는 것
도 아니며, 누가 너희들을 바로 세우
는 것도 아님이니라.
9 너희들 스스로 어찌 살아가며, 사악한
생각으로 사느냐 천사와 같이 아름다
운 생각으로 사느냐에 따라서 사악하
게 사는 자는 사탄이 잠식하여 사탄이
되는 것이며, 천사와 같이 사는 자는
천사의 영이 임하여 천사가 되는 것이
니,
10 너희들이 천국에 오를 수 있는 길을
얻고 못 얻는 것은 너희들 자신에게
달렸음이라 내가 너희들에게 수차 말
하였음이니라.
11 그리하여 너희들이 선택의 여지요, 너
희들이 구원을 받고 못 받는 것은 너
희들의 의지에 달렸음이니라.
12 너희들이 살아가면서 악하게 사는 자
는 악하고 더럽고 추한 것만이 눈에
보이며 너희들의 생각이 그리 잠식되
니, 모든 것이 그와 같은 방향으로 보
이고 세상사를 그와 같이 너희들이 생
각하며 살아가게 되는 것이니라.
13 선하고 천사와 같은 마음으로 사는 자
는 선하고 아름다운 것만이 보이며 너
희들의 마음이 그 그릇으로 채워짐이
니, 너희들이 곧 천사가 되어 천국에
오르는 그와 같은 변화가 됨이니,
14 너희들이 마음먹기에 따라서 선한 생
각을 하는 자는 선한 것만 보이며, 악
한 것을 생각하는 자는 악한 것만 보
이는 그와 같은 것이 너희들의 인생의
삶이니라.
15 이는 너희들 스스로 마음에 따라 결정
하며 너희들이 정하는 길이니라.
16 그러나 지금 수천 년 동안 너희들이
살아오면서 종교 지도자요, 너희들을
구원한다 가르치는 그들이 과연 어떠
한 방법으로 살았던가?
17 너희들이 오로지 하늘에 오르는 그 하
나의 집념이요, 일념을 갖고 나의 성
령이요, 나의 계명이요, 나의 뜻대로
살아왔다면, 너희들 마음속엔 오로지
천사와 같은 생각들만이 임하여 너희
들이 천국의 문에 올 수 있는 그와 같
은 길을 올 수 있으나,
18 인간의 사악한 욕심이요, 성령의 뜻도
모르며 너희들의 영혼의 양식인 십계
명 그 자체도 지킬 수 없다 하여 그리
거부하니, 그와 같이 거부하는 자는
나를 부인하는 자라 하였음이니,
19 그와 같이 가르치는 종교 집단의 체제
가 계속 뿌리를 내리고 또 뿌리를 내
려, 그 후손이 그를 잇고 또 그 후손이
이으면서 서로 변화되고자, 서로 저희
를 가르친 스승보다도 더 낫고자, 더
많은 신도를 이루고자, 더 많은 큰 성
전을 이루고자, 더 많은 사람들을 모
아 놓고 설교하고자 하는 그와 같은
마음에서 너희들이 진정한 진리는 내
팽개치고 너희 인간의 계획과 인간의
생각으로써 그와 같이 지금 변해 왔으
니,
20 그와 같은 것을 가르치는 자, 그와 같
은 마음을 갖고 사는 자, 그 후손으로

서 계속 연계되는, 나로부터 선택된
그 백성들이 어찌 살아가는가?
21 선한 마음이 그들을 지배하는 것인가,
악한 마음이 그들을 지배하는 세상이
되었는가?
22 지금 나의 십계명이요, 나의 율법대로
살 수 없다는 자들, 너희들은 선함을
생각하고 사는 것이 아니요, 악한 것
을 생각하고 사는 자들이니, 그 사탄
에게 잠식되어 너희도 모르게 그리 지
옥으로 흘러가는 그와 같은 삶을 살아
가는 것이 지금의 너희들의 그 형태이
니라.
23 그리하여 너희들이 그 살아가는 것을
너희들의 선조요, 너희들의 조상이요,
너희 뿌리가 그를 바로잡을 수 없으
니, 위에부터 혼탁하며 위에부터 썩어
서 내려오는 그 물이 계속 그리 탁류
로서 흘러가며, 내려갈수록 탁류가 더
심해져 가는 그와 같은 형상이 이루어
지니, 그를 누구도 바로잡을 수 없음
이니라.
24 이제 너희들이 말하는 대로 세상은 말
세요, 도둑이 들끓으며 사탄과 마귀가
이 세상을 지배한다 그리 말하니,
25 착하고 선한 것은 존재하지 못하며,
이제는 천사와 같이 아름다운 마음으
로 살아가고자 하는 자가 사악한 자
요, 사탄으로 그리 비침이니,
26 그리고 사탄이요, 사악한 자들이 그
집단의 수를 믿고 선한 자를 악이라
믿으며, 저희들이 천국에 오르는 선한
자들이요, 나 여호와의 뜻에 살아가는
자들이라 그리 말하니,
27 거기에 거부할 사람이 없으며, 거기에
반론할 사람이 없으며, 너희들이 잘못
가고 있으니 그를 바로잡을 수 있다
말하는 자가 없음이니,
28 그들의 오만방자한 그 뿌리는 세상을
덮어, 지금 하늘과 같이 아름다운 천
국의 낙원을 지상에 이루려는 나의 모
든 계획이 다 짓밟혀졌으며 다 뭉개졌
으며, 그와 같은 기초를 세울 수 없는
이와 같은 형국이 되었느니라.
29 지금의 가고 있는 그 잘못된 종교 지
도자들이요, 잘못 가는 그것을 알면서
도 너희들이 그를 과감히 절단하지 못
하며 그를 거부하지 못하며 그를 바로
잡지 못하는 그와 같은 형국이 되어
있으니,
30 악은 악의 씨를 뿌리고 뿌려, 선한 것
은 찾아볼 수도 없는 그와 같은 형국
을 이루어, 내가 너희들을 더 이상 볼
수 없기에 지금 나의 아들을 통하여
이 밤에 나의 성령을 너희들에게 내려
보내 바로잡고자 함이니,
31 바로 나의 성령이요, 나의 법전이 악
한 자의 마음을 갖도록 하여 악한 사
탄에게 잠식되는 그와 같이 가는 길을
가르침이 없음을 너희들이 알아야 될
것이니라.
32 나의 성령을 나의 법전에 기록하여 내
가 너희들에게 말하기를, 나의 뜻대로
살며 선한 자는 선한 자식을 낳으며,
선한 자, 천사와 같은 마음으로 변하
며, 나 여호와의 심성으로 너희들이
변하여 하늘에 오를 수 있는 그와 같
은 기초요, 깨우침이 여기에 기록되어
있음이니,
33 이 책을 보고 눈을 뜨는 자는 이것이

정녕 지금같이 썩어지며 혼탁한 마귀
와 사탄 속에서 뛰쳐나올 수 있는 그
유일한 밧줄인 줄 알아야 될 것이니라.
34 너희들의 생명을 건져 내는 오로지 하
나의 밧줄이며, 이것만을 보고 잡는
자, 구원을 받을 수 있다는 것을 알아
야 될 것이니라.
35 글로써 내가 법전이라 하여 세상에 내
린, 나의 성령이 기록된 이 책에, 너희
들이 거짓되게 살도록 되어 있으며 너
희들이 남을 속이고 살게 되어 있으며
너희들이 도덕이요, 질서를 위배하는
그와 같은 삶 속에서 육의 행복만을
추구하는 내용이 기록되어 있다면, 이
는 정녕 나의 성령이 아니니라.
36 그리고 잘못 가고 있는 너희들을 바로
잡을 수도 없음이니라.
37 그러나 이 법전을 기록하는 장장마다
나의 아들이 나에게 눈물의 고백을 하
여 십계명을 암송하였으며,
38 그리하여 그는 그 십계명대로 사는 것
이 하늘에 오르는 길이라는 굳은 마음
으로써 밤과 낮을 가리지 아니하고 수
천수만 번 계명을 외우며 이 법전을
기록하여 세상에 냈음이니라.
39 그러니 너희들은 나의 법전의 내용을
읽어 보면 거기서 깨우침이 있을 것이
며 바른 빛을 볼 것이니라.
40 그리하여 나의 법전을 놓고 무조건 너
희들의 종교 집단에서 이단이요, 사탄
이라 가르치는 그와 같은 현혹된 말에
너희들이 나의 법전을 보고도 다시 덮
는 일이 있어서는 아니 될 것이니라.
41 그들이 정녕 바른길이며 진리요, 하늘
에 오르는 그 빛이요, 너희들의 생명
의 구원의 빛을 똑바로 가르치는 자
며, 나로부터 선택되어 진정한 목자로
서 너희들의 안내자라면, 너희들이 무
슨 책을 읽든, 어느 집단에 가서 기도
하든, 예배를 하든, 그것을 의심치 아
니할 것이며 불안해하지 않을 것이며
그를 막지 아니할 것이니라.
42 나의 아들이 바로 그리 감이니라.
43 그를 막는 자, 보지 못하게 하는 자,
그를 태우게 하는 자, 그들이 위선자
요, 사탄이요, 사악한 자요, 나에게 오
르는 그 길조차도 모르고 암흑을 헤매
는 그들에게 밝은 빛을 못 보도록 함
이니라.
44 밝은 빛을 비추는 그것을 그들이 가리
고 막으며 너희들이 보지 못하도록 암
흑의 세계에서 그저 그들을 끌고 다니
며 제왕적인 자리를 지키고자 하는 것
이 지금 사악한 자들의 행태니,
45 나의 법전을 너희들이 끝까지 읽어 보
도록 하라.
46 읽고 나서 그를 평가하는 위대함을 얻
도록 그리하여야 될 것이니 그리 알라.

2,978 번째 하나님 말씀

2002년 8월 15일 22시 35분

1 "너는 나 외에는 다른 신들을 네게 있
게 말지니라.
2 너를 위하여 새긴 우상을 만들지 말
고, 또 위로 하늘에 있는 것이나, 아래
로 땅에 있는 것이나, 땅 아래 물 속에
있는 것의 아무 형상이든지 만들지 말
며, 그것들에게 절하지 말며, 그것들
을 섬기지 말라.

3 너는 너의 하나님 여호와의 이름을 망
령되이 일컫지 말라.
4 안식일을 기억하여 거룩히 지키라.
5 네 부모를 공경하라.
6 살인하지 말지니라.
7 간음하지 말지니라.
8 도적질하지 말지니라.
9 네 이웃에 대하여 거짓 증거하지 말지
니라.
10 네 이웃의 집을 탐내지 말지니라.
11 나 여호와가 존재함을 믿는 그 자체가
구원의 길에 들어서는 기본이요, 근본
이며, 나의 법전을 가슴에 안고 정독
하는 자, 반석 위에 서서 하늘에 오르
는 찬란한 빛을 보게 되는 영광을 얻
게 됨이니라."
12 사랑하는 나의 아들아!
13 "네, 아버님! 말씀하옵소서."
14 내가 이 깊은 밤 너에게 십계명을 암
송하게 하여 나의 법전에 기록하여 이
를 길이 남기고자 함이니,
15 시간마다 기도할 때 이와 같이 십계명
을 암송한 다음에 네가 나의 뜻을 받
아 기록하는 것을 누가 믿으려 하겠는
가?
16 그러하니 내가 오늘 이와 같이 기록을
하여, 네가 십계명을 암송한 다음에
나로부터 뜻을 받아 이 법전의 160권
을 만드는 그 역사를 이루었던 것을
증거하고자 하여 내가 또 이 밤에 십
계명을 암송하는 것을 기록하도록 하
였음이니라.
17 사랑하는 아들아!
18 "네, 아버님! 말씀하옵소서."
19 내가 너로 하여금 십계명을 암송하게
하여 여기다 기록하며, 그를 이어서
내가 기도문을 너에게 내려서 이와 같
이 장장마다 그리 기록하며, 네가 십
계명을 암송하고 만백성을 위하여 나
의 기도를 들었다 하면,
20 그들은 장장에 쓰여 있지 아니하기 때
문에, 네가 십계명을 암송하며 기도를
받아 나의 성령을 기록했다는 것을 믿
지 않을 것이니라.
21 보통 사람들도 믿으려 하지 아니할 것
이며, 그 많은 나의 성령을 매일매일
하루에도 몇십 번씩 받아 기록한 네
가, 몇십 번씩 십계명을 그 앞에 암송
하며 나의 성령을 받아 기록했다 생각
하는 사람들이 없을 것이니,
22 하물며 너를 공격하고자 하는 자, 이
게 사탄이요, 이단이요, 사악한 자가
만든 것이라 그리 말해서 너를 쓰러트
리며 나의 법전이 세상에 빛을 보지
못하도록, 그저 진흙덩이에 집어넣고
자 병이 나 몸부림치는 그들이 어찌
말하겠는가?
23 백 번, 천 번, 내가 불로 써 내린 그 소
중한 십계명을 네가 기도할 때마다 그
앞에 오늘과 같이 암송하며 기록하였
다는 것을 그들은 믿지 아니할 것이니,
24 그리하여 내가 그를 증거하기 위하여
네가 오늘 십계명을 암송하는 것을 이
법전에 기록함이니라.
25 사랑하는 나의 아들아!
26 "네, 아버님! 말씀하옵소서."
27 지금 사람들의 마음의 형태를 너는 어
찌 보는가?
28 "창조주이신 아버님!
29 사람들은 아버님께서 세상에 생명을

주셔서 이 밝은 세상에 나가 산다는
그 하나의 이치를 깨우치지 못하오니,
30 어디서부터 아버님이 존재하시며, 아
버님께 구원을 받아 하늘에 오르는 것
은 아버님의 심성을 받아 살며, 지키
라 내리신 그 어렵고 힘든 계명을 목
숨을 바쳐 지키고 살아가는 것으로써
도 저희들이 생명을 받아 세상에 나온
그 은혜에 보답할 길이 없으며,
31 살아가면서 인간의 육에서 수없이 짊
어지고 걸머진 그 죄를 그대로 가지고
가 지옥으로 갈 때, 그를 면죄받을 수
있는 아버님의 뜻을 깨우쳐 하늘에 오
르는 그 길을 볼 수 있도록 또 계명을
내려보내셨음이니, 그 은혜에 감사하
는 마음을 갖고 이 한목숨 바쳐도 다
갚을 길이 없으며,
32 아버님께서 주신 생명을 가지고 세상
에 나와 저희들이 살아가면서 아버님
께서 지키라 명하신 그 십계명을 지키
지 아니하고 삶이니,
33 그 십계명보다 더 어렵고 힘든 천 가
지, 만 가지 계명을 내리셨다 하여도,
그것을 목숨과 바꿔 지키려는 마음을
갖고 살아가는 것이 생명을 주신 분에
게 감사하여 그를 보답하는 길이라는
것을 저희는 정녕 모르고 그리도 우매
하고 어리석게 살아가고 있는 것인지,
34 그걸 어디서부터 돌려야 되며 그 말을
전해야 될 것이며 그들을 깨우쳐야 될
것인지 그를 알 수 없사옵나이다.
35 농부가 진흙탕에서 소를 부려 논밭을
갈 때, 소가 지치고 힘들어도 그 짐승
은 저를 먹여 주는 그 주인에게 순종
하며, 그 어렵고 힘든 일을 마다하지
않고 행하니,
36 생각할 수 없으며 판단할 수 없는 그
짐승들도 먹여 주고 저를 보호해 주는
그 주인에게 모두를 다 바치고자 그와
같이 묵묵히 일하거늘, 저희 인간들은
그 미물이요, 짐승만도 못하다는 것이
니,
37 그러하니 그 짐승만도 못한 그와 같은
마음을 갖고 사는 백성들을 어찌 깨우
쳐야 하겠사옵나이까?
38 사람들이 말하기를, 소귀에 경을 읽는
다 하옵나이다.
39 그와 같이 보답을 다하는 소는 말을
들을 수가 없으며 깨우침을 들을 수
없으니, 그보다 못한 백성들 앞에 어
찌 그리 가르쳐야 하오리까?
40 거기에 소귀에 경을 읽는 것보다 더
떠들고 더 악을 써도 들을 수가 없는
것이 잘못된 백성이 살아가며 가지고
있는 그 마음의 형태이니 이를 어찌하
여야 하오리까, 아버님!
41 정녕 저는 어찌할 길이 없사옵나이다.
42 아버님의 은혜를 생각하면 가슴이 미
어지며 온 삭신이 저려 오며 몸 둘 바
를 모르겠거늘,
43 그리고 저희들이 잘못 살아 하늘에 가
받는 벌이 얼마나 무서우며 그 치러야
하는 죄의 대가가 얼마나 험악하고 무
서운가를 생각해도 몸이 오그라드는
그와 같은 형국에 견딜 수 없는 아픔
이 있거늘,
44 어찌하여 그 모두를 다 저버리며, 저
희들과는 아무런 관계도 없는 그와 같
은 삶을 살아가는 것인지, 정녕 그를
알 수가 없사옵나이다, 아버님!

45 어디서부터 가르치며 어디서부터 깨
우쳐야 할 것인지를 정녕 모르겠습니
다.
46 사람들이 기르며 그를 보고 즐기는 물
개라는 동물도 그 기르는 사육사가 먹
이를 하나씩 주는 것을 위하여, 그 먹
이를 먹는 것에 감사하여 그가 가르치
는 그 힘들고 어렵고, 감히 그 물고기
로서는 할 수 없는 묘기를 따라 배우
며, 그것으로써 보답한다는 생각을 하
고 살아간다 할진대,
47 세상에 생명을 주었으며 구원의 길을
주었으며 하늘에 오르는 축복의 영광
이요, 영원히 사는 상상할 수도 없는
그 아름다운 하늘의 낙원에 가 살 수
있도록 길을 안내해 주며 깨우쳐 주시
는 아버님의 그 은혜에 만 분의 일, 억
분의 일도 갚고자 하는 생각이 없음이
니,
48 저희 임의로 세상에 나와 사는 것이
며, 제가 잘나 세상을 사는 것이며, 제
마음대로 살다 그저 죽어 감이니,
49 세상에 생명을 내보내 주신 이에 대한
감사도 모르며 구원하고자 하시는 분
의 뜻도 모르고 살아가는 것이 저희들
인간이라는 생각에 가슴이 이리도 저
려오옵나이다.
50 아버님! 어디서부터 제가 그 만백성
을 깨우치고 인도하여야 할 것인가를
모르겠사옵나이다.
51 다만, 제가 이제 깨우치고 느끼는 것
은 아버님께서 밤과 낮을 가리지 아니
하시며 저에게 성령을 내리시는 동안,
아버님께서 깊은 밤 쉬지 아니하시고
밝은 낮 쉬지 아니하시며 저에게 성령
을 내려 그 160권으로써 만백성을 구
하고자 하시는 그 뜻을 이제야 조금
알 것 같사옵나이다, 아버님!"
52 사랑하는 나의 아들아!
53 "네, 아버님! 말씀하옵소서."
54 주인이 맹수에게 물려 죽을 때, 감히
싸울 수 없는 그 몸을 던져 주인을 대
신하여 맹수와 싸우다 죽어 가는 동물
이 있는가 하면, 불어오는 산불에 길
잃고 쓰러져 있는 주인을 보호하기 위
하여 제 몸에 물을 묻혀 그 불을 꺼 주
인을 살리며 제가 불에 익어 죽은 그
와 같은 짐승들이 있었다는 이야기도
들었을 것이니라.
55 그리고 몇백 리, 몇천 리 길을 가 있는
그 짐승이 주인을 찾아오는 그와 같은
일이 있으니, 그가 무엇으로써 그와
같은 역사를 이루겠는가?
56 저희들을 보살펴 준 그 은혜요, 은공
을 갚고자 하는 것이 아니던가?
57 그런데 하물며 지능이 있고 생각이 있
고 가장 높은 깨달음을 준 너희들이
그들만도 못하게 그와 같은 은혜를 갚
을 줄 모르고 산다 하면,
58 열 손가락을 접어서 셀 수 있는, 열 개
밖에 안 되는 그 십계명을 지키고 하
늘에 와 구원을 받으라 내가 너희들에
게 그리 내림이니, 그것도 지키지 않
는 것이 너희들 백성이니라.
59 "아버님! 어찌하여야 할지 길을 모르
겠사옵나이다.
60 아버님께서 비대한 사람, 자기 몸의
정상 체중보다 몇 배씩 더 나가 만병
의 근원이 되며 그들이 고치지 못하는
그 비만한 자들을 고쳐 주라 하시어

아버님께서 저에게 권능을 주시며 또 한 아픈 자 고쳐 주라 하는 그 작은 능력을 주심을 알고 있사옵나이다.

61 그리하여 아버님께서 저에게 명하시어 한 여성을 상대로 약 3개월 동안 그 비만한 몸을 흔들리지 아니하며 쓰러지지 아니하도록 그리 고치는 역사를 하시어,

62 그 여성이 그 비대한 살을 정리하며 21킬로그램을 감량하여 그야말로 날렵한 몸의 자세요, 병마로부터 자신을 지킬 수 있는 그와 같은 가르침을 명하신 대로 그리 실시하였사오며, 그 여인을 그리 다듬어 놓았습니다.

63 그리하여 아버님께서 많은 비만 환자요, 그리고 몸이 아픈 자 이곳 성전에 오도록 하여 그들의 마음을 바로잡아 그를 고치라 그리 명하셨사옵니다.

64 그러나 인간들은 그를 믿지 않사옵나이다.

65 그리고 그들은 그를 실감하지 아니하옵나이다.

66 그리고 그들은 고치려 하면서도 그를 따르려 하지 않사옵나이다.

67 많은 돈이요, 금화와 은화요, 그저 명예 있다는 사람들이 가르쳐 주고 전하는 것은 그들이 바라보나, 아버님께서 내려 주신 하늘의 그 치료 요법은 보려 하지 아니합니다.

68 아버님께서 일찍 말씀하셨습니다.

69 많은 병자를 무상으로 고치는 자를 보고, '그는 엉터리 의사요, 그는 오진을 하여 사람들을 많이 죽게 한다.' 그와 같이 하여 그가 봉사하는 것을 문을 닫게 하며 그를 핍박하는 것이 인간들이라는 가르침을 주셨사옵나이다.

70 그보다도 더한 방법이 지금 이루어지는 것이 그 인간들의 형태이며 그들의 생각이옵나이다.

71 그들에게 이것을 어찌 보여야 하오리까?

72 제가 손을 한번 얹어 그들의 체중을 조절하며 그들의 아픈 것으로부터 일어서는 그와 같은 기적을 이루는 것만을 생각하고 바라고 있는 것이 인간의 심리라 생각되옵나이다."

73 사랑하는 나의 아들아!

74 "네, 아버님! 말씀하옵소서."

75 나의 법전을 읽고 깨우치는 자, 만 권의 법전이 세상에 나왔을 때 한 사람이 깨우친다 하였느니라.

76 그 깨우침도 전한 자가 천사와 같이 깨끗한 마음을 갖고 있을 때, 그로부터 책을 받은 자가 그 책의 뚜껑을 열 때 그를 깨우친다 그리하였음이니,

77 너의 그와 같은 마음을 나 여호와가 알고 있음이니라.

78 그것이 지금 나의 피조물 만백성이 가지고 있는 그 마음의 형태이니라.

79 그리하여 그들은 믿지 아니하며, 불신이 팽배되어 있으며, 그들의 마음속에 그와 같이 남을 믿지 못하며 남을 의심하고 의혹하며 불신의 씨가 그들의 가슴에 그득히 차 있음이니라.

80 그 죄 또한 누가 그를 감수해야 되겠는가?

81 가장 큰 집단을 가지고 나의 피조물 만백성을 선의의 사랑을 베풀고 살며 나누며 살며 그리하여 구원을 받는다 말하는 자들이 부모와 형제와 이웃 간

에 인정을 끊었으며 인간관계의 아름
다움을 끊었으며,
82 그저 신본주의로써 저희들이 만든 성
전에 와 금화와 은화를 바치며 기도하
며 눈물의 광란의 짓을 하며 악을 써
찬송을 부르는 그와 같은 행위를 하는
것만이 구원의 길이라 그리 가르쳤음
이니,
83 그 모두의 사악한 원조는 그들이며 그
들이 지금 이와 같은 형국을 만들어
놓았음이니라.
84 그러나 너는 알아야 될 것이니라.
85 네가 나의 뜻에 따라 그를 그리 치료
하여 한 여인이 21킬로그램을 감량하
는 그와 같은 역사의 치료를 했듯이,
너를 믿고 올 자들이 있을 것이니,
86 그와 같이 와서 너로부터 치료를 받는
자, 선택된 백성들이니라.
87 그들의 마음에 시련이 없이 저희들이
어찌하여 네가 손 한 번 댔을 때 일어
서는 기적을 원하는가?
88 저희들이 지금까지 살아온 그 죄가 누
덕누덕 있거늘, 나의 성전에 와 너로
부터 치료를 받으며, 너로부터 비만의
치료를 받으며, 건강을 회복하는 자는
저희들이 지금까지 지은 그 죄를 회개
하고 반성하며 깨닫는 자가 아니면 내
가 그 기적을 그들에게 내리지 아니할
것이니라.
89 사악한 죄를 더덕더덕 지고 있는 그들
의 마음에 깨달음도 없으며 회개함도
없을 때, 그들에게 어찌하여 무슨 명
분으로 기적을 내리겠는가?
90 그리하고도 내가 공의의 하나님이라
할 수 있는가?
91 이를 네가 너의 제자들과 만백성에게
깨우쳐 주라.
92 내가 너로 하여금 예수가 이룬 그 기
적을 이루지 못함이 아님이니라.
93 너 또한 그리 충분히 할 수 있음을 나
는 알고 있음이니라.
94 그러나 지금의 백성들이 네가 그와 같
은 기적을 이룰 때, 그 죄지은 자들이
죄는 사하지 아니하고 저희들의 건강
을 찾으며 그들의 모두를 치료했을 때
그들은 더 사악한 길을 갈 수도 있음
이니라.
95 그리하여 저희들이 지은 죄를 완벽히
회개하고 반성하며, 나 여호와가 존재
함을 믿으며, 십계명을 지키고 살겠다
는 굳은 약속을 하며, 그들이 천날만
날 해도 진실된 약속이어야 할 것이며,
96 그들이 나의 법전을 읽고 깨우치며 만
백성에게 법전을 전하여 깨우쳐 구원
하는 역사를 이루겠다는 마음을 가진
자, 그자는 반드시 기적을 얻을 것이
니,
97 그들이 그만큼 깨우치며 마음을 비우
는 동안에는 나의 성전에 와 열심히
보고 깨닫고 배우는 그 고통의 시간의
대가를 치러 저희 스스로 그 죄의 대
가를 덜어야만 됨을 알라.
98 이것이 어디 공평한 것이 아니며, 이
것이 어디 불리한 것이며, 네가 기적
을 못 이루는 것이던가?
99 그들이 기적을 이루어 받을 만한 자격
이 없기 때문이니라.
100 자격을 갖춘 자, 어떠한 기적이든 나
의 성전에 왔을 때 이룰 수 있으니, 나
여호와는 공의의 하나님이니라.

101 너의 제자들이 잘못했을 때 내가 그들에게 더 엄한 벌을 내린다 하지 않았는가?

102 그와 같으니라.

103 내가 완벽하게 쓰고자 하는 나의 아들들이요, 나의 백성들에게 무서운 매를 내리듯이, 그들은 저희들의 죄를 스스로 깨끗하게 깨우쳤을 때 내가 그들에게 기적을 이루는 역사를 이룰 것이며 그를 쓰고자 할 것이니라.

104 내가 쓸 수 있는 자, 나의 뜻에 따라 살아가는 자, 나의 법전을 가슴에 안고 만백성에게 전하는 역사를 이룰 수 있는 마음이 되어 있는 자, 그들은 누구든 너에게 왔을 때 내가 그 기적을 이루어 줄 것이며, 그 역사를 이룰 수 있다는 것을 알라.

105 그렇지 아니한 자, 마음에 사악한 뿌리를 가지고 있는 자가 어찌 그 구원을 받을 수 있겠는가?

106 나무를 뽑아서 뿌리가 보이지 않도록 그와 같이 저희들의 사악한 마음을 다 뽑아버린 자만이 구원을 받을 것이니 그리 알라.

107 내가 너에게 기도하는 것을 명하지 않았던가?

108 감히 하늘을 향하여 무엇인가를 달라는 것은 도둑이요, 짐승보다 못한 자가 구원해 주실 것이요, 저희들에게 축복을 달라 하며,

109 축복을 내려 주실 것이니 축복을 받으라 하며 금화와 은화를 받아들이는 그것은 짐승만도 못한 자들이 하는 짓이라 하였음이니라.

110 저희들이 죄의 용서를 빌기도 바쁘며, 지금 가슴에 안고 있는 저희들의 수천 수만 가지 그 죄목을 하나하나 꺼내 나에게 용서를 빌기도 바쁘니라.

111 저희들이 죽어 나에게 와서는 나를 아버지라 부를 수 없으며, 나에게 저희들이 용서를 빌 수 없으며, 저희들이 나에게 와서 회개할 수 없다 하였느니라.

112 육이 존재하는 한, 육신이 살아 있는 동안에 너희들이 나를 하나님이라 부를 수 있으며 나를 전지전능한 아버지라 부를 수 있으며, 창조주라 부를 수 있으며,

113 나에게 너희들의 죄를 용서 빌 기회는 육의 세상에 존재할 때만이, 너희들이 육에 숨이 붙어 있을 때까지만 가능하며 그리할 수 있다 내가 엄히 너희들에게 내려 주었음이니라.

114 그러나 나의 아들에게 내가 오늘 다시 명하였음이니라.

115 네가 많은 사람들의 죄를 안고, 지옥불로 그 사악한 마귀들을 끌어안고 내려갈 것이니, 그 몸에서 마귀를 뽑아낸 그들을 나 여호와 하나님이 구원하며 네가 그 아들딸들의 마귀를 뽑아가지고 불 속으로 대신 타 들어갈 때, 너 하나를 구하는 것이 아니요, 많은 나의 아들딸들을 구하는 그 기쁨을 내가 얻도록 하는 것이 네가 할 수 있는 길이라 하여 그리 기도하겠다 네가 나에게 약속했으며,

116 내가 너에게 기도하라는 그것이 너희들이 기도하는 방법이라 그리하였음이니라.

117 지금 이 법전을 읽는 만백성 너희들은

스스로 깨우쳐 선택의 길을 가도록 그
리하라.
118 이 밤 내가 나의 아들을 통하여 그가
눈을 떠 나의 성령을 듣는 시간에 나
도 같이 하늘나라에 앉아 그에게 이
성령을 내리며, 또 그가 낮에 앉아 기
도할 때 내가 그 아들을 통하여 나의
성령을 내리니,
119 그와 내가 더불어 같은 고행의 길을
가고 있는 것을 너희들이 한번 생각한
다면, 감히 나의 이 법전의 장을 너희
가 어찌 넘기겠는가?
120 이 법전을 넘길 때 내가 너희들과 같
이하며 닫을 때 내가 거기서 떠난다
했으며, 너희들 모두의 구원의 길이
여기에 있다는 것을 명심하라.
121 그를 잊어서는 아니 됨을 너희들은 가
슴 깊이 간직하여야 될 것이니라.

2,979 번째 하나님 말씀

2002년 8월 15일 23시 23분

1 사랑하는 나의 아들아!
2 "네, 아버님! 말씀하옵소서."
3 나의 아들 예수가 만백성을 구하고자
전할 때, 그가 성전이라 하여 궁궐 같
은 것을 지었던가?
4 나의 아들 예수는 나의 성령을 가지고
직접 나가 만백성을 구한 나의 목자
요, 나의 아들이니라.
5 그가 나를 대신하는 나의 아들이었음
이니라.
6 나 여호와를 대신하는 나의 아들도 성
전이요, 궁궐 같은 것을 그리 짓지 아
니하며 나의 만백성을 구원하였으며,
그가 쩔렁거리는 금화와 은화를 챙겨
넣고 다니지 아니하였거늘,
7 너희들은 어찌하여 나로부터 선택된
백성들이, 나의 피조물 만백성을 구한
다는 자들이 그리도 호화롭게 성전이
라 하여 지으며 궁궐보다도 더 아름답
게 꾸려 놓고 그 속에서 갖은 의식과
행사를 다하며 나의 피조물 만백성을
이끌어 가고 있는가?
8 이것을 하늘에서 보는 나 여호와의 마
음이 얼마나 통탄하고 아픈 것인가를
생각해 보았는가?
9 나의 아들도 감히 너희들과 같이 그리
아니 하였음이니라.
10 나의 아들은 무엇이더냐?
11 그가 나를 대신하여 임무를 수행하고
돌아와 천상의 나의 나라, 내 옆에 바
로 올라올 수 있는 그와 같은 자이니
라.
12 지금의 종교 지도자, 너희들이 과연
죽어서 천국의 문을 통과하여 내 옆에
올 수 있는 자들이라 생각하는가?
13 너희들이 그와 같이 손으로 지은 궁궐
보다도 더 호화찬란하게 꾸려 놓고 그
속에서 외형으로 나의 피조물 만백성
을 위협하며 그들 앞에 군림하는 그와
같은 행위를 하고 있음이니,
14 너희들과 나의 아들 중에 누가 더 나
의 성령을 전하며 만백성을 구하는 위
대한 자며 하늘에 오르는 백성을 인도
하는 자로서 더 위대한 자며 진솔한
자이던가?
15 그것 하나만 너희들이 생각하여도 너
희들 자신이 부끄러운 줄 알아야 될
것이며,

16 너희들 모습이 추하며, 구원의 길이요, 나의 음성이요, 나의 뜻을 듣지도 못하는 너희들이 나의 아들과 나, 우리 부자의 이름을 팔아 그와 같은 행위를 하고 있음을 부끄럽게 생각하여야 할 것이니라.

17 여기서 너희들이 하나하나 깨우쳐 가야 될 것이니라.

18 너희들이 그와 같은 궁궐보다도 더 호화로운 성전이라는 것을 지어 놓고 그를 운영하며 관리하고 지탱하기 위해서는 나의 피조물 만백성으로부터 피와 땀보다 더 진한 그 재물을 갖은 방법과 수단을 가리지 않고 그들에게서 거둬들여야만 함이니, 이것이 바로 어떠한 형국이더냐?

19 어린아이들과 손을 잡고 물개라는 동물이 묘기를 부리는 곳에 가면, 그 동물이 애교를 부리며 재롱을 떨며 인간으로부터 배운 그 묘기를 보여 줄 때 너희들은 환호하며 박수하느니라.

20 그는 어찌 되었던가?

21 능력 있고 유능한 그 조련사로부터 훈련을 받았기에 그는 그와 같이 되는 것이니라.

22 그러나 지금 너희들의 형국이 어떻게 가고 있는가?

23 그 미물인 동물도 가르쳐 그와 같이 훌륭한 묘기를 부리게 할 수 있으니,

24 종교 지도자 너희들이 바로 조련사며, 너희들은 조련사로서 나의 피조물 만백성을 하늘에 오르는 길로 깨우쳐야 하는데, 조련사가 물개한테 도리어 배우는 형국이 되며 물개의 비위를 맞춘다 하면, 이 조련사는 어찌 되는 것이며, 그 물개는 제 기능을 하겠는가?

25 종교 지도자 너희들이 지금 재물을 거둬들여 그 성전을 운영하며 너희들의 그 모두를 유지하기 위해서는 많은 재물을 바치는 자의 눈치를 보며 그의 비위를 맞추며 그를 칭찬하며 격려해야 되니,

26 그가 도둑놈이요, 사기꾼이요, 사악한 자, 인간으로부터 지탄받는 자라 해도, 너희들이 지어서는 아니 되는 그 성전을 억지로 지어 그리 유지하다 보니, 추하고 더러운 그 돈을 받기 위하여 너희들은 그 비위를 맞추어야 될 것이며 그 눈치를 봐야 될 것이며,

27 너희들은 그 금화와 은화를 바치지 못하는 선하고 착하고 아름다운 그 백성들을 위하여 기도 한 번 제대로 떳떳이 해 주지 아니하며,

28 도둑질하고 사기 치며 사악한 자, 지상을 다 오염시키다 못해 하늘까지 오염을 시키고자 그 모든 사악한 방법을 동원하고 있는 그들에게 그 더러운 금화와 은화를 받아들여 너희 손으로 지은 그 성전을 운영하며 관리하고자 하니,

29 조련사가 물개에게 배우는 그와 같은 형국으로 지금의 너희들이 가고 있음이니,

30 나의 아들 예수가 성전을 짓지 아니하고 가르친 그 뜻을 너희들은 오늘 나의 아들을 통하여 깨우쳐야 될 것이니라.

31 지금 너희들이 가는 형국이 그와 같이 추하고 더러운 모습으로 되어 있음이니라.

32 너희들이 그와 같은 성전을 운영하며,
인간 세상 삶의 부귀영화를 원하지 않
는다면, 너희들은 십계명을 지키지 아
니하는 자는 감히 너희 앞으로 와서
기도하며 너희들이 나의 뜻을 받아 전
하는 것을 들을 수 없다 하여 잘못된
자를 가죽채로 휘둘러 바로잡을 수 있
으니, 훌륭한 조련사가 될 것이니라.
33 매를 댈 때 매를 대며 먹이를 줄 때 먹
이를 줘서, 하늘에 오르는 그 빛을 봐
나 여호와 앞으로 한 사람을 구원하여
올릴 때, 나의 기쁨이 이루 말할 수 없
거늘, 이는 거꾸로 되었음이니라.
34 조련사가 물개에게 훈련을 받는 격이
니, 너희들이 그와 같은 형국이니라.
35 가르쳐야 될 선생이 그 재물 앞에 그
들의 눈치를 보며, 그가 하는 더럽고
추한 말 앞에 고개를 숙여 그 말을 경
청하는, 그와 같이 거꾸로 가는 형국
이 되어 있다면, 너희들이 성전을 지
은 것이, 이것이 잘못되어 있음을 알
아야 될 것이니라.
36 지금이라도 너희들이 그를 깨달았다
면 그 모두를 정리하여 바르게 너희들
이 만백성을 가르칠 수 있는, 그저 말
씀을 전하는 그와 같은 허름한 성전
하나면 족할 것이니, 허름한 성전 앞
에 무슨 관리비가 들어가겠는가?
37 그를 유지하고 그 품위를 지키기 위해
서 너희들이 많은 백성들에게 금화와
은화를 가로채 너희들이 가르칠 제자
들의 눈치를 보는 그와 같은 선생의
위치며, 물개를 가르치는 조련사가 물
개에게 가르침을 받는 웃지 못할 형국
이 되니,
38 물개에게 조련사가 교육을 받는다면
과연 아이들이 보고 손뼉치며 웃을 수
있는 그 물개의 묘기가 나오겠는가?
39 이것이 지금 너희들의 형국이니, 바로
지옥으로 가는 형국이라 내가 너희들
에게 일깨워 줌이니라.
40 사랑하는 아들아!
41 "네, 여호와 하나님! 말씀하옵소서."
42 너의 제자들에게 일러 깨우쳐야 될 것
이니라.
43 그와 같은 속에서 배우고 하늘에 오르
는 길이라 하여 저희들이 성서를 들고
시계추처럼 왔다갔다하며, 저희들이
눈물로 무엇을 달라 기도했으며, 저희
들이 헌금을 내는 그만큼 종교 지도자
에게 대우를 받으며 체면을 세우며 제
가 목소리를 높였던 그 성전에서 추하
게 배운 자들이 그 습성을 버리지 못
하여 네 앞에 와서도 그와 같은 형국
을 하고자 함이니,
44 그리하여 그들이 그곳에서 배운 모든
습성과 생각을 뿌리째 뽑아내야 그들
이 나의 성령인 나의 법전이요, 나의
뜻을 제대로 보고 깨우칠 수 있다 하
였음이니라.
45 그러한 자, 너희들 앞에 와 물 하나 떠
오며, 참외 하나, 과일 하나를 들고 오
면 그 목소리를 높이려 하며, 그 대우
를 받으려 하며, 그 값어치를 치르려
하며 계산적으로 행동하는 그 습성을
버리지 못하고 있음이니, 그들은 너희
가 다시 깨우쳐 다스려 가야 될 것이
니라.
46 그와 같은 습성을 가진 자들이 어찌
배우는가?

47 그들은 잘못 가르치는 종교 지도자 앞
에서 저희들이 피나게 모은 재물인 금
화와 은화를 바치면서 말로써 온갖 세
상의 축복을 다 받았으며 칭찬과 격려
의 소리를 다 받았음이니, 너에게 와
서 그와 같은 소리를 듣고자 하며 그
리 바라는 자들이니,
48 감히 창조주 나 여호와요, 나의 아들
앞에 와 진리를 배우며 진리를 깨우치
며 하늘에 오르는 길인 나의 법전을
세상에 내어 배우는 이 장소에서 저희
들이 추하고 더러운 모습으로 있고자
함이니,
49 그 뜻이 이루어지지 아니할 때 그들이
등을 돌리고 떠나는 것은 당연한 것이
며, 그들은 지탱하지 못함이니라.
50 나의 성전에 오는 자가 말로써 축복을
받으며 그 빈 깡통과 같은 소리로 축
복 소리를 들어야 되며,
51 너희 육신의 어떤 부귀와 영화를 얻지
못하며 받지 못한다 할 때, 원망하며
등 돌리고 가는 그와 같은 백성들은
네가 다시 돌아다보지 말 것이며,
52 가는 자에게 네가 '안녕'이라 그와 같
이 인사할 수 있는 편안한 마음으로
그들을 보내며, 두 번 다시 거두어들
이지 말아야 할 것이니라.
53 그 추한 곳에서 배웠던 습성을 버리지
못하며, 저희들이 계산적으로 무엇인
가를 얻으려 하는 자는 천국의 문에
들어올 수 없으며,
54 제 마음을 깨끗이 비우며 회개하고 반
성하는 아름다운 모습으로 변하여 나
에게 은혜와 축복을 받았을 때, 천사
와 같은 자가 사는 곳이며 나 여호와
가 존재하는 곳에 올 수 있다고 내가
너희들에게 수차 말하였음이니라.
55 너희들의 세상사에도 그 직급에 앉으
려면 그 자격이 갖춰지며 그 직급에
맞는 명을 받은 자만이 그 책상에 앉
을 수 있다 하였거늘,
56 하물며 하늘에 오르는 너희들이 천사
가 살며 나 여호와가 사는 그 세상에
천사의 심성이요, 나 여호와의 심성을
갖지 아니한 자, 흰 눈보다 더 깨끗한
마음을 갖지 않은 자는 천국의 문에
발을 들여놓을 수 없다 말하였음이니,
너희들은 여기서 깨우쳐야 될 것이니
라.
57 마음이 하얗게 깨우치지도 못하였으
며 변하지도 못한 너희들에게, 그 죄
인들에게 나보고 은혜와 은총과 상을
내리라 하는 자, 그리고 저 자신이 그
죄를 사하지 못하고 있으며 추하고 더
러운 그 죄의 쇠사슬을 가슴에 안고
있으면서 그 가슴에 나의 은혜와 축복
과 영광이요, 육의 행복을 위해서 무
엇인가를 내려 달라 말하니, 내가 어
찌 그들에게 내려 줄 수 있단 말이던
가?
58 그는 생각도 하지 말며, 꿈에도 그와
같은 생각을 해서는 아니 될 것이니라.
59 마음을 깨끗이 비운 자, 그가 기도할
때 나는 그의 기도를 들어줄 것이며,
나의 아들이 그러한 자의 이름을 나에
게 바칠 때 그가 원하는 그 모두를 다
들어줄 것이니라.
60 어찌하여 너희가 죄인을 다스리지도
않고 상을 주라 말하는가?
61 그렇다면 여기서 나를 정의로운 하나

님이요, 공의의 하나님이라 너희가 감
히 말할 수 있는가?
62 아름답고 착하게 사는 나의 백성들에
게 상을 주는 것은 그 대가로써 당연
한 것이거늘, 그들을 제쳐 놓고 어찌
하여 죄짓고 사악한 자들에게 상을 주
며, 선한 나의 백성들을 버리라는 그
와 같은 말을 하는가?
63 죄지은 자에게 상을 줄 수 없으며, 죄
없는 자에게 상을 줄 수 있음이니,
64 이 이치를 너희들이 냉정히 분석하여
깨달아 본다면, 너희들이 과연 어찌
살아가야 하는 것인가를 알게 될 것이
니, 이와 같이 깨우치는 것은 너희들
의 복이니라.
65 머지않았음을 알아야 될 것이니라.
66 너희 영혼이 이 자연의 내가 만든 아
름다운 세상 속에서 그리 살아가는 것
이 영원히 지속된다 생각지 말라.
67 머지않았음이니라.
68 너희들이 머지않아 나에게 심판을 받
는다는 것을 알라.
69 너희들이 심판대에 들어설 때는 나에
게 울고불고할 자격도 없으며, 나를
어버이라 부를 수도 없으며, 전지전능
한 아버지라 부를 수도 없으며, 사랑
의 아버지요, 구원의 아버지라 부를
수 없음을 알아야 될 것이니라.
70 이 깊은 밤 나의 아들을 통하여 너희
들에게 간곡히 전하는 나의 성령이요,
나의 아픈 마음을 너희들이 나의 법전
을 통하여 돌아다보는 백성이 되어야
될 것이니, 그런 자만이 나의 아들이
요, 딸이 됨을 잊지 말라.

2,980 번째 하나님 말씀

2002년 8월 16일 0시 04분

1 사랑하는 나의 아들아!
2 "네, 아버님! 말씀하옵소서."
3 너희들 인간 세속의 사람들이 마음이
상할 때 그와 같은 말을 쓰느니라.
4 '너희들을 심판하고 재판하는 법은 멀
리 있으며, 너희들이 무력으로써 행사
할 수 있는 주먹은 가까이 있다.' 그와
같은 말을 하느니라.
5 너희들이 지금 이 세상에 살아가는 그
세속에 자연이요, 과학의 위대함에 대
해서는 그 두려움을 알며 무서움을 아
느니라.
6 너희들이 인간 세상의 육 속에서 살아
가는 그 생활에 있어서 방대한 지구상
의 변화와 인간들이 만들어 펼쳐 놓은
그 역사 앞에 그것은 피부에 닿으며
눈으로 보며 너희들의 육의 생활 속에
서 부닥침이니, 너희들이 그것의 무서
움과 두려움을 알며 웅대함을 아는 것
이니라.
7 그러나 여기서 너희들의 피부에 와 닿
지 않으며 육의 삶에 관계없는, 너희
들이 나 여호와를 향하여 살며, 내가
존재함을 깨달으며 내가 너희들에게
원하는 그 진리의 참길을 찾아 살라
하는 그것은 멀고도 멀리 있으며 험악
한 그 고행의 길을 가는 것이며, 손으
로 만지려 해도 만질 수 없으며 보려
해도 볼 수 없으며 내 음성을 들으려
해도 들을 수도 없으니,
8 너희들은 우선 육에서 살아가면서 너
희 주변의 환경과 너희들의 갖추어져

있는 그 세속의 인간들의 높고 낮은
삶 속에서 거기에 부닥치며 너희들의
피부에 와 닿는 그 삶은 위대하며 너
희들에게 직접적인 교훈을 주며 너희
들의 마음에 동요를 이루는 그와 같은
형국의 삶을 사는 것이니라.
9 그러나 그것을 멀리 보고, 그것만이
너희들의 인생의 전부가 아니요, 그것
보다도 더 위대하고 무서운 세상이 있
으며 너희들이 심판을 받는 세상이 있
다는 것을 깨닫는 자는 별로 없음이
니, 우선 너희들의 몸에 와 닿는 것부
터 먼저 생각함이니라.
10 그러니 어찌 너희들이 구원의 길을 볼
수 있으며 구원의 그 험난하고 먼 길
을 선택하여 너희들이 육의 세상에 사
는 것을 접어 둘 수 있으며, 너희들이
생각해 보고 뒤돌아보는 삶을 살 수
있는가?
11 내가 너에게 일렀느니라.
12 너희들이 인간 세속에 살면서 남을 평
가하지 말며, 남을 시시비비하지 말
며, 옳고 그름을 말하지 말라 하였음
이니라.
13 그 모두는 창조주인 나만이 할 수 있
으며 내가 그를 바로잡고자 할 수 있
다 하였음이니라.
14 너희들이 지금 남의 허물을 보며 남이
무엇을 고치기를 원하며 남에게 너희
들이 바로 가라, 바로 서라 그리 말하
는 것은,
15 너희들이 육의 세상에서 영의 세상을
바라보지 못하며 그 육 속에서 살아가
는 삶의 테두리를 벗어나지 못함은 물
론이요,
16 육의 세상에 살아가는 그 속에서 너희
들이 그와 같은 잘못을 저지르고 있으
며, 너희들 마음속에 양심에 거리낌이
있는 그와 같은 삶을 살아가고 있으
며, 너희들의 마음자리에 그와 같이
잡혀져 있기에,
17 너희들이 남이 하는 말, 남이 행동하
는 것, 남이 전하고자 하는 그 의사를
너희들의 기준으로써 받아들이며 너
희들의 생각으로써 받아들이기에 남
의 허물이 보이는 것이며 남이 잘못하
는 것은 너희 눈에 들어옴이니라.
18 그러나 그와 같은 것을 너희들이 단적
으로 육의 판단으로써 해석하는 자가
되어서는 아니 될 것이니라.
19 너희들 스스로 그와 같은 행동을 할
수 있으며 그와 같은 마음이 있기에,
너희들의 육의 세상에서 너희 육의 잣
대로 재기 때문에 남을 그리 평가하고
그리 알게 됨이니, 내가 그래서 너희
들에게 사람을 평가하지 말라 하였음
이니라.
20 오로지 창조주인 나만이 사람을 평가
할 수 있다고 너희들에게 내가 수십
번 깨우쳐 주었음이니라.
21 너희들이 왜 사람을 평가해서는 아니
되는가 하니,
22 너희들은 육의 세상에서 육의 삶에서
육의 그 한계로써 사람을 그리 평가하
나, 그 사람이 생각하며 그 사람이 살
아감이 육의 세상을 넘어 너희들보다
더 차원 높은 그 속에서 멀리 보이는
구원의 그 길을 위하며 나의 성령의
뜻이요, 나의 가르침에 따라 살아가며
영의 삶이 너희보다 높았을 때, 너희

들이 육의 삶으로써 그를 다스릴 수
없으며 그를 평가할 수 없음을 알아야
될 것이니라.
23 너희들이 육의 삶을 살아가는 그 모습
은 너희들이 육 속에서 듣고 눈으로
보기에 그 이상의 질서가 없으며 그
이상의 법도가 없으며 그 이상의 깨우
침이 없다 그리 생각하여 사람을 평가
해서는 아니 되는 것이니라.
24 그가 가지고 있는 영의 세계의 깨달음
이요, 나에게 향하여 살아가는 그 마
음의 높이가 어디에 있는가 그것을 모
르면서 너희들이 너희들보다 높이 있
는 그를 육의 세상의 법도를 가지고
다스리려 해서는 아니 되니, 그것은
우를 범하는 것이니라.
25 영의 세계의 천사와 같은 아름다운 마
음을 가진 자는 육의 세상에 사악한
욕심을 가지고 있으며 잘못 가르치는
자를 바로잡고 조언할 수 있으나,
26 너희들의 육의 삶의 욕심을 가지고 영
의 세계에 가 있는 그 천사의 마음을
바로잡고자 한다면, 이는 어떠한 것인
가를 생각해 볼 것이며, 이는 이루어
질 수도 없으며 생각해서도 아니 되는
것이니라.
27 그리하니 그 사람이 나를 향하여 깨우
치며 영의 세계에 얼마만큼 접근해 있
으며 얼마만큼 하늘나라의 뜻에 따라
살아가는지를 모른다 하면, 너희들은
육으로 보는 그 마음을 가지고 그를
평가하지 말라.
28 그는 영의 세계를 알지도 못하며, 영
의 세계에 접근하지도 못하며, 가장
낮은 육의 세상의 바닥에서 살아가며
허덕이는 자가 남을 그와 같은 잣대로
재어 평가함이니라.
29 너희보다 더 높이 와 있는 자라서 너
희들이 그를 못 봄이니, 그를 평할 수
는 없음이니 그리 알라.
30 잘못 살아가는 자가 바르고 곱게 살아
가는 자를 평할 수는 없음이니라.
31 육의 삶에 너무 연연하여 나의 피조물
만백성을 평가하여 그가 가지고 있는
경지의 높음을 보지 못하는 우를 범하
지 않는 삶을 살도록 깨우침을 주도록
그리하라, 나의 아들아!

2,981 번째 하나님 말씀

2002년 8월 16일 0시 24분

1 내 사랑하는 나의 아들아!
2 "네, 아버님! 말씀하옵소서."
3 이 깊은 밤 십계명을 외우며 나의 성
령을 받아 만백성을 구하고자 하는 너
의 그 마음과 몸가짐이 천사도 혀를
내두르며, 감히 사탄도 사악한 자들도
너에게 근접할 수 없음에 불안에 떨고
있음이니라.
4 네가 그와 같이 가는 그 역사의 힘 앞
에 그 누구도 감히 대적할 자 없으며
너를 쓰러트릴 자 없음이니,
5 내가 천 년의 역사를 거쳐 영원히 이
세상에 새로운 시대를 열고자 하는 것
을 그 누구도 방해할 수 없으며, 사탄
들도 거역할 수 없으며 너를 쓰러트릴
수 없으며 너를 망가지게 할 수 없으
며,
6 나의 법전이 세상에 나가는 것을 막을
수 없음을 그들도 두려워함이니라.

7 결국 너를 통하여 내가 나의 법전을
세상에 내는 대장정의 그 역사를 이루
었을 때, 사탄이요, 마귀요, 사악한 자
들이 감히 대적할 수 없음이니,
8 그들의 입지를 줄이고, 그들의 목을
졸라 가고 있는 것이 나의 법전이 세
상에 나가는 것이며,
9 네가 깊은 밤 잠을 자지 아니하고 나
의 성령을 받아 기록하여 세상에 이
아름다운 말을 전함이니, 그들의 목이
점점 조여져 가며 그들이 점점 밀려나
게 되어 있음이니라.
10 네가 나의 성령을 기록하여 책으로 만
들기 위하여 나에게 십계명을 외우고
나의 성령을 네가 입으로 전하여 이와
같이 만들어 전하는 것이, 세상에 아
름다운 생수처럼 이 말들이 퍼져 나감
이니, 그보다 더 위대한 역사가 없음
이니라.
11 사랑하는 나의 아들아!
12 "네, 아버님! 말씀하옵소서."
13 이와 같이 하늘의 이치요, 세상의 이
치를 모르는 것이 너희들이니라.
14 네가 오늘 몸과 마음을 다 바쳐 네가
갈 길을 가는 그 무서운 자세에, 천사
도 이제는 너를 감히 탓하지 못하며
사악한 무리들도 네 앞에 대적할 수
없는 그와 같은 너의 무서운 그 힘 앞
에 그들이 서서히 움츠리기 시작함이
니, 그리하여 바로 천 년의 역사의 기
틀을 네가 바로잡는다 하였음니니라.
15 사랑하는 아들아!
16 "네, 아버님! 말씀하옵소서."
17 네가 나의 성령을 받아 법전을 세상에
내며 깨우쳐 가는 경지가 하루가 멀게
높아지나,
18 많은 인간의 형태를 가진 너희 형제라
는 백성들이 살아가는 형태며 그들이
너와 더불어 부닥치는 그 속에서 너의
제자들 또한 그들과 부닥치면서 저희
마음을 다스리지 못하며 스스로 그 고
통을 감내하지 못함이니라.
19 너희들이 법전을 읽고 나의 성령을 들
어 경지에 올랐다 하나, 너희들이 바
깥세상의 인간관계에 살아가면서 부
닥치는 그 생활에서 무너짐에 너무나
가슴 아파하고 괴로워하며, 이 지상에
서 너희들이 뿌리내리고 살 수 없는
그와 같은 험악한 세상이 너희 눈에
보이며 너희들이 그들을 두려워 하니,
20 그를 걱정치 말라 이르라.
21 너희들은 많은 백성들을 다 다스릴 때
그리하라 이르라.
22 그들이 수천, 수억의 인구가 가진 형
태가 다르며 그들의 마음가짐이 천태
만상이니, 고운 자부터 사람을 살인할
수 있는 사악한 자들까지, 극에서 극
으로 그와 같은 성격과 그들의 마음가
짐이 수천 수억의 인구만큼 다름이니
라.
23 그러나 너는 그들을 다 하나로 보는
지혜를 가져야 되며 눈을 떠야 될 것
이니라.
24 너의 제자들에게 이리 이르라.
25 그것을 하나로 볼 수 있으며 한마음으
로 볼 수 있는 것은, 그들을 세상에 갓
태어난 아기라 생각하며 그리 보도록
하라, 그리하여 너희들 앞에 와 무엇
을 말하며 너희들에게 대적하는 자에
게 그리 말하라 너의 제자들에게 가르

치라.
26 '선생은 세상에 금방 태어난 아기와
같이 그 마음이요, 눈동자요, 말씀하
시는 그 모두가 그리 선하고 착한 사
람처럼 보이니, 선생같이 선한 모습은
내가 처음 보았노라.' 그리 전해 보라.
27 그리하여 그들을 실제로 그렇게 너희
들이 봐야 될 것이니라.
28 악한 자, 선한 자, 사악한 자를 갓 세
상에 태어났던 그 아기의 모습으로 바
라보는 것이 수십억 인구를 하나로 볼
수 있는 너희들의 마음의 다스림이니
라.
29 그리하여 너희가 누구와 상대를 하며
누구와 갑론을박하든 '선생은 세상에
태어났을 때의 그 갓난아이와 같이 아
름다운 모습을 지닌 것으로 보인다.'
그리 말하며 그리 봐 주라.
30 너희들이 그리 보고 그리 말하고 그리
그들을 실제로 생각한다면, 수십억이
아니라 헤아릴 수 없이 많은 나의 백
성들이 헤아릴 수 없는 그와 같은 성
격을 가지고 있어도 너희들이 하나로
볼 수 있는 지혜를 얻음이니,
31 그와 같이 너희들이 세상사를 다스려
나가라 내가 너희들에게 그리 명하라
하였다 전하여 주라.
32 이 깊은 밤, 너의 기도하는 그 뜻에 내
가 너의 제자들에게 세상사 편안한 마
음으로 살아갈 수 있는 그 하나의 은
총이요, 영광을 내림이니,
33 이것이 수십억의 병든 자를 고친 것보
다도 더 위대한 기적의 나의 가르침이
라 그리 받아 깨우쳐 주도록 하라, 사
랑하는 나의 아들아!

2,982 번째 하나님 말씀

2002년 8월 16일 09시 34분

1 사랑하는 나의 아들아!
2 "네, 아버님! 말씀하옵소서."
3 네가 나의 성령을 받아 법전이라 하는
나의 책을 기록하여 만백성을 구하기
위하여 나의 성령을 받고자 십계명을
외우며, 이것은 내가 직접 만백성을
구하며 영혼을 구하는 글이라 하여 암
송하고 또 암송하여 기도를 받아 나의
법전을 세상에 내도,
4 그것을 믿는 자가 있는가 하면 믿지
않는 자가 있음이니라.
5 마음이 천사와 같이 하얗게 된 자는
네가 십계명을 암송하고 또 암송하여
책을 기록했다 하면 그것을 그대로 그
형태를 보며 믿을 것이니라.
6 그러나 그것을 믿거나 말거나 하며 나
의 법전을 읽는 자가 있는가 하면, 이
것을 믿지 않고 죽어도 그리하지 아니
하였다 하여 너에게 죽기 살기로 공격
하며, 만백성을 속이기 위한 것이요,
많은 백성들을 기만하기 위하여 네가
암송하지 아니했으면서 암송했다고
그리 말하는 것이라 말하는 자 있을
것이니라.
7 하나를 보고도 생각하는 것이 그와 같
이 다름이니, 이것을 받아 기록한 너
만이 알 것이며, 그를 보고들은 너의
제자들이 알 것이나,
8 너의 제자들 또한 24시간 너와 같이
행동하지 아니함이니, 그를 의혹하는
자 있으며 의심하는 자 있으며 믿지
않는 자가 있을 것이니라.

9 너희들은 들어야 할 것이니라.
10 사람이 하나의 사과를 훔치지 아니하
였어도 '저 사람이 훔쳤다, 훔쳤다.' 계
속 반복하고 그리 그 사람을 공격하면,
11 처음에는 그 사람의 인격이나 인품을
믿어 그의 무엇을 보더라도 하나의 사
과를 훔친 자는 아닐 것이라 그렇게
굳게 생각하며 그를 변호함이니라.
12 그러나 계속 듣고 들으면 그럴 수도
있을 것이라 생각하며, 또 듣고 들으
면 그를 의혹하고 의심하게 되는 것이
너희들 인간의 마음이며 너희들이 가
지고 있는 형태의 근본이니라.
13 너희들이 지금 수천 년 동안 내려오는
그동안에 어찌 세뇌되어 배워 왔는가?
14 성서는 한 줄도 뺀 것이 없으며 더한
것도 없다 그리 말함이니, 수천 년 동
안 그 말을 듣고 또 들어 온 너희들이
과연 그것 외에는 다른 생각을 할 수
없을 정도로 세뇌교육이 되어 있음이
니라.
15 오로지 성서만을 보며 성서를 가지고
공부하면 구원을 받는다, 그리고 너희
들이 금화와 은화를 바치며, 낳아 주
고 길러 준 부모보다도 너희들이 만든
그 성전에 가 너희들을 가르치는 종교
지도자에게 바치는 시간이 많으면 많
을수록 구원을 받는다고 수천 년 동안
그들에게 가르치고 또 가르쳐 그들도
모르는 사이에 세뇌교육이 되어 있음
이니,
16 오로지 그들은 지옥 불로 가는 그 길
이 천당으로 가는 길이라고 듣고 또
들었음이니, 그와 같은 그들의 마음을
바꿀 수 없으며 그들의 마음을 돌릴
수 없는 것이니, 과연 누가 어리석고
누가 현명하다 말할 수 있는 것인가?
17 성서만이 너희들이 하늘에 오르는 길
이라 말함이니라.
18 그러나 너희들은 여기서 나의 아들 예
수를 통하여 너희들에게 생명수요, 구
원할 수 있는 나의 뜻을 전한 것이 있
다면 누가 믿겠는가?
19 그를 없다 함이니, 원액인 원본이 없
다 말함이니라.
20 그리고 나의 아들이 전한 것을 그들은
없다 말하며, 그리하여 그들은 믿으려
하지 아니함이니라.
21 너희들이 구약이요, 신약의 성서에 기
록되어 있는 내용을 정독해서 세 번만
읽어 보도록 하라.
22 과연 그 속에 어떠한 의미가 있는가?
23 이러이러했다, 이러이러할 것이라는
것이 기록되어 있음이니 비유의 뜻이
니라.
24 그러나 너희들이 거기서 지키고 행해
야 할 것은 몇 가지가 없음이니라.
25 그것을 추려 내어 들여다보면 너희들
이 죽을 때까지 구약과 신약에 매달려
서 구원을 받는다 그리 몸부림칠 내용
이 거기에 없음이니라.
26 그것은 너희들이 행하고 지킬 것이 몇
가지밖에 안 되기 때문이니라.
27 이것이 너희들의 실정이니라.
28 나의 아들을 통하여 그와 같은 것이
내려와 있다 하여도 너희들은 믿지 아
니함이니라.
29 그리하여 너희들은 지금 어찌 와 있는
가?
30 내가 지금 나의 아들을 통하여, 너희

들의 영혼의 양식이라는 것은 십계명
이요, 내가 내린 가장 지키기 어렵다
는 너희들의 율법이요, 계명이라 그리
하였으나,
31 그를 지키지 아니하여도 금화와 은화
로 용서를 받았다 그리 가르치는 자들
의 말에 현혹되고 또 머리에 그와 같
이 완벽히 젖어 있음이니, 과연 그를
어찌 고치겠는가?
32 그것이 지금 너희들이 믿음을 가는 길
들이니 그게 잘못 가고 있음이니라.
33 너희들은 열 가지, 백 가지를 생각할
필요도 없는 것이니라.
34 나의 계명만이 영혼의 양식이라 그리
말하였으니, 그게 맞나 틀리나 너희들
이 돌이켜 보면 너희들이 잘 가고 못
가는 것을 알 수 있거늘, 그것 하나도
너희들이 그와 같이 많은 세월 속에
세뇌되어 있음이니 그게 무엇이더냐?
35 자기 생각과 사고의 판단을 다 잊어버
리고 사는 자들이니라.
36 나의 나라에 오르는 자는 나의 백성들
이요, 천사와 같은 마음을 가진 자가
올라온다 하였음이니라.
37 너희들이 짐승을 먹이로써 길들이며
매로 길들이면 그들도 길들어져 바른
것을 보고 사람이 요구하는 것을 하
며, 또 사람을 위해서 각종 묘기요, 웃
음을 자아내는 행위를 할 수 있느니라.
38 그러나 하늘에 오르는 길은 계명이라
그리 가르치고 또 가르쳐도 그를 듣
지 아니하고 보지 못함이니, 그들이
먹이요, 매로써 길들이는 짐승만큼도
따름이 없고 생각하는 것이 없음이니,
내가 그들을 어찌 평가해야 되며, 과
연 그들이 하늘에 오를 수 있다 말할
수 있겠는가?
39 사랑하는 나의 아들아!
40 "네, 아버님! 말씀하옵소서."
41 나의 성령의 법전은 너희들이 하늘에
오르는 그 이치를 하나하나 내가 기록
하여 전함이니,
42 너희들이 지금까지 믿던 그 세상에서
온 자들, 그와 같은 것에 세뇌 교육되
어 있으며 너희 정신이요, 마음까지도
모두가 너희들 것이 아니라는 것을 깨
우쳐 줘야 될 것이니라.
43 계속 반복해서 들으면 도둑질 아니 한
자도 도둑질한 자로 만들며 도둑질한
자도 아니 한 자라 너희들이 계속 변
명하면 세월이 지나면 그러려니 하고
지쳐 또 포기하고 따라가며 믿는 것이
인간 너희들의 형태이니라.
44 내가 지금 밤과 낮을 가리지 아니하고
나의 아들을 통하여 나의 성령을 내려
보내는 그 순간에 내가 잠을 자면서
나의 아들에게 성령을 내려보내겠는
가?
45 나의 아들과 똑같이 그 시간에 앉아
나의 아들에게 그를 내려보내나니,
46 만백성 너희들을 구하고자 이 성령을
내리는 나 여호와의 심정을 너희들이
알며, 모두의 이와 같은 역사가 이루
어지는 것을 과연 너희들은 믿는가?
47 너의 제자들에게 이르라.
48 이것이 나의 성령이라 믿고 또 믿는
자는 그와 같이 믿어 하늘에 오르는
길을 볼 수 있으며, 너희들이 의심하
고 의혹하며 고개를 갸우뚱하며 이리
저리 재고 생각한다면, 너희들은 천날

만날이 가도 그를 믿을 수 없는 것이
니라.
49 이것이 너희들이 믿음의 가는 길이니
라.
50 그와 같이 마음을 정하지 아니하며 의
혹하고 의심하는 마음을 갖는다면 밑
도 끝도 없음이니라.
51 정녕 그가 나 여호와로부터 선택된 나
의 아들이요, 나의 성령으로써 이리
내려가니, 160권의 법전을 그 누가 만
들 수 있겠는가?
52 160권의 법전을 만들 때, 수천 마디의
나의 성령을 전할 때, 그가 나의 십계
명을 경건히 암송하고 그를 기록함이
니,
53 그와 같이 붇로 써 만백성의 영혼을
구하는 그 계명을 나의 아들같이 암송
하고 또 암송하는 자 있는가?
54 그리하여 이 책이 세상에 나오는 것이
니, 그를 믿지 않는 자는 믿지 않을 것
이니라.
55 그러나 믿는 자는 믿으니 구원을 받을
것이며,
56 너희들 수십억 인구 중에서 믿는 사람
은 몇 명밖에 안 될 것이며, 그를 믿지
아니하는 자는 수십억의 인구가 될 것
이니라.
57 그는 나의 법전에 기록되어 있지 아니
하기 때문이니라.
58 나의 법전에 십계명을 암송할 때마다
그를 다 기록하면 나의 법전이 두 배
로 늘며, 너희들은 이것을 십계명투성
이라 말할 것이며, 이 책은 볼 가치가
없다며 그리 또 던질 것이니라.
59 그러니 나의 아들이 암송하고 또 되새
기면서도 거기다 기록하지 아니하고
모두 십계명을 암송하며 한 자 한 자
받아썼으니, 이는 나 여호와의 뜻을
따르며 나 여호와를 찾는 자며,
60 너희들의 구원의 길이라는 십계명은
나의 근본이요, 원본이며, 나의 뜻을
그대로 지키는 자, 너와 같은 자가 없
다 한들 그들은 믿지 않는 것과 마찬
가지이니라.
61 너의 제자들에게 이르라.
62 160권의 법전이 십계명을 암송하면서
만들어 낸 나의 성령이며 나의 뜻이
요, 그 책장을 열 때 내가 같이한다는
것을 잊지 말라.
63 너희들은 남의 말을 들어 세뇌되며 흔
들리는 마음 자세를 가져서는 아니 될
것이니라.
64 너에게 와 성령을 공부했으며 나의 법
전을 읽고 떠난 자들이 하나의 작은
의혹서부터 의혹이 의혹을 낳게 됨이
니, 그들이 그와 같은 행위를 저지른
것이니라.
65 사악한 생각을 하는 자는 사악한 생각
만 하며, 추한 생각을 하는 자는 추한
생각만 하고, 도둑질하는 자는 도둑질
하는 것만 마음에 새기기 때문에, 사
악한 마음을 먹는 자는 사탄에게 잠식
되어서 사악한 것만을 보게 되는 것이
며,
66 천사와 같이 아름다운 마음을 먹고 그
와 같이 생각하고 살아가면 천사와 같
은 성령이 임함이니, 그는 천사가 되
어 하늘에 오르는 길을 볼 수 있음을
알라.
67 너희들이 지금 성경에 기록되는 것도

너희들 인간의 임의대로 수없이 고쳤
음이니, 이제 내가 다시 두 번째 나의
법전에 기록하여 너희들에게 그를 알
려 줌이니라.
68 지금의 성서는 인간들이 몇천 년 동안
에 고치고 만들어 놓으며, 그 순간에
저희들의 소유물처럼 생각했던 자들
이 저희들의 입맛에 맞도록 기록하여,
삭제할 거 삭제하며 넣을 거 넣은 부
분이 있다는 것을 알라.
69 그러나 그것을 한 자도 고친 것이 없
으며, 오로지 이것만을 믿고 따르면
구원을 받으며, 나의 아들 예수로서
저희들이 손으로 지은 그 성전에 오면
구원을 받는다고 수천 년 동안 그리
내려왔으니,
70 거기에 세뇌되고 세뇌된 그들에게 아
무리 그것을 갖다 주어도 믿지 않느니
라.
71 그와 같은 자, 저희들의 손에 쥐여 주
어도 믿지 않을 것이며, 내가 기적을
이룬다 하여도 그들의 세뇌된 머리로
는 믿지 않을 정도로 그렇게 무섭게
변한 것이 그들이니라.
72 나의 피조물 만백성 너희들은 나의 3
부에 기록된 나의 뜻을 읽고도 변화되
지 못한다면, 너희들이 죽어 내 앞에
왔을 때 얼마나 무서운가를 알라.
73 이를 읽고 깨우치고도 그와 같이 행하
지 아니하는 자는 그 죄가 가중된다는
것을, 두 배의 죄로써 너희들을 다스
린다는 것을 잊지 말라.
74 기대를 걸었던 자식이 부모를 배신할
때, 그 부모의 마음이 더 아프며 그 자
식에 대한 배신감이 강하듯이,
75 나 여호와의 법전을 읽고 이 뜻을 알
고도 버리고 찢어버리며 등 돌린 자,
너희들에게 그와 같이 두 배 이상의
가중한 벌이 있을 것이니 그리 알라.
76 그리하여 너희들이 정녕 버리고 떠나
려거든, 나의 법전을 다 읽고 그 뜻을
너희들이 얻어 나에게 기도를 하라,
그러면 내가 너희들에게 답을 줄 것이
니.

2,983 번째 하나님 말씀

2002년 8월 16일 09시 57분

1 사랑하는 나의 아들아!
2 "네, 아버님! 말씀하옵소서."
3 너희들이 좋고 맛있는 음식이라 하여
도 그것을 열 번, 스무 번 먹게 되면
그 음식이 질려서 수저를 들기 싫어하
며 그 음식이 가지고 있는 냄새까지도
너희 마음을 흩트려 놓는 그와 같은
것이 너희들이니라.
4 그러나 너는 나의 아들로서 내가 너에
게 명하여 네가 나에게 기도를 드리며
나의 법전을 기록할 때 십계명이라는
것을 암송하고 나서 기록하라 하였음
이니, 네가 단 한 번도 어긴 적이 없으
며,
5 수천수만 번을 반복하고 반복하면서
네가 힘들고 어렵다 하여 나를 속이며
너의 제자들을 속이며 이를 암송하지
아니한 적이 없음이니, 160권의 법전
이 나올 때까지 너는 십계명을 암송하
고 또 암송하여 그와 같이 갈 수 있음
이니,
6 나의 피조물 만백성에게 과연 그리 갈

수 있나 물어보라.
7 너희들이 좋은 짓도 즐거운 것도 몇
번 하면 진력이 나며 고통스러워서 하
지 않는 것이 너희들이나, 나의 아들
은 수천수만 번 기록하는 나의 뜻을
전하면서 한 번도 그를 거역하지 아니
하고 행함이니, 그의 고통과 그의 그
시련의 아픔을 너희들은 과연 들여다
보는가?
8 그도 인간의 육을 가진 자이며 생각을
가진 자이니라.
9 그가 나를 속이며 그 십계명을 암송하
지 아니하며, 너의 제자들을 속여 그
깊은 밤 암송하지 아니하고 기도한들
누가 알겠는가?
10 그러나 그는 그리하지 아니함이니라.
11 제 목숨이 끊어지는 한이 있어도 그는
내가 명한 십계명을 암송하며, 그가
고통스러워도 반복하고 반복하는 속
에서 나의 피조물 만백성 너희들을 구
원하고자 그것을 한 번도 거부하거나
거절함이 없이 가느니라.
12 그리하여 그는 만백성을 다 하나로 만
들고자 그 역사를 이루고 있음이니라.
13 사랑하는 나의 아들아!
14 "네, 아버님! 말씀하옵소서."
15 너희는 지금 살아가면서 무엇을 느끼
고 체험하고 있는가?
16 나의 피조물 수십억 인구를 너희들은
하나로 만들 수 없으며 한 형제라 말
할 수 없으며 그리 갈 수 없다 그리 말
하느니라.
17 그러나 나는 너희들이 그리 갈 수 있
다 하여 나의 아들을 통하여 너희들을
구원하고자 함이니, 이는 곧 양식을
내려보내기 때문이니라.
18 너희들이 하나가 되지 못하는 것은 벌
이나 개미와 같은 그 미물의 마음 자
세도 갖지 못하고 있기 때문이니라.
19 개미라는 그 미물은 위계질서라 하여
저희들이 먹이를 놓고 하나가 되어 한
길로 가지 아니하는가?
20 그리고 꿀을 나르는 벌들은 어찌 가는
가?
21 협심 단결하여 한마음으로 꿀을 날라
저희들이 살아갈 수 있는 그 방법을
세워 놓음이니라.
22 이제 내가 나의 피조물 만백성 너희들
을 하나로 만들 수 있는 것은, 나의 성
령이요, 나의 뜻이 세상에 내려감이
니, 곧 이것이 너희들의 양식임이니라.
23 내가 내려보내는 성령의 뜻이요, 나의
법전이요, 이 책이 너희들에게 개미나
벌이 먹지 아니하면 죽는 것과 같은
것이며, 그를 가지고 저희들이 살아가
는 먹이를 준비하여 하나가 되어 모든
역사를 이루어 가듯이,
24 지금 지상에 사는 너희들을 위하여 내
가 하늘에서 너희들이 정녕 하늘에 오
르고자 하는 그 구원의 빛을 보며 그
길을 갈 수 있는 양식을 내려보내니,
그 양식을 먹는 자만이 구원을 받을
것이며 살 수 있다 생각하여 너희들이
그 개미와 벌처럼 하나의 힘으로 모으
며 하나로 되는 그와 같은 역사를 이
루고자 함이니라.
25 하물며 개미나 벌이라는 그 미물도 그
와 같이 저희들이 한 마음이요, 한 뜻
으로써 한 집단을 이루고 가며, 거기
에 이탈된 자는 없으며, 제가 할 일을

다 하는 자들이 그와 같이 정해져 있
는 곳에서 자연의 순리를 거역하지 않
고 삶이니,
26 지금까지 너희들이 그들만도 못하게
살아왔던 삶이며 천태만상으로 갈라
져 물고 뜯고 찢던 그 마음을, 이제는
너희들에게 그 먹이를 내리는 것처럼
내가 너희들이 그리 바라고 원하며 구
원받고자 하는 생명수요, 하늘에 오르
는 길이요, 너희들이 영원히 하늘의
낙원에서 살 수 있는 그 양식을 내려
보냄이니라.
27 개미와 벌들이 그 양식을 보고 하나가
되어 저희들이 살아갈 수 있는 길을
다져 나가듯이,
28 나의 법전이요, 나의 성령이요, 하늘
에 오르는 길인 이 책이 너희들을 구
원하는 양식이니, 오로지 이 양식에
매달려 이를 먹는 자, 그는 구원을 받
을 수 있다는 것을 잊지 말라.

2,984 번째 하나님 말씀

2002년 8월 16일 10시 38분

1 사랑하는 나의 아들아!
2 "네, 아버님! 말씀하옵소서."
3 네가 오늘 나에게 내가 직접 불로 써
만백성을 구하고자 했던 그 소중한 십
계명을 암송하면서 무엇을 깨닫고 있
는가?
4 "네, 아버님!
5 사람이 살아가면서 생각하기에 달렸
다 하는 것을 깨달았사옵나이다.
6 만백성이 십계명을 지키고 살 수 없으
며 어렵고 힘들다 그리 말하나,
7 한 계명 한 계명 그를 암송하며 마음
으로써 그를 지킬 수 있으며 지키고
살아간다 그리 생각하면 그 모두를 지
킬 수 있다는 것을 깨닫고 있사옵나이
다."
8 그러니라, 아들아!
9 구약 시대의 그 백성들이 저희들이 우
상이라는 것을 만들어 그 광란의 형태
를 벌이며, 저희들과 뜻이 다른 자를
쳐 죽이는 그와 같은 사악한 행위를
하여 내가 천국의 그 문을 닫게 하였
으며, 신약의 시대 또한 그러하니라.
10 그와 같이 기적과 역사를 보고 배운
백성들이 어찌 살아왔는가?
11 지금 그들이 손으로 지은 그 성전이
잘못되었다 내가 그리 말하며, 너희들
이 믿음의 길을 가는 그것이 다 잘못
되었다 그리 말하고 만민에게 깨우쳐
줌이니라.
12 그러나 너희들은 어찌 생각하는가?
13 그 생각하는 마음, 생각 자체에서 모
두가 이루어짐이니,
14 그 생각이라는 것을 조금만 방향을 틀
어 놓고 본다 하면, 세상사의 이치요,
그 아름다움과 위대함을 볼 수 있는
것이니라.
15 그러나 사람들이 그 생각 하나의 방향
을 틀지 못하여 고집을 세우며 시기하
고 질투하며 저희들의 소중한 생명을
잃는 그 전쟁의 역사까지 장식하는 것
이 무엇인 줄 아느냐?
16 네가 오늘 깨달았듯이, 생각하는 것이
니라.
17 생각을 어찌하느냐에 따라서 너희들
이 모두의 변하고 안 변하는 것은 하

늘에 오르는 길과 지옥으로 가는 길로
나뉘는 그와 같은 무서운 형국이며 차
이가 있음을 알아야 될 것이니라.
18 모두가 생각을 바꾸고 아름다운 쪽으
로 생각하고 세상을 보며 한 발짝 뒤
로 물러나서 생각을 하고 본다 하면,
너희들은 세상에 아름다움뿐이요, 미
워하고 질투할 것이 하나도 없음이니
라.
19 내가 너에게 오늘 두 가지의 뜻을 가
르쳐 주었음이니라.
20 하나는 너희들이 모든 사람을 사랑하
는 것은, 이 세상 모든 백성들을 똑같
이 볼 수 있는 것은 그 사람이 갓 태어
났을 때의 그 모습으로 보면 된다 하
였느니라.
21 살인하는 자, 욕하는 자, 시기하고 질
투하는 자, 그 험악한 인상을 가지며
험악한 언사를 쓰는 자, 그 모두를 다
순진하고 깨끗한 마음으로, 갓 태어난
아기의 모습으로 보라 말하였으며, 너
는 그들에게 그리 말하라 하였느니라.
22 '선생은 세상에 갓 태어난 아기처럼
그와 같이 심성이 곱고 아름다운 모습
으로 보이나이다.' 그리 말하라 하였
음이니라.
23 거기에 대해 너를 탓하는 자 없을 것
이니, 그래서 내가 세상 나의 피조물
만백성을 하나로 보는 그 눈을 뜨라
하였으며 네 제자들에게 그리 가르쳐
주라 하였음이니라.
24 그리고 내가 너희들에게 또 무엇을 가
르쳐 주었는가?
25 하나로 만들 수 있는 것은, 벌과 개미
가 먹이를 놓고 모두가 하나로 단결되
어 움직이는 것처럼, 지금 하늘에서
내리는 나의 성령에 나의 피조물 만백
성의 구원의 길이요, 그리 갈구하는
천국에 오르는 길과 목적의 방법이 다
있음이니, 그를 보는 것만이 양식이라
그리 깨닫는 백성들이 세상에 나올 것
이니,
26 그들이 곧 하나가 되는 것이며, 하나
로써 모든 게 이루어지는 그 역사가
반드시 이루어질 것이라 그리 전하였
느니라.
27 이와 같은 이치를 내가 너희들에게 알
기 쉽고 이해하기 쉽도록 깨우쳐 너희
손에 쥐여 주나 이를 보고 깨우치지
못함이니, 이를 어찌하여야만 되겠는
가?
28 이 속에 나의 참진리요, 나의 뜻이 있
음이니라.
29 그러나 너희들은 음성을 높이며 떠드
는 자, 그리고 단상에 서서 소리 지르
는 자의 그것만이 진리요, 위대한 길
이라 그리 생각함이니,
30 나의 법전의 바닥을 들여다보는 그 깨
우침을 가져야 될 것이니라.
31 너희들이 미워하는 것, 좋아하는 것,
싫어하는 것, 그 모두가 너희들의 생
각에 달렸음이니라.
32 생각을 어찌 갖느냐에 달렸으니, 너의
제자들에게 일깨워 주라.
33 한 발짝 뒤로 물러나서 모두를 생각하
되, 선한 쪽으로 생각하고 마음을 돌
리면 첫째는 세상사에 너희 마음에 괴
로움이 없으며 번뇌가 없으며 고통이
없음이니라.
34 너희들이 생각을 잘못하는 속에서 마

음속에 번뇌가 있고 고통이 있음이니,
그게 증폭되어 커짐으로 인해서 너희
들은 걷잡을 수 없는 그와 같은 형국
으로 무너짐이니라.
35 마음을 다스려 개인을 다스리고 저 자
신을 다스리는 것은 생각에 달렸음이
니라.
36 이웃과 부닥치며 세상사를 보고 깨우
치며 판정하고 생각하는 것도 너희들
이 생각을 어찌하느냐에 달렸으니, 그
생각하는 마음을 천사의 마음과 같이
그쪽에 맞춰 살아간다면, 하늘의 천사
의 영만이 너희들에게 임하게 됨이니
라.
37 생각을 바로 가지라 하라.
38 그 생각의 소중함을 너의 제자들에게
깨우쳐 주라.

2,985 번째 하나님 말씀

2002년 8월 16일 10시 44분

1 사랑하는 나의 아들아!
2 "네, 아버님! 말씀하옵소서."
3 너희들 자신이 생각을 바로잡고 생각
을 함으로 인해서 세상을 얻고 잃는
그와 같은 차이가 있다 하였음이니라.
4 그러니 너희들은 그 생각하는 마음의
자세부터 훈련하며 너희들 자신부터
다스리며,
5 그리고 나의 법전을 가지고, 나의 피
조물 만백성이 지금까지 굳어져 왔으
며 철옹성보다도 더 단단히 굳어져 있
는 그들의 믿음이요, 그들의 구원의
형태요, 살아가는 그 생활의 방식에서
그들이 돌이켜 보며 생각해 보는 그와
같은 시간을 가질 수 있는 그 깨우침
을 전하는 것이 너희들의 대명 중의
하나임을 잊지 말라.
6 지금 굳어져 있으며 돌이킬 수 없는
그들에게 생각할 수 있는 여유를 주
어, 그들이 앞과 뒤를 돌아다보며 나
의 법전을 읽어 깨우치고, 그들이 그
생각을 돌리며 생각을 바로잡는 속에
서 나에게 오를 수 있으며 나의 아들
과 딸로서 입적될 수 있다는 것을, 그
들의 생각을 바꾸어 주도록 그리하여
야 될 것이니라.
7 내가 나의 아들과 딸이 되면 무엇이라
말하였느냐?
8 내가 있는 나의 천국에 그저 들어올
수 있는 자격이 있는 자라 말하였음이
니라.
9 정녕 나의 아들과 딸이 되고자 하면
자기들이 가지고 있는 그 생각부터 버
리라 그리하라.
10 너희들이 생각하는 그 자체가 잘못되
었을 때 그것은 욕심이요, 아집이요,
화를 부르며, 많은 생명을 잃는 전쟁
이요, 또는 너희들이 다시는 돌이킬
수 없는 인간관계의 그와 같은 험악한
삶을 살아감이니라.
11 세상의 모든 것을 나 여호와가 창조하
였으며, 그리고 내가 만든 지상에서
너희들이 살면서 너희들은 그 대가를
지불하지 아니하고 삶이니라.
12 너희들이 정녕 내가 내린 공기에 대해
대가를 지불하며 무엇을 나에게 지불
하는가?
13 너희들이 나의 아름다운 이 동산에서
가꾸고 이루어 살아갈 수 있도록 내가

다 주었음이니라.
14 그것을 받고 사는 너희들이 그 생각
하나를 바로잡지 못하며 바로 생각하
지 못하여 죽음의 길로 가는, 영원히
돌이킬 수 없는 그 지옥의 길로 가는
그와 같은 삶을 살지 아니하도록 그리
나의 백성들에게 깨우쳐 주어야 될 것
이니라.
15 나에게 모든 은혜와 영광과 은총을 받
으면서 그 자체의 감사함을 모르고 사
는 그들이 그 감사하는 마음을 갖게
되면, 그들은 어찌하겠느냐, 나의 아
들아!
16 그들이 저희 손으로 만든 성전에 가
재물과 금화를 바치는 것이 나에게 기
도함이 아니니라.
17 저희들이 들에서 일할 때, 한 끼의 식
사를 할 때, 저희들이 어떤 것을 이루
었을 때, 아름다움을 보았을 때, 그때
그 모두를 '이는 창조주 아버지께서
우리에게 내리신 것이다.' 그리 생각
하며 '감사합니다.' 그리 기도하면 나
의 위대함을 알 것이며, 나에게 감사
한 마음이 충만했을 때 거기는 사탄이
요, 사악한 것이 침범하지 못함이니라.
18 그게 굳건히 서게 되는 것이니라.
19 지금 너희들이 믿음을 잘못 믿어 가고
있으며, 사악한 마음으로써 자신만 구
원을 받고자 몸부림치며 자신만을 위
하여 하늘에 오르는 그 티켓이라는 것
을 돈과 재물로써 사려고 하는 그와
같은 마음이 사악한 자들의 마음이라
하였음이니,
20 그 마음을 들에서 기도하며 그저 나에
게 감사하다는 것을 느끼는 마음으로
돌려 줄 수 있는 것이, 또 돌려놔야 하
는 것이 너희들이 해야 할 대명 중의
하나임을 잊지 말라.
21 너희들은 들어야 될 것이니라.
22 그리고 너희들은 너희 것으로 만들어
야 될 것이니라.
23 내가 나의 아들을 통하여 나의 성령을
세상에 내보내는 것을 너희들만큼 아
는 자가 없으며, 너희들만큼 보고 들
은 자가 없음이니라.
24 누가 이를 알겠는가?
25 누가 말을 할 수 있겠는가?
26 너희들 마음속에 변해 가는 것을 보고
도 그들은 믿지 아니하며 너희들을 다
른 세상에서 온 사람이라 그리 말함이
니,
27 나의 아들을 통하여 밤과 낮을 가리지
않고 내가 나의 아들과 같이하며 너희
들을 구원하고자 나의 성령을 내리는
이 역사의 한 장을 누가 아느냐?
28 듣고 본 너희들밖에 모르느니라.
29 너희들밖에 모르기에 내가 너희들이
소중하다 하였음이니라.
30 너희들의 생각부터 아름다운 쪽으로
고치며, 만백성의 생각을 아름다운 쪽
으로 고칠 수 있도록 너희들의 피와
살이 다 닳도록 그리하여 만백성을 구
하는 것이 너희들이 하늘에 오르는 길
임을 알며, 나 여호와를 가장 기쁘게
함을 알라.
31 부모가 자식을 여럿을 두었음이니라.
32 속 썩이고 인간 대우를 받지 못하는
그 자식을, 형이나 동생이 그를 바로
살게 하며 그를 바로잡아 그가 바른
인간이 되어 너희 육의 부모가 기뻐하

는 자식으로 바로 섰을 때 그 부모의
마음이 얼마나 기쁘며, 그와 같이 역
사를 이룬 그 자식을 보기에 부모가
얼마나 고맙겠는가?
33 자기를 대신하여 살아가는 자식이라
하며 든든해하며 믿을 것이니, 바로
너희들이 무어라 말하였느냐?
34 만백성이 가지고 있는 그 죄를 너희들
의 가슴에 안고 지옥으로 가, 그 백성
들을 구원하여 나의 나라에 올 수 있
도록 하는 것이 나 여호와의 기쁨이라
하여, 너희들에게 그와 같이 기도하라
하지 아니하였던가?
35 이보다 더 상세하게, 이보다 더 자상
하게, 이보다 더 깊이 무엇을 설명하
여 너희들을 깨우칠 수 있겠는가?
36 이는 너희들 것이니라.
37 오로지 너희들만이 보며 너희들만이
들으며 너희들만이 접하는 것이니라.
38 만백성의 잘못 가는 자식을 그리 바로
잡아 나 여호와에게 그 기쁨을 전함이
너희들의 영광이요, 나 또한 나의 자
식 너희들을 둠을 기쁘게 생각하는 것
이니 그리 알라.

2,986 번째 하나님 말씀

2002년 8월 16일 11시 14분

1 사랑하는 나의 아들아!
2 "네, 아버님! 말씀하옵소서."
3 내가 너에게 말하여 이르기를, 네가
성전에서 성전으로 옮겨 나의 피조물
만백성을 구하며 깨우치라 그리 말하
였음이니라.
4 그것은 너희들이 말하는 집을 지으며
건축을 하며 너희 손으로 만든 어떠한
건물 안에 성전이라는 간판을 붙여 놓
는 것으로써 네가 그곳에 따라 움직이
는 것 같은 그와 같은 생각을 해서는
아니 될 것이니라.
5 네가 성전과 성전으로 움직여 만백성
을 깨우치는 것은 그와 같은 성전이
아님을 알아야 될 것이니라.
6 네가 너희 손으로 만든 성전과 성전으
로 이동하는 것이 네가 성전으로 움직
여 나의 피조물 만백성을 깨우치는 것
이라 하면,
7 지금 내가 만든 성전인 이 지구에 두
꺼비집과 같은 것을 지어 놓고 그것이
저희들의 성전이라 하여 내부를 궁궐
보다도 더 호화롭게 치장한 그 속에서
저희들이 제왕 같은 행위를 하는 자들
이 그 성전에서 성전으로 움직이니,
두꺼비집에서 두꺼비집으로 옮기는
그와 같은 것과 무엇이 다르겠는가?
8 내가 너에게 말하는 성전은 그것이 아
님이니라.
9 하얀 백합과 같은 마음, 천사와 같은
마음인 너의 제자들이 너를 수행하여
너와 더불어 한 곳에서 한 곳으로 옮
겨 앉아서 말하는 곳이 가장 위대한
성전이며,
10 감히 너희들이 앉아 있는 그 성전에
있는 모든 생물이요, 동식물이요, 잡
초까지도, 그리고 생명을 가진 인간들
까지도 네가 전하는 그 말을 들음이
니, 곧 너는 무엇이더냐?
11 내가 만든 성전에서 그 성전으로 옮겨
가 나의 뜻을 전하는 것이니, 네가 대
신하는 것이 바로 나이기 때문이니라.

12 그리하여 내가 직접 내려가 만백성을
구원하는 것과 마찬가지니,
13 나의 성전에서 어디로 옮겨 움직이든
간에, 너는 나의 성전에서 성전으로
옮겨 강론하며 만백성을 깨우쳐 주는
그 이치가 거기에 있음을 알라.
14 또한 너의 제자들에게 그와 같은 깨우
침을 전해 줘야 될 것이니라.
15 너희들이 만든 건물이라는 곳에 나의
이름의 간판을 붙인 곳이 성전이 아님
이니라.
16 이 넓은 세상에 그를 너희들이 과연
몇백 개를 만들어야 네가 나의 성전에
서 만백성을 구하는 일이 있겠는가?
17 그것이 아니니라.
18 하얘진 너의 제자가 한 사람 이상 너
를 수행하여 네가 옮겨 앉아서 강론하
는 것, 그것이 바로 나의 뜻을 전하는
나의 아들로서 나의 성전에서 강론하
는 것이니,
19 이 지상이 나의 성전이라 했으니, 네
가 어떤 곳에 가서 그 나의 피조물 만
백성을 일깨우고 가르치며 강론하면
그곳이 단상이요, 강단이요, 그곳이
바로 너희들이 배우는 터전이 되는 것
을, 그 이치를 깨우쳐라.
20 이게 바로 너희들과 지금의 두꺼비집
같은 것을 지어 놓고 수천 년 역사 동
안에 그곳에 가 금화와 은화를 바치면
축복을 받는다 하여 그 성전에서 울부
짖는 그들과의 차이니라.
21 과연 그 성전을 얼마나 지을 수 있으
며 그 속에 들어가는 백성들이 얼마나
되겠는가?
22 그들이 스스로 포화 상태에 옴이니,
저희들이 성전이라 하여 짓는 곳이 좀
더 생김으로써 제자가 스승을 잡아먹
으며 스승이 제자를 잡아먹고자 하는
그 사악한 무리들의 간교함이 퍼지기
시작함이니, 더 이상 팽배해질 수 없
을 때 그들은 스스로 쓰러져 감이니라.
23 그것을 기다리고 있음이니라.
24 그와 같은 역사가 이루어짐을 내가 기
다림이니라.
25 내가 너에게 말한, '너는 성전에서 성
전으로 이동하라.'는 것은, 네 제자들
이 너를 수행하여 움직일 때 그것이
바로 나의 성전에 단상을 놓고 네가
만백성을 그저 가르치는 것이니, 너는
그와 같은 의미를 알아야 될 것이니라.

부 록

【하나님께서 가르쳐 주신 운동】

천재지변이 일어날 때, 동물이나 미물들은 미리 알고 대피하지만, 인간은 알지 못하고 큰 화를 당합니다. 하나님께서 인간에게 가장 높은 지혜를 주시고 완벽하게 창조해 주셨기에 동물들보다 더 잘 알 수 있지만, 욕심으로 마음이 혼탁해져서 한 치 앞을 보지 못하는 것입니다.

마찬가지로, 인간은 누구나 스스로 필요한 운동을 해서 건강을 지킬 수 있도록 하나님께서 만들어 주셨습니다. 우리의 머리에서 우리 몸에 필요한 동작을 해 달라고 끊임없이 신호를 보내지만, 인간이 혼탁하게 살아서 그 신호를 알아채지 못합니다. 그러니 자연스럽게 자기 몸이 원하는 그 신호를 따라서 운동하는 것이 하나님께서 가르쳐 주신 운동 방법입니다. 바로, 우리의 영이 육을 이끄는 운동입니다.

▶ 하나님 운동법

1. 눈을 감고, 발을 어깨너비로 벌리고 바르게 선다.
2. 몸에 힘을 풀고, 허리를 숙이면서 손과 머리를 아래로 내린다.
3. 허리를 펴고 싶을 때, 천천히 펴면서 하고 싶은 동작을 하면 운동이 시작된다. (사람마다 다르다.)
4. 멈추지 말고, 어떤 동작이든지 자기 몸의 느낌대로 계속 이어서 한다.

▶ 참고 사항

① 눈을 감은 상태로 아무 생각 하지 않고, 자기 몸의 느낌대로 움직입니다.

② 마음을 비우고, 욕심을 버리고, 지난날의 잘못을 반성하면서 몇 차례 시도하다 보면, 자기도 모르게 하고 싶은 동작이 끊임없이 생깁니다.

③ 운동 장소는 방 안이든 운동장이든 관계없으며, 걷거나 달리고 싶을 때는 눈을 떠도 됩니다.

④ 매일 40분 이상, 주 4회 이상, 3개월 이상 하면 음식 조절에 들어갑니다.
- 음식으로 생긴 병은 음식으로 치료하게 되며, 어떤 음식을 먹어야 하는지 스스로 알게 됩니다.
(자기 몸에 필요한 음식만 먹고 싶어집니다.)

⑤ 사랑하는 사람과 함께 운동하면 서로 치료해 주기도 합니다.

⑥ 운동을 하다가 몸의 어느 한 부분을 계속 손으로 자극한다면 그쪽에 이상이 있는 것이니, 의사에게 상담을 받고 적절한 치료를 받으면 됩니다.

⑦ 다이어트 및 기타 건강관리에 효과적입니다.

⑧ 꾸준히 운동하여 영이 맑아지면, 자신의 과거와 미래를 스스로 보게 됩니다.

누구나 스스로 하실 수 있습니다.

간행사

《새로운 성경》은:

· 새로운 성경은, 하나님께서 선량하고 선한 자를 선택하여 십계명을 암송하도록 하시고, 십계명을 암송한 다음에 음성으로써 들려주시는 말씀을 듣고 그대로 카세트테이프에 녹음해서 받아쓴 책입니다.

· 90분짜리 녹음테이프 700여 개에 달하는 말씀으로, 1999년 8월부터 2004년 7월까지 총 160권(권당 288쪽)을 완성하였으며, 그 이후에도 현재까지 계속 말씀을 내려 주고 계십니다.

· 새로운 성경은 "하늘을 두루마리 삼고 바닷물을 먹물 삼아 쓰고 써도 다 못 쓴다"는, 끝없이 방대한 하나님의 말씀이 두루마리로 직접 내려오는 것입니다. 이러한 새로운 성경은 구약과 신약을 폐하려는 것이 아니라 "인봉된 성서의 비유의 뜻"을 상세히 설명하여 완성하고자 하나님께서 직접 내려 주신 말씀입니다.

《새로운 성경》의 구성:

· 제 목: 2013년, 160권 모음집을 발간하면서, 본 도서의 제목을 "하나님! 말씀하옵소서"에서 《새로운 성경》 으로 명해 주셨습니다.

· 단행본: 각 권당 288쪽(신국판) 책이 160권까지 시리즈로 출판됩니다.
(모음집은 단행본을 16권씩 묶어서, 총 10부로 구성됩니다.)

《새로운 성경》의 성경적 근거:

· 신약 성경 [요한복음] 16장 13절에 "진리의 성령이 오시면 그가 너희를 모든 진리 가운데로 인도하시리니 그가 자의로 말하지 않고, 오직 듣는 것만을 말하며" 하신 말씀처럼 하나님의 음성을 들은 것만 기록하였으며,

· "장래 일을 너희에게 알리시리라" 하신 말씀과 같이 개인, 나라, 인류의 "장래"일을 하나님께서 알려 주시는 것만 기록하여 책으로 만들었습니다.

《새로운 성경》의 기록 방법:

- 1999년 8월부터 하나님께서 저에게 들려주시는 음성을 기록하였습니다. 처음에는 제가 들은 말씀을 불러 주면 저의 아내가 기록하여, 2000년 1월 29일에 1권 초판이 세상에 나왔습니다. 2000년 4월부터는 주시는 말씀을 받아 녹음기에 기록하여 시리즈로 출간하기 시작하였습니다.

- 녹음을 시작하면서 하나님의 말씀을 받는 데 가속도가 붙었고, 2001년 5월 3일에 1부(1~16권까지)를 인쇄하여 출판하였으며, 2004년 7월까지 총160권 분량의 말씀을 받아 기록하였습니다.

하나님께서 저에게 주신 것은:

- 첫째, 만백성을 상대로 내려 주시는 "기도", 둘째, 수시로 내려 주시는 "묵상", 셋째, 개인의 과거, 현재, 미래를 알려 주시는 "개인 기도", 넷째, 개인의 건강을 위해서 내려 주시는 "음식 처방", 다섯째, 하나님께서 가르쳐 주신 "운동"등이 있습니다. 이 중에 첫 번째, "기도"를 책으로 편찬하였습니다. 사람의 생사, 개인의 미래에 관한 천기는 수록하지 말라 하셨습니다.

강론 안내:

- 하나님께서는 지금도 매일 저에게 새로운 하늘의 비밀의 말씀을 내려 주고 계십니다. 수시로 내려 주시는 말씀을 정리해서 제자를 육성하라는 말씀에 따라 매주 강론을 하고 있습니다. 누구나 무료로 들으실 수 있습니다. (book160.com)

《새로운 성경》을 읽는 분들에게 드리는 선물:

- 개인 기도: 개인의 과거, 현재, 미래에 관하여 말씀을 내려 주십니다.

- 음식 처방: 사람은 음식을 먹고살다가 건강을 잃으니, 음식과 운동으로 건강을 되찾는 방법을 알려 드립니다. 단, 하나님이 계심을 믿고, 십계명을 지키겠다고 진실로 서약하는 분들께 알려드립니다.

《새로운 성경》의 은혜와 기적:

- 새로운 성경 전160권은 16권씩 묶어서 총 10부의 모음집으로 구성됩니다. 모음집 한 부를 읽고 깨우치는 자에게 하나님께서 다음과 같은 기적이 있다고 하셨습니다.

· "첫째, 그가 죽어 하늘에 갔을 때 그의 죄를 묻지 아니하며, 구원을 받는 위대한 은혜가 있으며, 둘째, 그의 소원과 소망이 이루어지고, 셋째, 죽은 자(부모, 형제, 자식, 사랑하고 은혜 입은 분)의 이름으로 구입한 책을 읽고 누군가 한 사람이 깨우칠 때, 그 죽은 자가 지옥에서 천국으로 구원을 받게 되며, 넷째, 유산, 중절 수술 등으로 태어나지 못한 아이를 위하여 구입한 책을 보고 한 명이 깨우쳤을 때, 그 아이가 사람으로 다시 한 번 태어나는 은혜를 받는다."

· "새로운 성경"을 3회 이상 정성을 다해 정독하는 자, 성서의 비밀을 알게 되고, 세상의 이치를 알게 되며, 세상을 지배하고 통제할 수 있는 지혜를 다 얻게 된다고 하셨습니다. 이 책은 만백성이 정독하고 이웃에게 전하여, 평생 가슴에 묻은 슬픔과 고통의 짐을 벗고 미래를 위한 힘찬 삶을 살아가도록 하는 책입니다.

끝으로

· 하나님께서는 흰 눈이 세상을 덮듯이 새로운 성경을 온 세상에 전하라고 하셨습니다. 《새로운 성경》을 각국어로 번역해서 온 인류에게 구원의 길을 깨우쳐 주고, 그 수익으로 가난하고 어려운 백성을 구제하여, 만백성의 영과 육을 함께 구원하는 선지자의 임무를 수행하라고 저에게 명하셨습니다.

· 하늘에서 내려 주신 말씀의 보화를 만백성에게 나누어 주는 것이 선지자의 임무라고 하셨습니다. 새로운 성경을 통해서 얻는 재물을 사용할 곳도 하나님께서 일일이 명해 주십니다. 모든 재물은 저의 자의로 쓸 수 없고, 하나님께서 명하시는 대로만 쓰여집니다.

· 어떤 명분으로든 십일조나 각종 헌금을 거두어들이지 말라 하셨으며, 국내뿐 아니라 각국에 성전과 단독 서점을 운영하며, 한국의 많은 젊은이들을 전 세계에 지도자로 내보내라고 하셨습니다.

· 우리는 세계적으로 새로운 성경을 보급하며 어려운 이들을 돕는 역사를 해 나갈 것입니다. 지금까지 비록 몇 명 안 되는 제자들과 함께 이러한 일을 역사했지만, 앞으로도 계속 하나님께서 기뻐하시는 일들을 해 나갈 것입니다. 부족한 저희에게 여러분들의 지혜와 성원을 보내 주시기를 바랍니다. 많은 분들의 참여와 도움을 간절히 기다립니다. 감사합니다.

한국어로 내려온 《새로운 성경》 단행본을 출간하며
2016년 4월 10일

발행인 **김 용 철**

한국어로 내려온

새로운 **성 경** · 3부 · 제40권

지은이 하나님 말씀
대역자 김용철

초판인쇄 1쇄 2009년 11월 21일
재판인쇄 1쇄 2017년 4월 3일

펴낸 곳 도서출판 하얀마음
등록번호 제 10-2107호 (2001년 2월 14일)
주소 서울시 노원구 덕릉로86길5, 2층
전화번호 02) 313-1114
팩스 02) 393-5554
전자우편 book160@hanmail.net
편집위원 조나영 김미향 이석교
제작지원 김철종 조현숙 김영환 이계숙

도서상담 1600-7527
ISBN 978-89-5875-140-3 (04230)
978-89-5875-100-7 (세 트)

값 10,000원
잘못된 책은 구입하신 곳에서 바꾸어 드립니다.

※이 책은 10부로 제작되며, 각 부 16권씩 총160권으로 구성됩니다.※

1부	2부	**3부**	4부	5부	6부	7부	8부	9부	10부
1권	17권	33권	49권	65권	81권	97권	113권	129권	145권
2권	18권	34권	50권	66권	82권	98권	114권	130권	146권
3권	19권	35권	51권	67권	83권	99권	115권	131권	147권
4권	20권	36권	52권	68권	84권	100권	116권	132권	148권
5권	21권	37권	53권	69권	85권	101권	117권	133권	149권
6권	22권	38권	54권	70권	86권	102권	118권	134권	150권
7권	23권	39권	55권	71권	87권	103권	119권	135권	151권
8권	24권	40권	56권	72권	88권	104권	120권	136권	152권
9권	25권	41권	57권	73권	89권	105권	121권	137권	153권
10권	26권	42권	58권	74권	90권	106권	122권	138권	154권
11권	27권	43권	59권	75권	91권	107권	123권	139권	155권
12권	28권	44권	60권	76권	92권	108권	124권	140권	156권
13권	29권	45권	61권	77권	93권	109권	125권	141권	157권
14권	30권	46권	62권	78권	94권	110권	126권	142권	158권
15권	31권	47권	63권	79권	95권	111권	127권	143권	159권
16권	32권	48권	64권	80권	96권	112권	128권	144권	160권